図解 北欧神話

F FILES No.010

池上良太 著

新紀元社

はじめに

　1900年代初頭、北欧神話は日本ではあまり名を知られていない存在だった。日本で始めて北欧神話を詳しく紹介したのは明治11年に出版された『北欧鬼神誌』といわれている。もっともギリシャ神話のように日本人の心を掴むことはなかったようで、その後もいくつかの専門的な書籍で部分的に扱われることはあっても、多くの人々の目に触れることはなかった。ところが1970年代、北欧神話をめぐるそうした状況は一変する。にわかに高まった北欧文化への関心により、多くの名著が生み出され、北欧の神々は日本でもよく知られるものとなっていった。

　しかし現在、北欧の神々は多くのフィクション作品に取り込まれ、その原形は失われつつある。オーディンやトール、北欧の運命の女神ノルンといった名前を知っていても、そうした神々が本来どのような性格を持っていて、どのような信仰を受けていたのか知らない人も多いであろう。

　本書の主なターゲットは、そのような人々である。そのため、本書の内容は後に述べる北欧神話の主要資料を元に、北欧神話における宇宙観や、登場する神々、彼らのライバルである巨人族の特性やエピソード、登場する魔法の品々に関する解説を中心とした。また、北欧神話への理解を深めるために、その背景となった文化に関する解説も若干取り上げている。もっとも、紙面の都合もあり、北欧文化に興味を持ち、多くの書物と格闘しつつ研究を続けている人にとっては、いささか退屈な本になっているかもしれないので、その点はご容赦いただきたい。

　なお本書の固有名詞は、なるべく古ノルド語に近いものを採用した。しかし、オーディンやトールといった神々、オーディンの宮殿であるヴァルハラについては、混乱を避けるために読者の方々にも馴染み深い表記を採用している。また、本書の図版はあくまでも解釈の一例であり、その他の解釈も存在するということをお断りしておく。

池上良太

目次

第1章 北欧神話の世界観　7

- No.001 北欧神話の定義 ── 8
- No.002 初期の北欧における信仰 ── 10
- No.003 異教の信仰とキリスト教の流入 ── 12
- No.004 北欧神話あらすじ1
  世界の創造 ── 14
- No.005 北欧神話あらすじ2
  ヴァン戦争とアースガルズの城壁 ── 16
- No.006 北欧神話あらすじ3
  オーディンの旅 ── 18
- No.007 北欧神話あらすじ4
  バルドルの死とロキの捕縛 ── 20
- No.008 北欧神話あらすじ5
  ラグナロクと世界の再生 ── 22
- No.009 北欧神話の宇宙観 ── 24
- No.010 アースガルズ ── 26
- No.011 ヨトゥンヘイム ── 28
- No.012 ニヴルヘイムとニヴルヘル ── 30
- No.013 ムスペッルスヘイム ── 32
- No.014 その他の世界 ── 34
- No.015 ユグドラシル ── 36
- コラム キリスト教流入後の北欧の神々 ── 38

第2章 北欧神話の登場人物　39

- No.016 アース神族 ── 40
- No.017 オーディン ── 42
- No.018 オーディンと戦争 ── 44
- No.019 オーディンの女性遍歴 ── 46
- No.020 エインヘリアル ── 48
- No.021 ベルセルク ── 50
- No.022 ヴァルキュリャ ── 52
- No.023 トール ── 54
- No.024 トールの家族と従者たち ── 56
- No.025 テュール ── 58
- No.026 バルドル ── 60
- No.027 ヘルモーズ ── 62
- No.028 ヴィーザル ── 64
- No.029 ヘイムダッル ── 66
- No.030 ウッル ── 68
- No.031 ブラギ ── 70
- No.032 その他の男神 ── 72
- No.033 フリッグ ── 74
- No.034 フリッグに仕える女神たち ── 76
- No.035 イズン ── 78
- No.036 ゲヴュン ── 80
- No.037 ノルン ── 82
- No.038 その他の女神 ── 84
- No.039 ソールとマーニ、ダグとノート ── 86
- No.040 ヴァン神族 ── 88
- No.041 ニョルズ ── 90
- No.042 フレイ ── 92
- No.043 スキールニル ── 94
- No.044 フレイヤ ── 96
- No.045 巨人族 ── 98
- No.046 ユミル ── 100
- No.047 シャツィ ── 102
- No.048 スカジ ── 104
- No.049 ゲルズ ── 106
- No.050 フルングニル ── 108
- No.051 スリュム ── 110
- No.052 ゲイルロズ ── 112
- No.053 ヴァフスルーズニル ── 114
- No.054 ウートガルザ・ロキ ── 116
- No.055 ヒュミル ── 118
- No.056 エーギル ── 120
- No.057 ロキ ── 122

目次

No.058	フェンリル	124
No.059	ヨルムンガンド	126
No.060	ヘル	128
No.061	ラグナロクで猛威を振るう動物たち	130
No.062	その他の巨人	132
No.063	ドヴェルグ（小人族）	134
No.064	アールヴ（妖精族）	136
No.065	ムスペッル	138
No.066	ヴォルスングの一族	140
No.067	シグムンド	142
No.068	ヘルギ（フンディング殺しのヘルギ）	144
No.069	シグルズ	146
No.070	ファヴニール	148
No.071	ブリュンヒルド	150
No.072	ヴェルンド	152
コラム	ギューキー族のその後	154

第3章　不思議な道具と動物たち　155

No.073	ルーン文字	156
No.074	セイズ呪術と呪歌ガルドル	158
No.075	ミーミルの首	160
No.076	詩人の蜂蜜酒	162
No.077	フギンとムニン、ゲリとフレキ	164
No.078	フリズスキャールヴ	166
No.079	スレイプニル	168
No.080	イーヴァルディの息子たちの3つの宝物	170
No.081	ブロッグとシンドリの3つの宝物	172
No.082	アンドヴァリの黄金	174
No.083	タングニョーストとタングリスニル	176
No.084	フレイの魔剣と炎を飛び越える馬	178
No.085	魔法の羽衣	180
No.086	ブリージンガ・メン	182
No.087	グレイプニル	184
No.088	レーヴァティン	186
No.089	魔法の投網	188
No.090	グロッティの石臼	190
No.091	シグルズの宝物	192
No.092	ダーインスレイブ	194
No.093	テュルフィング	196
コラム	テュールの剣	198

第4章　北欧雑学　199

No.094	北欧の神々を信仰した人々	200
No.095	北欧の住居	202
No.096	北欧の服装	204
No.097	北欧の食卓	206
No.098	北欧の娯楽	208
No.099	北欧の船	210
No.100	北欧の人々と戦い	212
No.101	民会と法律	214
No.102	和解と復讐と告訴	216
No.103	血誓兄弟の儀式	218
No.104	婚約の儀式と婚礼の宴	220
No.105	死者の埋葬	222
No.106	スカルド詩とケニング	224
No.107	北欧神話を伝える主な資料1	226
No.108	北欧神話を伝える主な資料2	228
No.109	北欧神話を伝える主な資料3	230
No.110	スノッリ・ストルルソン	232

索引 —— 234

参考文献 —— 238

第1章
北欧神話の世界観

No.001
北欧神話の定義

小説やゲーム、漫画の題材として人気の高い北欧神話。それでは実際の北欧神話とはどのようなものなのだろうか。

●北欧で培われた神々

　北欧神話とは、その名の通り北欧に伝わる一連の神話群のことを指す。同様の起源を持つゲルマン神話と混同されがちであるが、北欧に残る神話群は9〜10世紀の北欧の文化を色濃く反映したものであり、両者は区別して考えるべきものであろう。

　4世紀頃から始まったキリスト教の伝播と共に、多くのゲルマン文化圏で独自の神話が失われていった。神々は妖精や妖怪の類として物語の中に姿を残すのみとなり、その威光はキリスト教の聖人たちや騎士道物語の主人公のものとなったのである。そのため、ゲルマン全体としての神話的資料は現在、ほとんど残されていない。

　こうした流れの中で、北欧神話が今日まで保存されてきた背景には1人の詩人の存在が大きい。13世紀のアイスランドの詩人、**スノッリ・ストルルソン**である。彼は当時の詩作の基礎的な教養となっていた神話や民話、古詩の類を編纂し、詩の入門書『エッダ』を書き上げた。

　また、17世紀の北欧で古代北欧文学への関心が高まり、多くの古写本が集められたのも幸運だったと言える。それらの写本の中にスノッリが引用したと思われる古詩を多く収録した『王の写本』と呼ばれる本が見つかったのだ。『王の写本』は、当時の人々がスノッリの本の原本と考えたため、スノッリの著作と同じ『エッダ』の名を与えられることとなる。現在では『王の写本』に、いくつかの古詩を追加したものを『詩のエッダ』、スノッリのものを『スノッリのエッダ』と呼ぶことが多い。今日よく知られている北欧神話は、これら2つの『エッダ』の内容が中心となっている。もっとも、『エッダ』の内容はあくまで後世に作られた創作だとして、これらの神話を「エッダ神話」と呼ぶ研究者もいる点は留意しておくべきだろう。

北欧神話の位置づけ

北欧神話
9～13世紀にかけてスカンジナビアで記録された神話群

ゲルマン神話
キリスト教改宗以前に、ゲルマン文化圏で信仰されていた神話群。騎士道物語や民話などキリスト教的文化に吸収され、急速に姿を消してしまう

↓

後世の創作

北欧神話を構成する要素

北欧神話

根幹資料

『詩のエッダ』
17世紀に発見された古詩の写本と、類似する内容の古詩群
→No.107

『スノッリのエッダ』
13世紀にアイスランドの詩人スノッリが書いた詩の入門書
→No.107

主な補足資料

- 北欧古詩
- 『デンマーク人の事績』 →No.109
- 『ヘイムスクリングラ』 →No.109

関連項目

● スノッリ・ストルルソン→No.110 　　● 北欧神話を伝える主な資料1→No.107

No.002
初期の北欧における信仰

原始宗教では、恐れ敬う自然に犠牲をささげ加護を求める。初期の北欧における信仰も、そのような血なまぐさい祭儀から始まった。

●古代の信仰

　北欧を含むゲルマン民族の信仰について最も古い記録を残すのは、ローマ人タキトゥスによって紀元後100年頃に書かれた『ゲルマーニア』であろう。これによれば、当時のゲルマン民族はメルクリウス、マルス、ヘルクレスの3柱の神を信仰していた。ローマ人は物事を記録する時に自分たちの身近にあるもので置き換えていたので、それぞれの神は主神**オーディン**、戦神**テュール**、雷神**トール**であったと現在では考えられている。

　この中で最も信仰を受けていたのはオーディンであり、その祭りの日には人身御供が行われていたという。実際、デンマークを始めとする北欧の国々では、古代の聖地である沼沢地で殺害された人々の遺体が数多く発見されており、このような人身御供が行われていたことを裏付けている。また、他の2柱の神に対しても適当と思われる獣が犠牲にささげられていた。もっとも、より古い時代には、テュールと同一視されるトゥイスコーと呼ばれる神が人類の始祖として信仰を受けていたとされる。なお、これらの神々を祭るための神像や神殿はなかったと『ゲルマーニア』には記されているが、実際には小ぶりの神像がいくつか発見されているようだ。

　これら3柱の神の他に、イシス、もしくはネルトゥスと呼ばれる女神についても『ゲルマーニア』では取り上げられている。ネルトゥスは当時の北欧地域に居住していた7部族によって信仰を受けていた豊穣の女神で、言語的にヴァン神族の**ニョルズ**と結び付けられることが多い。ネルトゥスの祭祀は毎春、彼女の聖地である小島から車に乗せた神像を運び出して練り歩くというものだった。このような祭祀方法はニョルズの息子である豊穣神**フレイ**にも見られるもので、ネルトゥスとヴァン神族の関係の深さを物語っていると言えるだろう。

『ゲルマーニア』に見られる初期の信仰

『ゲルマーニア』
1世紀のローマの史家タキトゥスによって書かれたゲルマン民族文化史。神々の名はローマ人の流儀でローマの神に置きかえられている

1世紀前後にゲルマン文化圏で信仰された神々

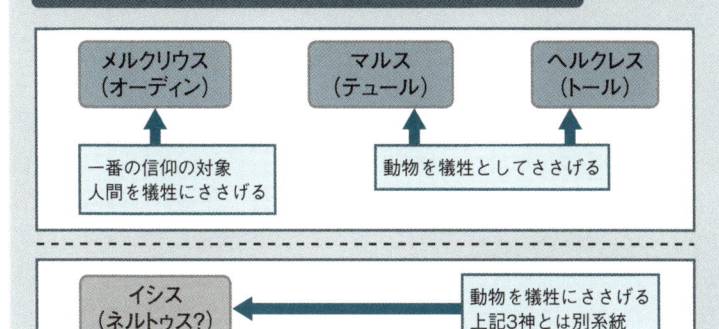

- **メルクリウス（オーディン）** — 一番の信仰の対象 人間を犠牲にささげる
- **マルス（テュール）** — 動物を犠牲としてささげる
- **ヘルクレス（トール）** — 動物を犠牲としてささげる

- **イシス（ネルトゥス?）** ← 動物を犠牲にささげる 上記3神とは別系統

ネルトゥス諸族による特殊な信仰

ネルトゥス諸族：現在のユトランド半島南部にいた7部族で、ネルトゥス女神を信仰していた。『ゲルマーニア』に報告がある

- 各信仰地 ← 牝牛の引く女神像を乗せた車と司祭が各地を訪問。祭祀が行われる ← ネルトゥスの小島
- 各信仰地 → 役割を終えた車を奴隷が洗浄。その後、奴隷たちは湖に沈められる → ネルトゥスの小島

ネルトゥスは、ヴァン神族のニョルズと関係深いと考えられる大地の女神。もっとも、これはタキトゥスの間違いで本来は男神とする説もある

関連項目
- オーディン→No.017
- トール→No.023
- テュール→No.025
- ニョルズ→No.041
- フレイ→No.042

No.003
異教の信仰とキリスト教の流入

北欧の人々の生活に息づいた神々。しかし、彼らはキリスト教の到来と共に姿を消すこととなる。

●異教の信仰と神々の零落

　異教時代（キリスト教改宗以前の時代）の北欧の信仰を知るには、他の文化圏から見た記録や、より後世にアイスランドで書かれたサガ文学に頼るしかない。当時の人々は、文章による記録をほとんど残さなかったからである。こうした資料の中で特に重要なのが、11世紀にブレーメンの司祭アダムによって書かれた『ハンブルグ大司教区の事績』であろう。

　『ハンブルグ大司教区の事績』やサガの記録によれば、当時信仰されていたのは主神**オーディン**、雷神**トール**、豊穣神**フレイ**の3神であった。冬の始まりと終わり、そして収穫の時期などに祭りがあり、1年の始まりに当たる冬至に行われるユールの大祭は非常に重要なものだったとされる。こうした祭りでは前時代と同様に供犠が行われていた。人々は神殿を生贄の血で清め、神々に杯をささげると、生贄を分かち合って食べたのだという。

　当時の信仰の中心地となっていたのが、スウェーデンのウプサーラである。大樹と水源地に寄り添うように立てられた神殿では、戦争の際にはオーディン、疫病や飢饉の際にはトール、結婚の際にはフレイといった具合に祈りがささげられていた。

　北欧の宗教世界に、キリスト教が徐々に勢力を伸ばし始めたのは9世紀の中頃のことである。西ヨーロッパの文化や経済に対する関心が高まり、それらを吸収するための手段としての改宗が行われるようになったのだ。さらに、ハラルド青歯王やオーラヴ・トリュッグヴァソンなどの権力を強化しようとする王侯による、強制的なキリスト教改宗もこれに拍車をかけた。その結果、北欧世界は10世紀を境にキリスト教世界へと変貌していく。結果、異教の神々は徐々に零落を始め、最終的には物語や芸術にのみ姿を残すだけの存在となるのである。

異教時代の北欧での信仰の様子

『ハンブルグ大司教区の事績』

11世紀、ブレーメンの司祭アダムによって書かれた記録。第4巻に北欧の信仰などに関する詳しい記述があるが、後半には犬面人が登場するなど信用できない部分もある

『ハンブルグ大司教区の事績』などによる信仰

オーディン
戦争の神。戦争の際に生贄をささげる

フレイ
平和と快楽を人々に与える神。結婚の際に生贄をささげる

トール
天候の神。疫病、飢饉の際に生贄をささげる

行われていた儀式

- 供犠（人、動物などの絞殺体を神聖な木に吊るす。神聖な沼に沈める）
- 供犠対象の血を振りまいての神殿の聖別
- 豊穣を祈る猥雑な歌舞劇

祭りは冬の始まりと終わり、収穫の時期などに行われ、1年の始まりに行われたユールの大祭は特に重要。なお、ユールの大祭は現在もクリスマスとして残っている

キリスト教の流入と北欧の神々の衰退

826年	使徒アンスガルによる北欧伝道開始
945年～1000年	ハーコン善王などの活動により、ノルウェーにキリスト教が定着
960年頃	デンマークのハラルド青歯王改宗。デンマークはキリスト教国へ
1000年	アイスランド、グリーンランド両島キリスト教に改宗
1100年以降	スウェーデン都市部でキリスト教が受け入れられるように

- 権力拡大や交易を狙った権力者による改宗
- 現地の信仰を巧みに取り入れたキリスト教の布教

信仰の衰退
形骸化した存在へ

妖怪、妖精化する神々も

関連項目
- オーディン→No.017
- トール→No.023
- フレイ→No.042

第1章●北欧神話の世界観

No.004
北欧神話あらすじ1 世界の創造

熱と寒さの渦巻く不毛な世界に生み出された1人の巨人。勇壮かつ悲壮な北欧神話は、この1人の巨人の誕生によって幕を上げる。

●原初の巨人の誕生

　神々が存在するよりもはるか前。そこにはギンヌンガガプと呼ばれる深淵と、灼熱の世界**ムスペッルスヘイム**、極寒の世界**ニヴルヘイム**しか存在していなかった。しかしある時、熱風が霜を溶かし、そこから2つの生命が誕生した。原初の巨人**ユミル**と牝牛アウズフムラである。ユミルはアウズフムラの出す乳を食料に生き、彼から霜の巨人と呼ばれる一族が発生した。一方、アウズフムラは塩味のする霜の石をなめて命をつないでおり、なめとられた霜からブーリという男が生まれる。その後、ブーリはボルという息子をもうけ、ボルは霜の巨人の娘ベストラとの間に主神**オーディン**を始めとする3柱の神をもうけた。オーディンたちは霜の巨人を嫌っており、原初の巨人ユミルを襲うと彼を殺害する。ユミルから流れ出た血は洪水となり、霜の巨人のほとんどはそれに巻き込まれて滅ぶ。この理不尽な行いに、生き残った巨人たちは神々を恨むようになった。

●世界の創造

　オーディンたちは殺害したユミルの体から世界を創造しようと考える。彼らはギンヌンガガプをユミルの血で満たし、その上にユミルの肉から造った大地を浮かべた。そして、毛髪や骨や脳から樹木や岩石、雲を造り大地を飾る。さらに、ユミルの頭蓋骨からは天を造り、そこにムスペッルスヘイムの火花から造った太陽と月や星々を置いた。次に、オーディンたちは海辺で拾った流木から、アスクとエンブラと呼ばれる人間の男女を生み出す。そして、大地をユミルのまつげで区切り、人間の世界ミズガルズと、巨人の世界**ヨトゥンヘイム**を造った。オーディンたちはさらに世界の中央に砦を築く。この砦こそが、神々の世界**アースガルズ**であった。

神々の誕生

原初の巨人ユミル、牝牛アウズフムラ誕生

↓

ユミルから霜の巨人と呼ばれる一族が発生する

↓

アウズフムラがなめた霜の石からブーリという男が誕生

↓

ブーリの息子ボル、霜の巨人の娘と3柱の神をもうける

↓

ボルの息子オーディンらが、ユミルを殺害

世界の創造

オーディンらユミルの体から世界を創造

↓

太陽と月が造られ、季節が定められる

↓

流木から人間の男女が生み出される

↓

ヨトゥンヘイムとミズガルズの境に柵が設けられる

↓

神々の世界アースガルズの完成

関連項目

- アースガルズ→No.010
- ヨトゥンヘイム→No.011
- ニヴルヘイムとニヴルヘル→No.012
- ムスペッルスヘイム→No.013
- オーディン→No.017
- ユミル→No.046

No.005

北欧神話あらすじ2 ヴァン戦争とアースガルズの城壁

神々の黄金時代は3人の巨人の娘の到来と共に去り、悪徳が徐々に彼らを侵していくこととなる。

●ヴァン戦争

アースガルズが造られた当初、**アース神族**たちは豊かな黄金に囲まれ、その生活に満足していた。しかし、3人の巨人の娘や魔女グルヴェイグの到来により、アースガルズには悪徳がはびこるようになっていく。アース神族はグルヴェイグを滅ぼそうと試みるが、彼女は3度にわたって蘇り神々の心を侵していったという。

こうして黄金への欲望に取り付かれたアース神族は、**ヴァン神族**との戦争を開始する。戦いは長引き、アースガルズの城壁は破壊された。戦いに倦み疲れた神々は、人質交換をすることでこの戦争を終結させる。

●アースガルズの城壁

ある時、アースガルズの城壁を破壊され途方に暮れる神々の前に、1頭の牡馬を連れた鍛冶屋が訪れた。彼は女神**フレイヤ**と太陽、月を報酬として、堅固な城砦を建てて見せようと言う。折しも、アースガルズの守りの要となる雷神**トール**が、**巨人族**と戦うべく東方へ赴いていた時期のことである。神々は、いざとなれば彼をペテンにかければ良いと悪神**ロキ**に説得され、半年という条件付きで鍛冶屋の要求をのんだ。しかし、彼は牡馬の助けを借り、驚異的な速度で仕事をこなしていく。危機感を覚えた神々は、ロキに責任を取るように迫った。

そこで彼は牝馬に化けて牡馬を誘惑し、鍛冶屋の仕事を妨害する。鍛冶屋はペテンにかけられたことに気づくと、巨人の正体を現して神々に襲い掛かった。しかし、折良く帰還したトールにより殺害されてしまう。こうしてアースガルズは堅固な城壁を手に入れるが、それと同時に神々は契約違反という悪徳を背負うことになった。

ヴァン戦争

魔女グルヴェイグらにより、アースガルズに悪徳が蔓延

↓

アース神族、グルヴェイグの殺害を試みるも失敗

↓

様々な理由からヴァン神族との抗争が勃発

↓

人質交換により、和解が成立

↓

ヴァン神族、人質のミーミルを殺害し首を送り返す

アースガルズの城壁

神々、アースガルズの城壁修復を鍛冶屋と契約

↓

鍛冶屋とその愛馬の働きにより、城壁はほぼ完成

↓

ロキ、牝馬に化けて作業を妨害

↓

不正に怒る巨人（鍛冶屋）、トールに返り討ちにされる

↓

神々、契約違反という悪徳を背負うことに

関連項目
- アース神族→No.016
- トール→No.023
- ヴァン神族→No.040
- フレイヤ→No.044
- 巨人族→No.045
- ロキ→No.057

No.006
北欧神話あらすじ3 オーディンの旅

巨人との戦いに備え、知識を深めようと始められたオーディンの旅。
しかし、知識はさらなる不安と飢えしか彼にもたらさなかった。

●賢きものゆえの不安

アースガルズを造った後、主神**オーディン**は知識を求めてしばしば世界中を旅して回っている。オーディンの知識に対する貪欲さは異常とも言えるほどで、己が身を傷つけることさえいとわぬほどだった。彼は知識の泉の水をただ1口飲むために泉を守る巨人ミーミルに片目を差し出した。また**ルーン文字**の秘密を掴み取るために自らの体に槍を突き刺し、世界樹ユグドラシルに9日間首を吊ったのである。また、旅に夢中になるあまりにアースガルズを顧みなくなり、兄弟であるヴィリとヴェーによって国と妻フリッグを奪われることすらあったという。

巨人族との軋轢も理由の1つであったが、オーディンが貪欲なまでに知識を求めた当初の目的は純粋な知的欲求からであった。しかし、彼が多くのものを知り、神々の破滅の予言を得てからというもの、彼の知識へのこだわりはいっそう強いものになっていく。破滅への不安が彼の心を蝕んでいたのだ。彼は大鴉フギンとムニンを世界中に遣わして情報を集め、自らも世界を見通すことのできる玉座から世界を監視するようになる。神々を害するとされた悪神**ロキ**の3人の子供たちの追放も、ロキがもたらした様々な宝物も彼の心に平穏を与えることはなかった。

雷神トールが黙々と巨人族との戦いに明け暮れる中、オーディンはさらに知識を深めるべく旅を続ける。また、最終戦争ラグナロクの際の戦力となる勇敢な戦死者、**エインヘリアル**を集めるために人間の世界に不和をばら撒くようになった。息子**バルドル**の死をきっかけに彼の行為はさらにエスカレートする。知識を得るためには巨人族の娘を篭絡し、目的のために女性を汚すことすらいとわなくなっていくのだ。オーディンは自らの行いが世界の破滅を近づけていることにさえ気がつかなくなっていた。

オーディンの旅（バルドルの死以前）

知識を求めて

- 片目を犠牲にし、知恵の泉の水を1口飲む
- 9日間の断食と首吊りの末、ルーン文字を発明

各地を放浪

- 巨人たちの間を旅し、知識や魔法の品を得る
- フレイズマルの息子オッタルを殺害し、黄金で賠償

↓

ニヴルヘルの巫女から、バルドルの死の予言を受ける

オーディンの旅（バルドルの死以降）

バルドルの復讐のため、ヴァーリをもうける

↓

巨人ヴァフスルーズニルと知恵比べを行う

↓

巨人族の娘グンロズを篭絡し、詩人の蜂蜜酒を入手

↓

人間の世界で暗躍し、エインヘリアルを集める

関連項目
- オーディン→No.017
- エインヘリアル→No.020
- バルドル→No.026
- 巨人族→No.045
- ロキ→No.057
- ルーン文字→No.073

No.007

北欧神話あらすじ4 バルドルの死とロキの捕縛

巨人でありながらオーディンの義兄弟として神々の中に身を置く悪神ロキ。彼の存在は、神々に大きな災厄をもたらすことになる。

●バルドルの死

　主神**オーディン**の息子**バルドル**は、大変優れた神で多くのものに好かれていた。ある時、バルドルが見たという夢に不安を感じたオーディンは、ひそかに冥界を訪れ、死せる巫女の予言を求める。しかし、そこで彼が告げられたのは息子の死であった。その話を聞いたバルドルの母**フリッグ**は、世界中を巡りヤドリギの若木以外のすべてのものにバルドルを傷つけないように約束をさせる。悪神**ロキ**には、それが面白くなかった。そこで女に変身するとフリッグに近づき、バルドルの弱点を聞き出したのである。

　その頃神々は、バルドルにものを投げつける遊びに興じていた。ロキはこれに乗じ、盲目の神ホズにヤドリギの若木を投げつけさせる。これによりバルドルは死んだ。神々はバルドルを救うために死者の女王**ヘル**の元に使者を遣わすが、ロキの手によってすべては水泡と帰す。

　バルドルの葬儀は盛大なもので、神々の敵である巨人までもが使者を遣わしたほどだった。彼は莫大な財宝や、彼の死に耐えられずに死んだ妻ナンナと共に船に乗せられ火葬される。

●ロキの捕縛

　その後しばらくの間、ロキは神々の元に留まった。しかし、海神**エーギル**の催した宴会で、神々を非難したのを最後に姿を消す。もはやロキを許すことができなくなったオーディンは、彼の隠れ家を発見すると神々に命じ、彼とその息子ヴァーリ、ナリを捕らえさせた。

　神々はヴァーリを狼に変え、ナリを殺させる。そして、ロキをナリの腸で作った鎖で縛り上げると、顔に毒蛇の毒が滴るという拷問を施した。こうしてロキは、世界の終末が訪れるまで地下に幽閉され続けたのである。

バルドルの死

バルドルが見た不吉な夢に神々が不安を感じる

↓

母フリッグの努力により、バルドルはほぼ不死に

↓

不満を感じたロキ、バルドルの弱点を聞き出す

↓

ロキに騙されたホズがバルドルを殺害

↓

神々がバルドルの復活を試みるが、ロキの妨害により失敗

↓

バルドルの葬儀が盛大に行われ、ホズは殺害される

ロキの捕縛

ロキ、エーギルの宴を境に神々と袂を分かつ

↓

オーディン、出奔したロキを発見し神々を派遣

↓

逃走に失敗したロキが捕縛される

↓

ロキ、拷問を受けながら地下に幽閉される

関連項目
- オーディン→No.017
- バルドル→No.026
- フリッグ→No.033
- エーギル→No.056
- ロキ→No.057
- ヘル→No.060

No.008

北欧神話あらすじ5 ラグナロクと世界の再生

北欧神話の最終章とも言うべきラグナロク。積み重なった軋轢とゆがみが、きしみと共に終末を呼び、世界は紅蓮の炎へと包まれていく。

●神々の黄昏

バルドルの死を契機に、世界のほころびは一気に加速していった。主神**オーディン**の暗躍は多くの戦乱を呼び、取り返しのつかないほどに人間の世界を蝕んでいたのだ。さらに、太陽と月の御者**ソールとマーニ**が狼たちにのみ込まれ、地上はかつてない天変地異に見舞われてしまう。

この混乱を機と見た巨人たちは、**ムスペッル**やニヴルヘルの死者たちと共に神々に対する侵攻を開始した。彼らはヴィーグリーズと呼ばれる戦場で激突し、次々と倒れていく。オーディンは巨狼フェンリルにのみ込まれ、そのフェンリルもヴィーザルによって倒された。さらに、雷神トールはヨルムンガンド、戦神テュールはガルム、神々の番人ヘイムダルは悪神ロキとそれぞれ相打ちとなる。豊穣神フレイはムスペッルの長スルトに敗れ、大地はスルトの放った炎によって焼き尽くされ海の底へと沈んでいった。

●世界の再生

しかし、これですべてが滅んだわけではない。焼き尽くされ、海中に没した大地が浮かび上がったのだ。それは豊かな緑に包まれ、種も蒔かないのに穀物が育つ豊かな大地だったという。そして、太陽の御者ソールが残した一人娘が母の跡を継ぎ、この大地を照らしていた。

人類はホッドミーミルの森に隠れていた男女を始祖として、再び大地に広がっていく。彼らの造る新しい世界には、もはや心配や苦しみ、邪悪はなく、喜びと潔白だけが支配していた。

そして物語は、先の戦いを生き延びた神々や、罪がなかったため冥界から帰還できたバルドルやホズたちが合流し、アースガルズの跡地で過去に思いをはせる場面で幕を閉じるのである。

ラグナロク

- 天変地異が起こり、人間の世界が荒廃する
- 雄鶏が時を告げ、巨人、ムスペッル、死者の侵攻開始
- ヘイムダルの合図で神々が戦闘準備
- ヴィーグリーズの野で両軍が激突
- ムスペッルの長スルトにより大地が焼き尽くされ海に沈む

世界の再生

- 海に沈んだ大地が再浮上
- 太陽の御者の娘が、母の代わりに大地を照らす
- 生き延びた人間たちが活動を再開
- 生き延びた神々や復活した神々が合流
- 神々はアースガルズの跡地でかつてを懐かしむ

関連項目
- オーディン→No.017
- バルドル→No.026
- ソールとマーニ、ダグとノート→No.039
- ムスペッル→No.065

No.009
北欧神話の宇宙観

北欧神話の宇宙は、それぞれの種族の住む9つの世界によって構成されていた。

●神々や巨人たちの住まう世界

『詩のエッダ』の「巫女の予言」などによれば、北欧の宇宙は9つの世界と1本の世界樹によって構成されていたという。

世界のうち最も北方に位置するのが極寒の世界**ニヴルヘイム**で、その地下には死者の女王ヘルが支配する**ニヴルヘル**（ヘル）がある。その反対側、南方に位置しているのが灼熱の国**ムスペッルスヘイム**で、最終戦争ラグナロクの際に神々と争うムスペッルたちが住んでいる。この2つの世界の中央には深い海があり、神々が原初の巨人ユミルから造った大地が浮かんでいた。神々はこの大地を3つの区画に分類している。大地の中央に造られた砦は、**アースガルズ**と呼ばれるアース神族の住む世界で、その外側にある人間の世界ミズガルズと虹の橋ビフレストで結ばれていた。さらにミズガルズはユミルのまつげで作られた囲いで覆われ、その囲いの外の北側、もしくは東側の海岸線に巨人の住む世界**ヨトゥンヘイム**が広がっている。

このほかに、ヴァン神族の住むヴァナヘイム、リョースアールヴ（白妖精）の住むアールヴヘイム、デックアールヴ（黒妖精）の住むスヴァルトアールヴヘイムが存在しているが、『詩のエッダ』や『スノッリのエッダ』には詳細は書かれていない。

これら9つの世界に木陰を投げかけ、世界中にその根を伸ばしているのが世界樹**ユグドラシル**である。一説には世界はこの世界樹によって支えられているのだという。また、これらの世界の上にはユミルの頭蓋骨で作られた複数の階層を持つ天があり、東西南北の端を4人のドヴェルグによって支えられている。その天を太陽と月を運ぶ馬車が、狼に追われながら走っていた。さらに天の北には鷲の姿をした巨人フレスヴェルグがおり、彼の羽ばたきが風となり世界をめぐっているのである。

北欧神話の世界構成

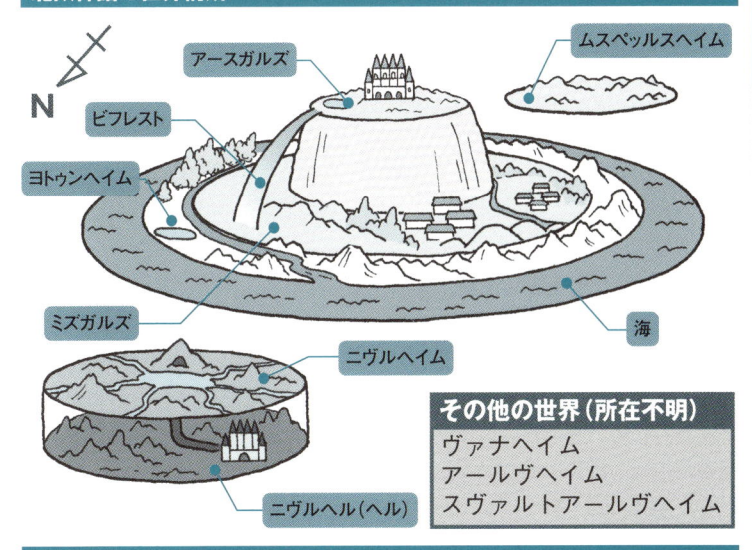

- ムスペッルスヘイム
- アースガルズ
- ビフレスト
- ヨトゥンヘイム
- ミズガルズ
- 海
- ニヴルヘイム
- ニヴルヘル（ヘル）

その他の世界（所在不明）

ヴァナヘイム
アールヴヘイム
スヴァルトアールヴヘイム

北欧神話の宇宙観

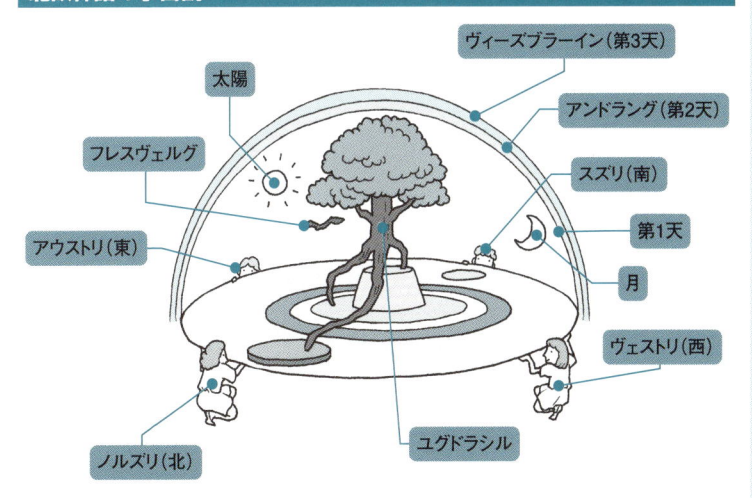

- ヴィーズブラーイン（第3天）
- 太陽
- アンドラング（第2天）
- フレスヴェルグ
- スズリ（南）
- 第1天
- アウストリ（東）
- 月
- ヴェストリ（西）
- ノルズリ（北）
- ユグドラシル

関連項目

- アースガルズ→No.010
- ヨトゥンヘイム→No.011
- ニヴルヘイムとニヴルヘル→No.012
- ムスペッルスヘイム→No.013
- ユグドラシル→No.015
- その他の世界→No.014

No.010 アースガルズ

Ásgarðr

北欧の神々が住まう世界アースガルズ。そこは黄金にきらめく輝かしい世界だった。

●神々の住まう壮麗な世界

　アースガルズは**アース神族**たちの住む世界である。『スノッリのエッダ』の「ギュルヴィの惑わし」において、「トロイ」とも呼ばれるこの世界は、人間の住む大地の中央に位置し、地上と空中で起こる出来事の多くがここで決められていたのだという。高い城壁に囲まれた一種の砦であり、その城壁はかつて巨人の鍛冶屋を騙して作らせたものだった。アースガルズが天上にあるのか、地上にあるのかについては明確な答えはない。そういった部分は人々の想像に任されていたのだろう。ともあれ、他の世界からアースガルズに入るには、虹の橋ビフレストを渡るか、空を飛ぶしかなかった。

　このアースガルズの中央にはイザヴェルと呼ばれる広場がある。そこには男の神々の集まるグラズヘイムという黄金の神殿があり、中には主神**オーディン**の高座と他の神々が座る12の座が用意されていた。一方、女神たちの集まる神殿はヴィーンゴールヴと呼ばれ、こちらも非常に美しい建物だったようだ。実は、アースガルズが造られた当初、神々は多くの黄金を所持しており、屋敷や家財道具をすべて黄金で作っていたのである。

　この他にも、アースガルズにはオーディンの所有するヴァルハラや、その他の神々が所有する屋敷が存在している。中でもヴァルハラは、オーディンとフレイヤの分け合った戦死者のうちオーディンの取り分となった勇士たちが、来るべき最終戦争ラグナロクに備えて訓練を行うという重要な建物であった。また、世界樹**ユグドラシル**の根が伸びるウルズの泉のほとりにある神々の集会場も重要な場所とされている。神々はここで世の中に起きるさまざまな出来事に裁きを下していた。なお、ウルズの泉のほとりには、運命の女神**ノルン**たちの住む館もあったという。

アースガルズの構造

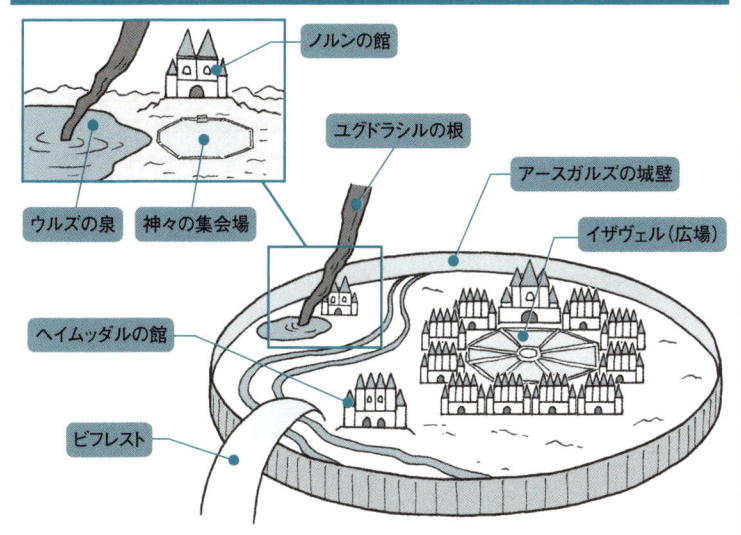

- ノルンの館
- ユグドラシルの根
- アースガルズの城壁
- イザヴェル（広場）
- ウルズの泉
- 神々の集会場
- ヘイムダルの館
- ビフレスト

主な神々の住居とその他の施設

その他の主な施設	
グラズヘイム	12の高座を持つ、黄金で葺かれた男の神々の神殿。敷地内にはオーディンの宮殿であるヴァルハラがある
ヴィーンゴールヴ	グラズヘイムと対となる女神たちの神殿。正しい人々の終の棲家であり、第3天にある館ギムレーと同一視される
ヴァラスキャールヴ	神々がはかりごとで手に入れたとされる、銀で覆われたオーディンの館。フリズスキャールヴが置かれている
ビルスキールニル	540の部屋を持つトールの館で、世界中でも最大級の建物
ヘイムダルの館	虹の橋ビフレストの袂にあるヘイムダルの聖所ヒミンビョルグに建つ館。大きく、心地の良い館とされる
ヴァルハラ	オーディンの宮殿。オーディンのものとなった戦死者がもてなされ、訓練に明け暮れる
フォールクヴァング	フレイヤの館。セスルームニルという広間があり、フレイヤのものとなった戦死者がもてなされる

関連項目
- ユグドラシル→No.015
- アース神族→No.016
- オーディン→No.017
- ノルン→No.037

No.011

ヨトゥンヘイム

Jǫtunheimr

巨人たちの世界ヨトゥンヘイム。ミズガルズの東とも北とも言われるその世界は、人知の及ばぬ不可思議な土地だった。

●神々を付け狙う巨人たちの住む世界

　ヨトゥンヘイムは人間の国ミズガルズを守る囲いの外に位置する巨人の国である。ウートガルズ（囲いの外）と呼ばれることもあるが、その場合は雷神トールを苦しめた巨人**ウートガルザ・ロキ**の領地と必ずしも同一のものではない。その位置については諸説あるが、『詩のエッダ』や『スノッリのエッダ』の記述から、ミズガルズの北方から東方にかけての海岸線付近と考えられている。『スノッリのエッダ』の「ギュルヴィの惑わし」によれば、神々が世界を造った際、彼らの住処をそこに定めたのだという。

　ヨトゥンヘイムには巨人ミーミルの管理するミーミルの泉があり、世界樹**ユグドラシル**がその泉に根を伸ばしていた。また、南方には毒の川エーリヴァーガルが流れており、『スノッリのエッダ』の「詩語法」には、北方から帰還する雷神**トール**がこれを渡ったという記述がある。さらに、ミズガルズの東方にあるイアールンヴィズの森も、ヨトゥンヘイムに属していたようだ。狼の姿をした巨人とそれを生んだ老婆が住むこの森は、一説にはミズガルズとヨトゥンヘイムの境を示しているのだという。なお、「詩語法」には**アースガルズ**との間に、グリュートトゥーナガルザルと呼ばれる国境が存在したという記述もある。もっとも、直接接点の無い2つの世界が何処に国境を設定していたのかについては触れられていない。

　なお、『デンマーク人の事績』には、デンマークの王ゴルモが巨人ゲルート（「詩語法」における巨人**ゲイルロズ**）の住処を訪れるというエピソードが存在する。それによれば、巨人の国は永遠の寒さの支配する原初の森で、作物は少ないもののほかでは見られない生き物であふれていた。そして街に住む住民たちは、幽霊のような薄気味悪い外見で、酷い臭いを発していたという。

ヨトゥンヘイムの構造

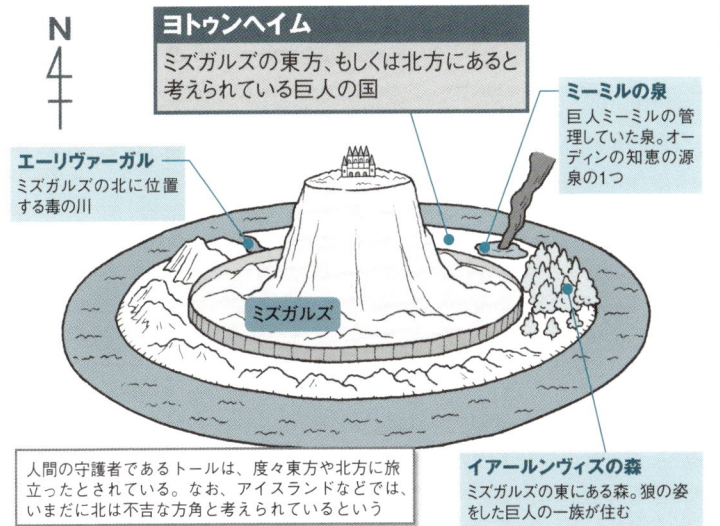

N

ヨトゥンヘイム
ミズガルズの東方、もしくは北方にあると考えられている巨人の国

ミーミルの泉
巨人ミーミルの管理していた泉。オーディンの知恵の源泉の1つ

エーリヴァーガル
ミズガルズの北に位置する毒の川

ミズガルズ

人間の守護者であるトールは、度々東方や北方に旅立ったとされている。なお、アイスランドなどでは、いまだに北は不吉な方角と考えられているという

イアールンヴィズの森
ミズガルズの東にある森。狼の姿をした巨人の一族が住む

❖ デンマーク王ゴルモの冒険

『デンマーク人の事績』によれば、人々が忌み嫌う巨人の国に自ら旅立とうと考えた奇特な人物がいたという。デンマーク王ゴルモ1世である。彼は戦よりも自然探求に興味を持つ人物で、アイスランドの人々の噂にのぼっていたゲイルロズ（デンマーク表記ではゲルート）の館に並々ならぬ関心を抱いていた。その道のりは危険なものとされていたが、若かった王は情熱を抑えきれず、300名の部下とゲイルロズの噂を流した張本人とされるトルキルを連れ、3隻の船で巨人の国を目指す旅に出るのである。

王たちの向かった先は、ハーロガランドの先、ビャルマランドであった。この国に住むゲイルロズの兄弟グトムンドは、長旅の末にたどり着いたゴルモ王たちを歓迎する。もっとも、彼は常にゴルモ王たち一行を陥れようと画策しており、無事目的を遂げて国に帰ることができたのは、ゴルモ王を含めてごく数人の部下だけであった。

関連項目
- アースガルズ→No.010
- ユグドラシル→No.015
- ゲイルロズ→No.052
- ウートガルザ・ロキ→No.054

No.012
ニヴルヘイムとニヴルヘル

Niflheimr&Niflhel

極寒の世界ニヴルヘイム。その地下には死者の女王ヘルの住むニヴルヘルがあった。

●極寒の世界と死者の世界

　ニヴルヘイムは、北の果てに存在する極寒の世界である。原初の世界の1つであるこの世界は、対極に位置する**ムスペッルスヘイム**よりは新しいものの、他の世界が生み出される遥か昔から存在していたという。『スノッリのエッダ』の「ギュルヴィの惑わし」によれば、ニヴルヘイムは寒さやすべての気味の悪いものの源とされている。また、フェルゲルミルと呼ばれる泉から溢れる水は、いくつもの川となって全ての世界へと流れ出していた。このフェルゲルミルの泉には、有翼の黒龍ニーズホッグや彼の手下の無数の蛇が棲んでいる。彼らは泉に根を伸ばす世界樹**ユグドラシル**をかじったり、泉に投げ込まれる人間の死体をかじって日々を過ごしていた。

　このニヴルヘイムの地下には、死者の支配者**ヘル**の領土であるニヴルヘル、もしくはヘルと呼ばれる世界がある。病や老衰で死んだものたちは、ここにあるヘルの館エリューズニルに招かれた。しかし、ニヴルヘルへの道のりは険しく、死者たちの旅は困難を極めたようだ。

　ヘルの館にたどり着くには、まず険しい道を北に向かい、ギョル川を渡らなくてはならない。そこには黄金の橋ギアラルが架けられており、モーズグズという少女が監視していた。彼女の眼鏡に適い、無事橋を渡った後も困難は続く。ニヴルヘルへと続く洞窟グニパヘッリルには、凶暴な番犬ガルムがつながれており、死者たちはその手を逃れなければならなかったのだ。ようやく館にたどり着いても死者たちは楽にはならない。彼らは「病床」と名づけられたベッドで寝起きし、「空腹」の皿、「飢え」のナイフで食事をしなければならなかったのである。なお、このヘルの館の東には、主神**オーディン**がしばしば知恵を借りる巫女たちの墓があるのだという。

ニヴルヘイムの構造

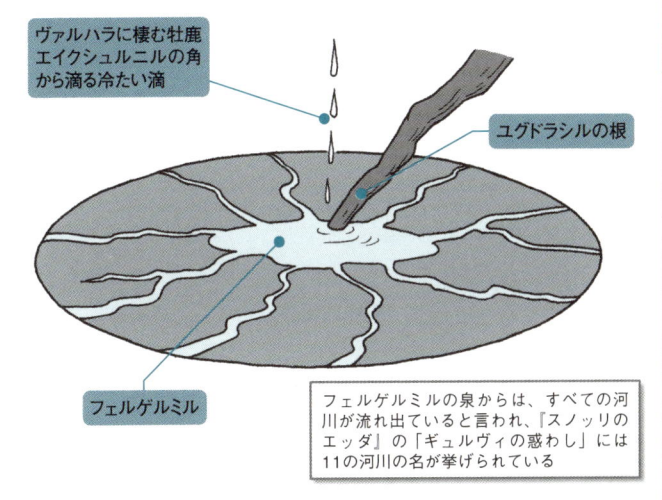

- ヴァルハラに棲む牡鹿エイクシュルニルの角から滴る冷たい滴
- ユグドラシルの根
- フェルゲルミル

フェルゲルミルの泉からは、すべての河川が流れ出ていると言われ、『スノッリのエッダ』の「ギュルヴィの惑わし」には11の河川の名が挙げられている

ニヴルヘル(ヘル)の入り口

- エリューズニル(ヘルの館)
- グニパヘッリルの洞窟
- ガルム
- ギアラル
- 巫女たちの墓
- ギョル川

第1章●北欧神話の世界観

関連項目
- ムスペッルスヘイム→No.013
- ユグドラシル→No.015
- オーディン→No.017
- ヘル→No.060

No.013
ムスペッルスヘイム
Muspellsheimr

最終戦争ラグナロクにおいて神々と戦う謎の民ムスペッル。彼らが住まうのは、灼熱の熱と炎が支配する原初の世界であった。

●燃え盛る炎の国

　ムスペッルスヘイムは、最初の生命である巨人**ユミル**が生まれる以前から存在する、最も古い世界である。その大地は灼熱の炎に包まれており、もともとそこに生まれたものでなければ住むことはおろか、立ち入ることすらできない。世界の中央にある深淵ギンヌンガガプの南側に存在し、霧と霜の世界**ニヴルヘイム**とは位置的に対極をなしている。そのため神々によって新しい世界が創造される以前は、両者の空気がぶつかり合うギンヌンガガプの中央だけが穏やかな気候であったという。

　この世界を治めているのは**ムスペッル**と呼ばれる種族の長のスルトであり、彼は世界の境で炎の剣を持って見張りをしているとされる。もっとも、ムスペッルスヘイムに関するそれ以上の記述は『詩のエッダ』や『スノッリのエッダ』に見出すことはできず、はたしてこの世界にムスペッル以外の生物が住んでいるのか、また、どのような文化がそこに存在したのかなどの詳しいことはわかっていない。

●様々な恩恵をもたらす土地柄

　一見、謎の多い不毛な灼熱の国としか見えないムスペッルスヘイムであるが、実際には様々な恩恵を北欧神話の世界にもたらしている。まず、世界に初めての生命を生み出したのは、ムスペッルスヘイムとニヴルヘイムの空気のぶつかり合いだった。つまり、ムスペッルスヘイムの熱という要素がなければ、神々すら生まれることはなかったのだ。

　また、ムスペッルスヘイムから飛び出す光や火花なども、神々によって有効利用されていた。世界を造る際に天と地を照らす照明として生み出した太陽、月、星といった天体の材料には、これらが使われていたのである。

ムスペッルスヘイムの構造

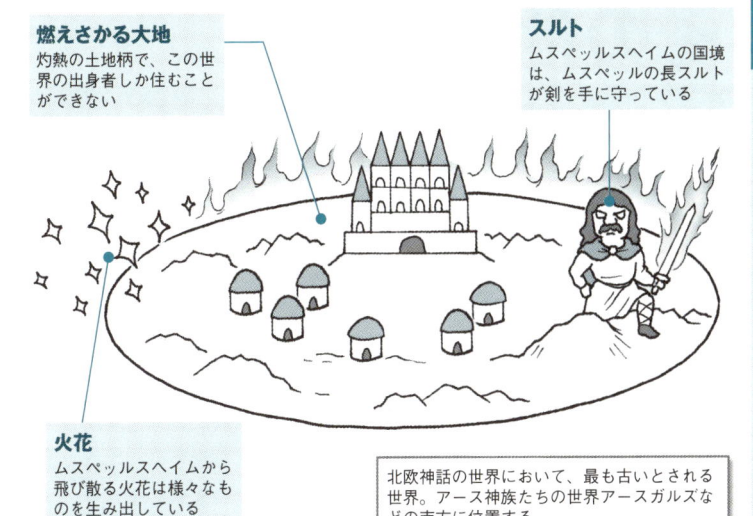

燃えさかる大地
灼熱の土地柄で、この世界の出身者しか住むことができない

スルト
ムスペッルスヘイムの国境は、ムスペッルの長スルトが剣を手に守っている

火花
ムスペッルスヘイムから飛び散る火花は様々なものを生み出している

北欧神話の世界において、最も古いとされる世界。アース神族たちの世界アースガルズなどの南方に位置する

ムスペッルスヘイムから生み出されたものたち

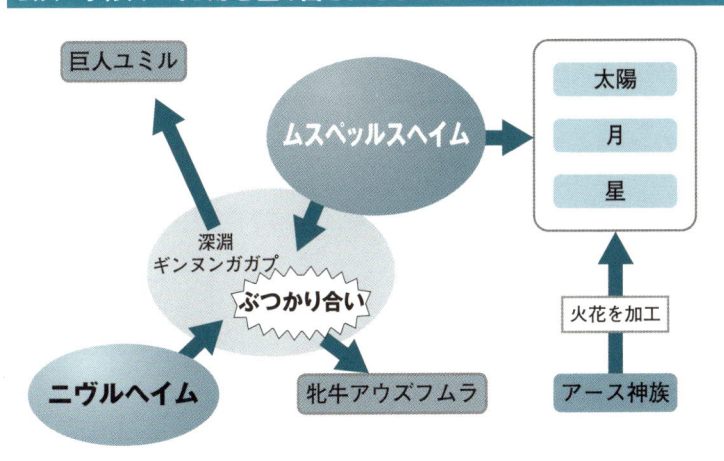

- 巨人ユミル
- ムスペッルスヘイム
- 深淵ギンヌンガガプ
- ぶつかり合い
- ニヴルヘイム
- 牝牛アウズフムラ
- 太陽
- 月
- 星
- 火花を加工
- アース神族

関連項目
- ●ニヴルヘイムとニヴルヘル→No.012
- ●ユミル→No.046
- ●ムスペッル→No.065

No.014 その他の世界

北欧神話には9つの世界が存在するが、記述が少なく実情がわからないものも多い。ここで取り上げるのはそういった世界である。

●人間の世界、妖精の世界

　人間の住む世界ミズガルズは、神々が原初の巨人**ユミル**の肉体から造った円形の大地に存在している。この大地は3つの地域に分類でき、中央に神々の住む**アースガルズ**、その外側にミズガルズ、さらにその外側の北、もしくは東の海岸線に巨人たちの住む**ヨトゥンヘイム**があった。同じ大地に住む巨人たちは、人間にとって大いなる脅威であったという。神々は人間を哀れに思い、原初の巨人ユミルのまつげで人間の世界を守る柵ミズガルズを作った。これがそのまま人間の住む世界の呼び名となったのである。しかし、ミズガルズは神々の望むような平和な世界にはならなかった。自らの手駒とする勇敢な戦死者、**エインヘリアル**を得るために主神オーディンが不和の種を蒔き戦乱を巻き起こしていたのである。

　リョースアールヴ（白妖精）たちの住む世界アールヴヘイムは、豊穣神フレイに乳歯が生えた記念に彼に与えられた世界だという。この世界の実態についてはほとんどわかっていない。リョースアールヴたちは第3の天ヴィーズブラーインにある館ギムレーに住むとされるため、一般的には天界に存在しているとされる。

　デックアールヴ（黒妖精）の住むスヴァルトアールヴヘイムには、『スノッリのエッダ』にフレイの従者スキールニルが向かったという記述が残されている。そこにはドヴェルグ（小人族）が住むと書かれているので、恐らく彼らの住むような地下世界だったのだろう。

　ヴァン神族の住むヴァナヘイムに関しては、もはやどのような世界であったか類推することすら難しい。断片的な記述からラグナロクの後も存続すると考えられ、少なくとも終末の破壊の及ばない場所にあったことだけは確かである。

ミズガルズの構造

ミズガルズ／Miðgarðr
人間が住む場所として区分された土地。巨人の侵入を防ぐため柵で囲われている

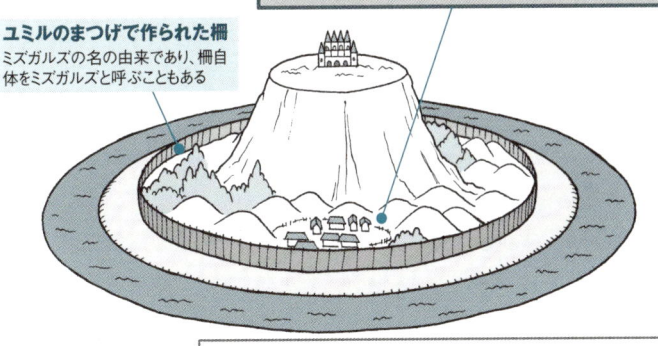

ユミルのまつげで作られた柵
ミズガルズの名の由来であり、柵自体をミズガルズと呼ぶこともある

ミズガルズの国々は、4～10世紀までのゲルマン文化圏の国々がモデル。『詩のエッダ』の「巫女の予言」では、ミズガルズを含むこの大陸は神々が海中から引き上げたものとされている

その他の主な世界

アールヴヘイム／Álfheimr
豊穣神フレイの乳歯が生えた記念に(当時の社会では、お祝いに乳児にプレゼントをする慣わしがあった)与えられた世界。リョースアールヴ(白妖精)たちの住まいで、天界に存在すると考えられている

スヴァルトアールヴヘイム／Svartálfheimr
ドヴェルグ(小人族)と同一視される、デックアールヴ(黒妖精)たちの住む世界。『スノッリのエッダ』などの記述から、一般的には地下に存在すると考えられている

ヴァナヘイム／Vanaheimr
ヴァン神族の住む世界。一部の記述から、最終戦争ラグナロクの影響を受けない位置にあると考えられる。なお、『ヘイムスクリングラ』によれば、ロシア南端のドン河流域にあるという

関連項目
- アースガルズ→No.010
- ヨトゥンヘイム→No.011
- エインヘリアル→No.020
- ヴァン神族→No.040
- ユミル→No.046

第1章●北欧神話の世界観

No.015
ユグドラシル
Yggdrasill

9つの世界にその枝を広げる世界樹ユグドラシル。巨大なトネリコの下には様々な生き物たちが身を寄せていた。

●9つの世界を貫く世界樹

　ホッドミーミルの森、レーラズの樹などと同一視されることもあるユグドラシルは、北欧神話の9つの世界に枝を伸ばす巨大な世界樹である。「ユッグ（**オーディン**）の馬」を意味するこのトネリコは、『スノッリのエッダ』の「ギュルヴィの惑わし」によれば、あらゆる木の中で最大、最良のものであるという。生命の象徴でもあったらしく、古詩『フィヨルスヴィズの歌』には、その実を煮込んで食するとお産の助けになると語られている。このユグドラシルを支えるのは3本（『詩のエッダ』の「巫女の予言」では9本）の大きな根であり、1本は**アースガルズ**、1本は**ヨトゥンヘイム**、最後の根は**ニヴルヘイム**に伸びている（『詩のエッダ』の「グリームニルのことば」では、ヘル、ヨトゥンヘイム、ミズガルズ）。その根本にはそれぞれ泉が存在し、アースガルズのものはウルズの泉、ヨトゥンヘイムのものはミーミルの泉、ニヴルヘイムのものはフェルゲルミルと呼ばれていた。

　その巨大さゆえ、ユグドラシルには様々な生き物が棲んでいる。しかし中には、若葉を貪る4頭の牡鹿や、フェルゲルミルのほとりで根をかじる有翼の黒龍ニーズホッグのように害を与えるものも少なくなかったので、ユグドラシルの幹は腐り柔らかくなってしまっていた。そこでウルズの泉に住む**ノルン**たちは、ユグドラシルが枯れてしまうことを避けるために、露出した根に神聖なウルズの泉の水と白い泥をふりかけて守っていたという。そのためか、ユグドラシルは常に青々と茂っていた。

　このように雄大なイメージがあるユグドラシルであるが、その最後は非常にあっけない。最終戦争ラグナロクの際に、巨狼**フェンリル**ともスルトの放つ炎とも解釈される「スルトの親戚」にのみ込まれてしまうのである。

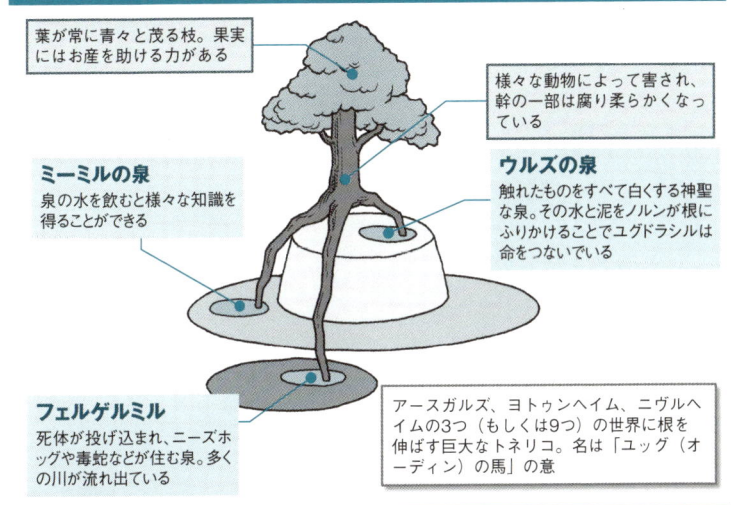

3つの世界に根を伸ばす世界樹

葉が常に青々と茂る枝。果実にはお産を助ける力がある

様々な動物によって害され、幹の一部は腐り柔らかくなっている

ミーミルの泉
泉の水を飲むと様々な知識を得ることができる

ウルズの泉
触れたものをすべて白くする神聖な泉。その水と泥をノルンが根にふりかけることでユグドラシルは命をつないでいる

フェルゲルミル
死体が投げ込まれ、ニーズホッグや毒蛇などが住む泉。多くの川が流れ出ている

アースガルズ、ヨトゥンヘイム、ニヴルヘイムの3つ（もしくは9つ）の世界に根を伸ばす巨大なトネリコ。名は「ユッグ（オーディン）の馬」の意

ユグドラシル周辺に棲む主な動物たち

鷲	両目の間に鷹を留まらせた鷲で、天に棲む鷲フレスヴェルグと同一視されることが多い。多くの物事を知っている
ラタトクス	ユグドラシルの幹に棲む栗鼠。鷲とニーズホッグを仲たがいさせるために走り回る
4匹の牡鹿	ダーイン、ドヴァリン、ドゥンエイル、ドゥラスロール。ユグドラシルの若葉を食い荒らしている
ニーズホッグ	フェルゲルミルに棲む、有翼の黒龍。ユグドラシルを枯らそうと、配下の蛇と共にその根をかじる
蛇	ゴーイン、モーイン、グラーバグ、グラヴヴォッズ、オーヴニル、スヴァーヴニル。フェルゲルミルに棲む
2羽の白鳥	ウルズの泉に棲む鳥。すべての白い鳥の祖

関連項目
- アースガルズ→No.010
- ヨトゥンヘイム→No.011
- ニヴルヘイムとニヴルヘル→No.012
- オーディン→No.017
- ノルン→No.037
- フェンリル→No.058

キリスト教流入後の北欧の神々

　かつて地中海を中心に隆盛を極めたギリシャ・ローマの神々と同じように、北欧の神々もキリスト教の影響を逃れることはできなかった。宣教師によってキリスト教的価値観に取り込まれた彼らは、神々の座から転落し、妖精や魔物のような存在としてのみ語られるようになっていく。そして、文学的価値や歴史的価値を見出されるようになる数世紀後まで歴史の闇に姿を消すことになった。

　特に、王侯を中心に信仰を受けていたオーディンの凋落には痛ましいものすらある。すでにキリスト教を受け入れていたドイツでは、オーディンは亡霊の一団と共に嵐に乗って夜の闇を進み、出会う旅人の魂を奪い去るワイルド・ハントとよばれる妖怪と化していた。こちらはまだ、自らの兵であるエインヘリアルを求めるかつての姿をとどめているといえる。しかし、北欧におけるオーディンは、そのような恐ろしいものとしての扱いすら受けることはできなかった。かつて彼を信仰していた王侯たちが、自らの支配に有利なキリスト教を選び取った結果、オーディンは彼らを惑わし、隙あらば彼らの命を奪おうとする嫌らしい悪魔でしかなくなってしまう。

　一方、民衆の守護神であったトールは、キリスト教流入後も、しばらくの間人々の信仰を受け続けたようである。やがて、彼らによって悪魔として扱われるようになってからも、オーディンのような悪辣な行いは少なく、むしろかつてのように自分を信仰して欲しいと人々の前に姿を現していた。

　こうした両者の違いは、キリスト教改宗を推し進めたノルウェー王オーラヴ・トリュッグヴァソンについての伝承にも良く現れている。王に言葉巧みに取り入ったオーディンは、彼を害するための贈り物をたびたび行い、その度に王の機転により撃退されてしまう。一方、トールは王の船旅の際に現れ、かつて自分は人々のために巨人を退治していたと語って姿を消してしまうのである。

　最終的にトールは巨人の苦手なものとして民話に姿を残すこととなった。スウェーデンのある民話によれば、巨人を息子の洗礼祝いに呼ばなくてはならなくなった農民が、招待客としてトールの名を挙げて巨人の来訪を阻止したという。

　その巨人は農民の家の近くの山に住んでおり、彼が漁をするたびに幸運を授けていた。この恩義に報いるため、農民は巨人を息子の洗礼祝いに招かなければならなくなるが、食いしん坊の巨人が訪れれば、彼の家の財産を食いつぶしかねない。そこで農民は一計を案じ、彼を招待しなくてすむように下男にしむけさせる。

　下男により洗礼祝いに招待された巨人は、他の招待客が誰かたずねた。下男はキリスト教の聖人やキリスト本人、そして聖母マリアの名を挙げるが、巨人は我慢すれば行けないことはないと考えた。しかし、続いてトールの名が挙げられると、かつてトールに散々に痛めつけられたことを語り、農民の息子の洗礼祝いに出席することを断念するのである。

第2章
北欧神話の登場人物

No.016
アース神族
Áss

北欧の世界を統べる大いなる神々。彼らはいったいどのような存在だったのだろうか。

●北欧の世界に君臨する神々

　アース（複数形ではエイシル）神族は、9つの世界の中心**アースガルズ**に住む神々である。彼らはウルズの泉のほとりにある集会所に集まって、日々世界の様々な事柄について裁きを行っていたのだという。

　『スノッリのエッダ』には、アースとして主神**オーディン**、雷神**トール**、戦神**テュール**を中心に、男女それぞれ12～14の神々の名が挙げられている。その中には**ヴァン神族**のニョルズ親子や、**巨人族**出身の悪神ロキなども含まれており、一種族を指すというよりは、大雑把に神全般を指す言葉だと考えるべきであろう。

　アース神族の姿は、大きく人間と変わるものではない。しかし、人間やその他の種族とは違い、女神イズンの管理する永遠の若さのリンゴによって老いることも醜くなることもなかった。もっとも、不滅の存在というわけではなく、戦いで怪我をすることもあれば、命を落とすこともある。そのため、最終戦争であるラグナロクでは、巨人族との戦いの末に多くの神々が命を失うことになった。

　アース神族は、主権、祭祀、魔術、法律、知識や、暴力、戦闘などをつかさどっていたと考えられている。とはいえ、豊穣をつかさどるヴァン神族ほどには、こうした分類をあてはめることはできない。実際、オーディンやトールといった神々に求められた加護は、この分類をはるかに超える雑多なものであった。

　なお、『ヘイムスクリングラ』や『デンマーク人の事績』におけるアース神族は、魔術に優れた人間に過ぎない。彼らはその力を駆使して、自分たちの本拠地から北欧へ住処を移し、人々の上に君臨したのである。

オーディンの一族、および彼に従う勢力

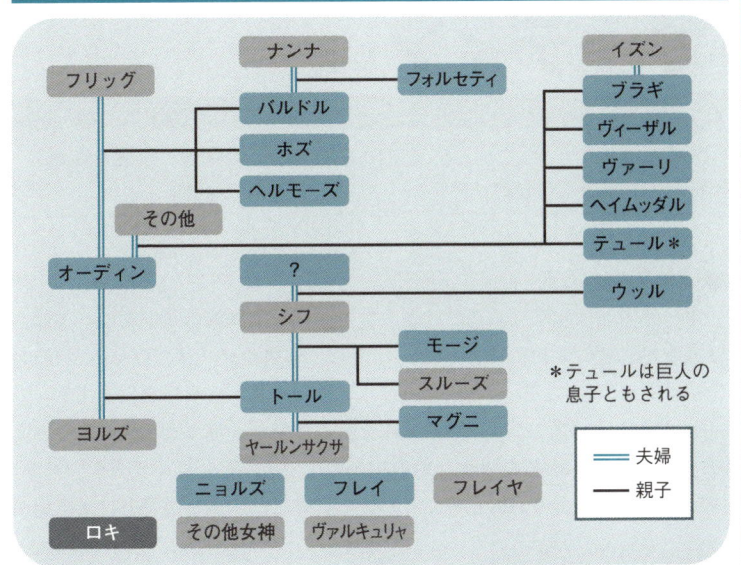

```
フリッグ ─── ナンナ ─── フォルセティ     イズン
         │   バルドル                    ブラギ
         │   ホズ                        ヴィーザル
         │   ヘルモーズ                  ヴァーリ
  その他 ─┤                              ヘイムダル
オーディン ┤   ?                         テュール＊
         │   シフ                        ウッル
         │           モージ
         │           スルーズ
         │   トール
         │           マグニ
  ヨルズ ─┘   ヤールンサクサ

ニョルズ    フレイ    フレイヤ
ロキ    その他女神    ヴァルキュリャ
```

＊テュールは巨人の息子ともされる

━━━ 夫婦
─── 親子

アース神族の対外関係とその起源

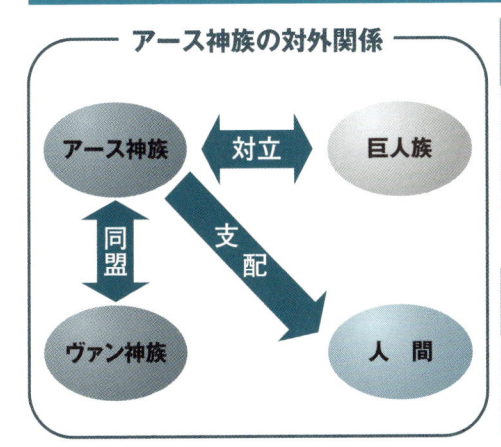

アース神族の対外関係

アース神族 ←対立→ 巨人族
アース神族 ←同盟→ ヴァン神族
アース神族 →支配→ 人間

『ヘイムスクリングラ』におけるアース神族の起源

アース神族は元来小アジアのトロイアの王族。オーディンが北欧にこそ自分の未来があると考えたことから、北欧への侵攻を開始する

『デンマーク人の事績』におけるアース神族の起源

アース神族はビザンチュウムに居を置く東方の人々。好んでウプサーラの地を訪れ、神として人々の間に君臨した

関連項目
- アースガルズ→No.010
- オーディン→No.017
- トール→No.023
- テュール→No.025
- ヴァン神族→No.040
- 巨人族→No.045

No.017
オーディン
Óðinn

北欧の主神オーディン。多くの力と名を持つこの神は、複雑で酷薄な性格の持ち主であった。

●神々を統べる王

オーディンは北欧神話における主神で、**アース神族**の長である。彼は女巨人を母に持つ半巨人であった。しかし、兄弟のヴィリ、ヴェーと共に、先祖である原初の巨人**ユミル**を滅ぼし、その肉体から世界を創造する。

彼は妻**フリッグ**との間に**バルドル**をもうけた他、様々な女性との間に雷神トールはじめとする神々を生み出した。また、『ヘイムスクリングラ』では、多くの諸侯の始祖ともなっている。さらに、悪神**ロキ**とは血誓兄弟の誓いも結んでいたという。

オーディンは戦争と死、知識と詩芸、呪術など様々な神性を持ち、その働きにあわせた多くの名を持っていた。その信仰は古く、1世紀頃の歴史書『ゲルマーニア』には、オーディンと思われる神のことが記録されている。もっとも、主神として扱われるようになったのは時代が下ってからのことであり、主な信奉者であった王侯や詩人たちの影響が強いようだ。

オーディンは魔法の槍グングニルを持ち、2匹の狼と2匹の鴉を引き連れた片目の老人の姿で描かれる。『スノッリのエッダ』の「ギュルヴィの惑わし」によれば、ワイン以外の食事を必要としなかった。その性格は、知識に貪欲で、策略や裏切りをいとわないものであったという。彼はしばしば人間や巨人の世界を旅しており、その際にはつば広の帽子を目深にかぶり、青いマントを羽織った老人の姿をとることが多い。

オーディンは破滅の予言を回避すべく、世界中を奔走し、知識や勇敢な戦死者エインヘリアルを集めた。しかし、定められた運命を変えることはできず、世界には最後のときが訪れる。攻め上る敵の軍勢を前に、オーディンは黄金の鎧を身にまとい、神々の先頭に立って戦う。しかし、奮戦むなしく巨狼**フェンリル**にのみ込まれ、命を落としたのである。

魔術と智謀に優れた神々の父　オーディン

所属
アース神族

神格
戦争と死の神
呪術の神
知識と詩芸の神

所領
グラズヘイム
ヴァルハラ(館)　他

解説
北欧神話の主神で、多くの神々の父。知識に貪欲で、策略や裏切りをいとわない。最終戦争ラグナロクでは巨狼フェンリルと戦うが、力及ばずに丸のみにされる

特徴
灰色の髭を蓄えた片目の老人。天界では黄金の鎧を身につけるが、地上ではつば広の帽子と青いマントを愛用する。優れた用兵家で、魔術の使い手でもある

主な持ち物
グングニル(槍)／ドラウプニル(腕輪)／スレイプニル(馬)／ミーミルの首

関係の深い神や人物
フリッグ／バルドル／ヴィーザル／ヴァーリ／ロキ／ヘーニル

オーディンとその属性

オーディン

戦争と死の神
- 戦争を巻き起こし、信奉者には加護を与える
- 戦死者をエインヘリアルとし、支配下に置く
- 死者を操り予言を行わせる

呪術の神
- 苦行の末、ルーン文字の秘密をつかみとる
- ヴァン神族のセイズ呪術を身につける
- 様々な呪法を巨人などから身につける

知識と詩芸の神
- 巨人の手から詩人の蜂蜜酒を奪い取る
- 詩人に詩芸の才を分け与える

関連項目
- アース神族→No.016
- バルドル→No.026
- フリッグ→No.033
- ユミル→No.046
- ロキ→No.057
- フェンリル→No.058

No.018
オーディンと戦争

戦の神としての側面を持つオーディン。王侯たちはその移ろいやすい加護を求め彼に祈った。

●移ろいやすいオーディンの加護

　主神**オーディン**には、戦争の神としての一面が存在する。本来、戦争は戦神**テュール**の領分であり、勝利は彼に対して祈願されてきた。また、個人の決闘において祈られたのも、狩りの神**ウッル**である。

　それにもかかわらずオーディンが戦の神とされたのは、彼が戦術や策略に優れ、戦いを助ける様々な呪術を身につけていたからであった。例えば、異教時代の北欧で使われた陣形の1つである楔形の陣形もオーディンの発明と考えられている。オーディンは自らの信奉者に惜しむことなくそれらの知恵を授けた。しかし、何よりもオーディンを戦の神たらしめたのは、彼が望むままに戦争を引き起こし、その勝利者を決定していたことにある。彼は**ヴァルキュリャ**を派遣して戦場の運命を支配した。時には自らが出向いて望むものに勝利を与えたともいう。さらには、戦争を引き起こすために王侯たちの間に不和の種さえ蒔いて歩いたのである。

　もっとも、オーディンは信奉者たちに全幅の信頼を置かれているわけではない。彼の加護は非常に移ろいやすく、連戦連勝を重ねた偉大な王であっても、無事生涯を閉じることはなかったのである。『デンマーク人の事績』によれば、ハラルド戦歯王はオーディンから授けられた楔形陣形（豚形陣形とも）により勝利を重ねるが、同じように陣形を授けられた甥のリング王に敗れてしまう。また、『ヴォルスンガ・サガ』の**シグムンド**王もオーディンによって授けられた剣によって数々の危機を乗り越えるものの、最終的にはオーディンによってその剣を折られ命を失う。

　にもかかわらず、多くの王侯はオーディンに加護を祈った。やはり、眼前の勝利は何ものにも代えがたかったのだろう。『ヘイムスクリングラ』の「ハーコン善王のサガ」には、そうした王侯たちの様子が描かれている。

オーディンと戦争の関係

オーディン →
- ヴァルキュリャを差し向け、戦場の勝敗を決する
- 加護を求めるものに勝利を与える
- 気に入ったものには必殺の陣形を授ける
- 復讐のために武器を貸与する
- 死後、勇敢に戦った戦死者を迎え入れる

王侯 → 祈りをささげ、加護を願う

反面
- ヴァルキュリャの行動を掌握できていない
- 常に王侯の間に不和の種を蒔く
- 気まぐれに、加護を与えるのをやめてしまう
- 気に入ったものを殺して手元に置こうとする

オーディンの授けた戦列陣形

楔形陣形／豚形陣形

中央の部隊は、他の隊に比べて20名分ほど長く設定する

各部隊の構成
- 一般兵
- 槍を持った若い兵
- 経験を積んだ年配兵
- 射撃兵
- 階級、経験無差別の兵団

背面への守りとして、前面と同じ構成の部隊を配置する

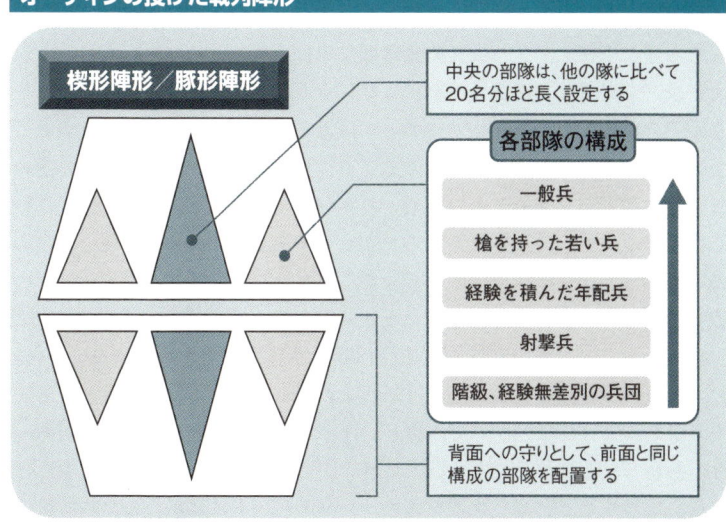

関連項目
- オーディン→No.017
- ヴァルキュリャ→No.022
- テュール→No.025
- ウッル→No.030
- シグムンド→No.067

No.019 オーディンの女性遍歴

様々な女性と浮名を流す神々の父オーディン。彼が求めるのは戦場の勇士だけではなかった。

●浮名を流す神々の父

 オーディンは様々な女性たちの間を渡り歩き、多くの浮名を流している。事実、彼の子とされる神々の多くは、妻**フリッグ**との間にもうけた子ではない。オーディンにとって、それは誇るべき戦歴であったらしく、『詩のエッダ』の「ハールバルズの歌」では渡し守に身をやつしたオーディンが、息子である雷神**トール**を足止めして散々に自慢話を聞かせている。もっとも、聞かされるトールにしてみればいい迷惑だったに違いない。

 オーディンと関係を持った女性たちは、たいてい幸せになれなかったようである。オーディンが**詩人の蜂蜜酒**を手に入れるために関係を持った巨人の娘グンロズは、彼女の元を去っていくオーディンを呆然と見送ることしかできなかった。また、オーディンは息子**バルドル**の復讐を遂げさせるためだけに、巨人の娘リンドとの間にヴァーリをもうけている。この話の異聞である『デンマーク人の事績』のオーディンはさらに性質が悪く、彼を拒絶するルテニア(ロシア)の王女リンダを魔術によって無理やり自らのものにしてしまう。彼にとって、多くの女性たちは目的を達するための道具か、一時の慰み者に過ぎなかったのである。

 もっとも、すべての女性が彼の食い物にされていたわけではない。『詩のエッダ』の「高きもののことば」によれば、オーディンは1度だけその愛を得られなければ、すべてが虚しいと感じるほどの恋をしたことがあった。しかし、その相手である巨人ビリングの娘は、オーディンを上手く煙に巻いて帰らせると家の防備を固め、自分のベッドには用心のために牝犬を縛り付けたという。さらに、オーディンの妻であるフリッグも、彼に黙って従っているだけの存在ではなかった。彼女は独自の価値観を持って行動しており、時にはオーディンを陥れることすら辞さなかったのである。

『詩のエッダ』に見られるオーディンの女性観

オーディン
- 娘の言葉、女の言うことなど信用するな
- 女の愛を得んとするものは、きれいごとを言って贈り物をし、女の美しさをほめよ
- 幸い手に入れた美女を上手く利用した。頭の良いものにできぬことはない
- 優しい娘も、たいがい男にたいして移り気だ
- 燃え盛る恋心が、賢いものを愚かものに変える

『詩のエッダ』の「高きもののことば」より

- 女性を信用していない
- 女性を利用するものと考えている
- 恋愛には否定的

オーディンの主な女性関係

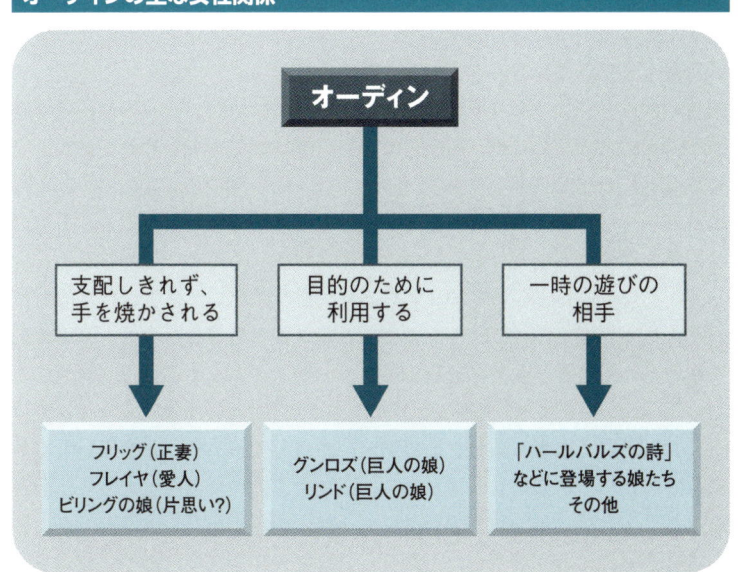

オーディン

支配しきれず、手を焼かされる	目的のために利用する	一時の遊びの相手
フリッグ（正妻） フレイヤ（愛人） ビリングの娘（片思い?）	グンロズ（巨人の娘） リンド（巨人の娘）	「ハールバルズの詩」などに登場する娘たち その他

関連項目
- オーディン→No.017
- トール→No.023
- バルドル→No.026
- フリッグ→No.033
- 詩人の蜂蜜酒→No.076

No.020 エインヘリアル

Einherjar

来るべき破滅の日に向けて戦場から集められる勇敢な戦死者たち。彼らは神々の園で、戦いの技を磨き続ける。

●オーディンの元に集められた戦死者たち

エインヘリアルは、来るべき最終戦争ラグナロクに備え、主神**オーディン**や**フレイヤ**が集めている歴戦の勇士たちである。その名前は「1人で戦うもの」を意味し、戦争の中で手傷を負って死んでいったものたちによって構成されていた。彼らの住むヴァルハラは一種の理想郷であり、当時の人々は死に際して、自らを武器で傷つけてでもそこに召されることを望んでいたのだという。『ヘイムスクリングラ』において人間化されたオーディン自身もまた、槍で自らを傷つけて死ぬのである。

『詩のエッダ』の「グリームニルのことば」によれば、ヴァルハラはグラズヘイムにあり、梁は槍、屋根は盾、ベンチは鎖帷子で覆われていた。傍らにはレーラズと呼ばれる大樹があり、その影を館の上に落としている。エインヘリアルたちは540もある扉から毎日出かけていき、娯楽としての戦闘に明け暮れていた。ここでは、死人も怪我人も夕方には回復したのである。『スノッリのエッダ』の「ギュルヴィの惑わし」によれば、戦いを終えた彼らを迎えるのは、夕方になると生き返る牝豚セーフリームニルの煮物と、ヘイズルーンという牝山羊がレーラズの葉を食べて出す蜜酒の乳だった。これを美しい**ヴァルキュリャ**たちが給仕し、高座に座ったオーディンと共に仲良く食事を楽しむのである。こうして彼らは毎日を戦いと宴会のうちに過ごす。しかし、彼らがラグナロクにおいて活躍したという記述はどこにもない。どちらかと言えば、オーディンの人材コレクションといった意味合いのほうが強かったのだろう。『ヴォルスンガ・サガ』や、『デンマーク人の事績』には、彼自身が出向いて気に入った王たちを手にかける様子が描かれ、古詩『エイリークのことば』や『ハーコンのことば』には、立派な王をヴァルハラに迎え、心躍らせるオーディンの様子が描かれている。

ヴァルハラとエインヘリアル

エイクシュルニル
ニヴルヘイムの泉フェルゲルミルに冷たい滴を落とす牡鹿

ヘイズルーン
エインヘリアルに蜜酒を提供する牝山羊

レーラズの樹
エイクシュルニル、ヘイズルーンの餌となっている樹。ヴァルハラの屋根に生えている

ヴァルハラ
黄金の盾で屋根を葺かれた館ヴァルハラには、1度に800人が出入りできる扉が540ある

訓練するエインヘリアル
オーディンの庭ではラグナロクに備え、日々実戦訓練が行われていた。もっとも、これはエインヘリアルの娯楽でもあり、死人、怪我人は夕方には回復する

エインヘリアルは、ラグナロクのために戦場から集められた戦死者たち。優秀な王侯はオーディン手で命を奪われることもあった

ヴァルハラでの饗宴

オーディン
エインヘリアルと席を共にするものの、ワインしか口にしない

神々のもてなし
実力のある王侯たちは、ブラギやヘルモーズといった神に出迎えられることもある

ヴァルキュリャの給仕
戦場を駆け巡るヴァルキュリャも、ヴァルハラでは給仕役としてエインヘリアルたちをもてなした

夕方ヴァルハラに帰ったエインヘリアルたちは、蜜酒やセーフリームニルという豚を煮たものでもてなされた。戦いと饗宴の繰り返しは、当時の人々にとって一種の理想像だったのかもしれない

関連項目
- オーディン→No.017
- ヴァルキュリャ→No.022
- フレイヤ→No.044

No.021
ベルセルク
Berserkr

オーディンの加護を受け、無敵の強さを誇る狂戦士たち。しかし、彼らは神々の零落と共に、その地位を落としていった。

●オーディンの加護を受ける戦士たち

　ベルセルクは、主神**オーディン**に仕える戦士である。もっとも、彼らの活躍する神話はほとんどない。『詩のエッダ』の「バルドルの夢」において、**バルドル**の弔問にきた女巨人の狼を4人がかりで抑えている姿が見られるのみである。彼らが活躍するのは、主にサガなどにおいてであった。こうした物語の中で、ベルセルクは優秀な戦士として扱われている。しかし、時代が下るにつれ無法者として描かれるようになってしまう。

　ベルセルクは一般的に「狂戦士」と訳されるが、それは彼らの戦いぶりに起因している。『ヘイムスクリングラ』の序章「ユングリンガ・サガ」によれば、彼らは戦いになると鎧を身にまとわずに戦い、まるで狂った犬か狼のように盾に噛み付き、熊か牡牛のように強かった。また、彼らは多くの敵を殺したが、彼ら自身は火にも鉄にも傷つかなかったという。

　一見、無敵とも思われるベルセルクだが、欠点がなかったわけではない。『エギルのサガ』などによれば、ベルセルクは「ベルセルクの激怒」と呼ばれる状態になると手に負えない強さを発揮するものの、1度その状態を脱すると疲労のために動けなくなった。そのため、その時を狙われて多くのベルセルクが倒されている。また、『キリスト教のサガ』には、アイスランドで布教を行っていた司祭サブグランドに決闘を挑んだベルセルクが、聖別された火で火傷を負い、清められた剣に刺し貫かれたという記述もある。もっとも、これはキリスト教流入によるベルセルクの地位の低下と無関係ではないだろう。

　なお、多くの伝承において、こうしたベルセルクの能力はオーディンの魔術や遺伝的要素によるものとされているが、現在の研究では毒キノコによる興奮状態を指すのではないかという説が一般的である。

狂気に身をゆだねる戦士　ベルセルク

所属
アース神族／人間

解説
主神オーディンに仕える戦士たち。元来は、王侯の下で輝かしい戦果を上げる存在だったが、時代が下るにつれ無法者と同義に扱われるようになった

特徴
「ベルセルクの激怒」と呼ばれる状態になると、怪力で武器や火に傷つかない無敵の戦士と化すが、その状態を脱した後は極度に疲弊する。現代的解釈によれば、これは毒キノコによる興奮状態を指すのだという

関係の深い神や人物
オーディン

ベルセルクの位置

神話中のベルセルク
オーディンの配下であり、その能力は彼の魔術によるもの

```
オーディン
  ↑
オーディンの魔術で強化／仕える
  ↓
ベルセルク
```

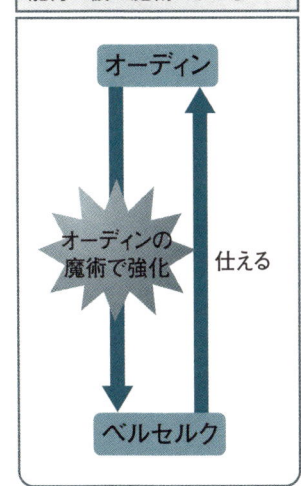

サガなどにおけるベルセルク
後代のベルセルクの能力は遺伝的なものであることが多い

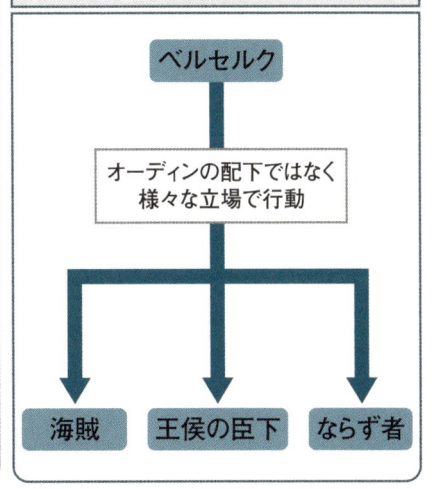

```
ベルセルク
  │
オーディンの配下ではなく
様々な立場で行動
  │
├─ 海賊
├─ 王侯の臣下
└─ ならず者
```

関連項目
- オーディン→No.017
- バルドル→No.026

No.022
ヴァルキュリャ
Vlkyrja

オーディンの命を受け戦場を駆ける乙女たち。彼女たちは常に英雄たちと共にあった。

●戦場を駆ける乙女たち

　ヴァルキュリャは主神**オーディン**の命により、戦場の戦士たちの運命を定め、彼らの魂をヴァルハラに運ぶ役割を持つ乙女たちである。ワーグナーの歌劇『ニーベルンゲンの指輪』にはオーディンの娘として描かれているが、北欧神話のヴァルキュリャは**巨人族**や人間の王侯の娘など様々な出身の乙女たちから構成されていた。

　『スノッリのエッダ』の「ギュルヴィの惑わし」によれば、ヴァルキュリャは戦場を駆け巡り、人々の死の色を見て取ってその勝敗を定めるのだという。そのため彼女たちには、いち早く戦場に駆けつけるための天を翔ることのできる馬が与えられていた。また、白鳥に変身することのできる羽衣も所持しており、それを使って戦場に向かうこともある。

　『ニャールのサガ』によれば、ヴァルキュリャたちは戦の趨勢を、織物を織ることによって決定していた。織物をする機（はた）は、人間の頭を錘（おもり）に使い、糸は人間の腸、梭（ひ）は矢、筬（すい）は剣という奇怪なものだったようだ。彼女たちは布が織り上がると同時にそれを引き裂き、自分たちの定めた運命を現実のものとしたのである。

　さらにヴァルキュリャは、英雄の守護者となり、彼らと共に戦場を駆け巡ることもあった。なかには、『詩のエッダ』の「シグルドリーヴァのことば」に登場するヴァルキュリャや、『ヒョルヴァルズの子ヘルギの歌』のスヴァーヴァのように彼らと恋仲になり、オーディンの決定に逆らって英雄に勝利をもたらすこともある。もっとも、そのような反逆を許すオーディンではなく、彼女たちのほとんどは悲惨な運命をたどったようだ。

　なお、この他にもヴァルハラにおいて戦場から運ばれた戦死者エインヘリアルや、オーディンに給仕をする役割も彼女たちには与えられている。

戦場を駆ける乙女たち　ヴァルキュリャ

所属
アース神族

神格
戦場の女神
死の女神

解説
主神オーディンなどに仕え、戦場の勝敗を決する役割を持つ女神。巨人や人間の王女など、その出自は様々。そのためか、時にはオーディンに逆らうものもいる

特徴
鎧兜を身にまとった美しい乙女で、加護するものに勝利を与える能力を持つ。古い時代には化け物じみた姿で表現された

―― 主な持ち物 ――
天を翔る馬／白鳥の羽衣／戦場の運命を決する機（はた）

―― 関係の深い神や人物 ――
オーディン／フレイヤ／ヴォルスング／ヘルギ／ブリュンヒルド

ヴァルキュリャの仕事

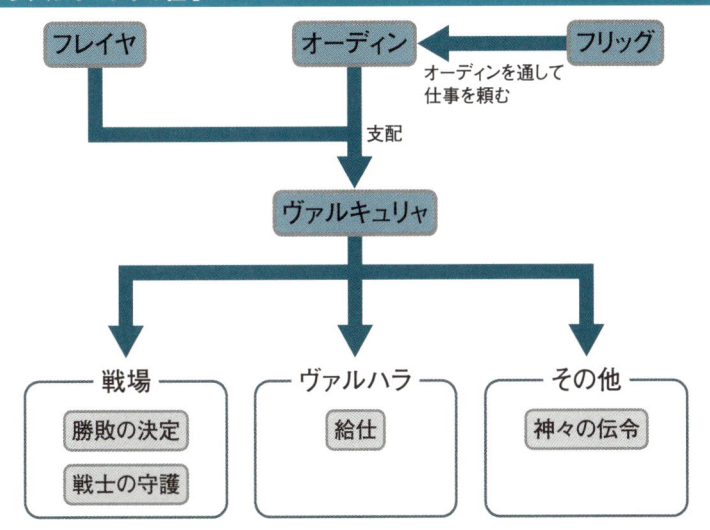

```
フレイヤ     オーディン  ←  フリッグ
                  オーディンを通して
                  仕事を頼む
              ↓支配
           ヴァルキュリャ
       ┌──────┼──────┐
      戦場    ヴァルハラ   その他
   勝敗の決定    給仕     神々の伝令
   戦士の守護
```

関連項目
●オーディン→No.017　　●巨人族→No.045

No.023
トール

Þórr

アース神族の中で最も巨人族に恐れられた雷神。しかし彼は、人間の味方をする心優しい神でもあった。

●神々と人間を守るために旅を続ける雷神

　トールは北欧神話における雷神、そして神々と人間の守護者である。神話中における地位こそ主神**オーディン**に譲るものの、実際に多くの信仰を集めていたのはトールであった。その加護は多岐にわたり、アイスランドやノルウェーでは主神に近い崇拝を受けている。また、人々に子宝を授け、死者やルーンを清めるのもトールの加護によるものであった。

　神話におけるトールは、オーディンと大地をつかさどる女巨人ヨルズの間に生まれた息子である。立派な赤髭を蓄え、単純で怒りっぽいものの、人間には親切だった。とは言え決して愚かだったわけではなく、『詩のエッダ』の「アルヴィースのことば」では、娘を付け狙う**ドヴェルグ（小人族）**を機転によってあしらっている。さらに、『詩のエッダ』の「ハールバルズの歌」では戦いで死んだ奴隷は彼の下に召されるのだと言われている。『スノッリのエッダ』の「ギュルヴィの惑わし」によれば、トールは神々と人間のうち最も強い存在で、スルードヴァンガル、もしくはスルードヘイムと呼ばれる所領に、540もの広間を持つビルスキールニルという館を構えていた。そして、ミョルニルの槌、柄の短いミョルニルの槌を握るために必要な鉄の手袋、トールの神力であるアースメギンを倍に高める力帯の3つの宝を持ち、2頭の牡山羊が引く戦車に乗って天空を駆け巡ったのだという。

　『詩のエッダ』を始めとする多くの資料において、トールは巨人と戦うため東方を旅して歩いている。その際、最も多く彼に同行したのが悪神**ロキ**であった。しかし、単純に仲が良かったわけではなく、しばしば痛い目にも遭わされている。さらに、彼の息子である大蛇**ヨルムンガンド**とは仇敵同士であり、ラグナロクにおいて両者は相打ちとなり果てた。

神々と人類の守護者 トール

所属
アース神族

神格
雷神(天候、農耕の神)
人類の守護者
奴隷たちの死後の支配者

所領
スルードヴァンガル
ビルスキールニル(館)
他

解説
北欧神話中最強の神。神々や人間のために、巨人たちとの戦いを繰り広げる。最終戦争ラグナロクでは宿敵ヨルムンガンドと戦い、相打ちとなって果てた

特徴
赤髭を蓄えた偉丈夫。頭に砥石がめり込んでいる。アースメギンと呼ばれる神力により無類の強さを誇り、雷も操ることができた。ズボンを履いていないともされる

主な持ち物
ミョルニルの槌／鉄の手袋／力帯／タングニョースト(山羊)／タングリスニル(山羊)

関係の深い神や人物
オーディン／シヴ／モージ／マグニ／スルーズ／シャールヴィ／ロスクヴァ／ロキ

北欧神話におけるトールの主な戦い

相手	結果
鍛冶屋(巨人)	神々に騙され怒った巨人を退治
スリュム(巨人)	ミョルニルの槌を盗んだ犯人を退治
ウートガルザ・ロキ(巨人)	東方遠征の際に、手玉に取られる
フルングニル(巨人)	アースガルズで横暴を尽くす巨人との決闘に勝利
ゲイルロズ(巨人)	自分を罠にはめようとした巨人を退治
ヒュミル(巨人)	訪問した際、襲い掛かってきたので退治
アルヴィース(ドヴェルグ)	娘を嫁にしようとしたドヴェルグを退治
ヨルムンガンド	ラグナロクでの戦いで相打ちに

関連項目
- オーディン→No.017
- ロキ→No.057
- ヨルムンガンド→No.059
- ドヴェルグ(小人族)→No.063

No.024
トールの家族と従者たち

北欧神話の中でも民衆よりの神であったトール。その家族もまた、他の神々のそれより親しみやすいものであった。

●トールの家族と従者たち

　トールの家族としてまず挙げられるのは、彼の妻シヴであろう。彼女は女神たちの中でも最も美しい金髪で知られている。1度は悪神**ロキ**の悪戯によって丸刈りにされてしまうが、**ドヴェルグ（小人族）**の作った黄金のかつらにより、その髪はいっそう美しいものとなった。なお、彼女はトールとの結婚以前に巨人との間に狩猟の神**ウッル**をもうけていた他、ロキなどと浮気をしていたという。しかし、トールはシヴを信じきっており、『詩のエッダ』の「ハールバルズの歌」では彼女の浮気を告げる主神**オーディン**の言葉を「最も辛い嘘」と否定している。

　トールと女巨人ヤールンサクサの間に生まれた子マグニは、幼い頃から非常に力が強く、言葉に達者だった。生まれて3日目にもかかわらず、他の神々では持ち上げられなかった巨人**フルングニル**の死体を持ち上げ、その下敷きになっていたトールを救い出している。また、その際には「僕が出会っていたらこんな巨人殴り殺していた」と軽口まで叩いたという。その後、彼は兄弟であるモージと共に最終戦争ラグナロクを生き延び、トールのミョルニルの槌を受け継いだとされる。この他に、トールにはシヴとの間にスルーズという娘がいた。『詩のエッダ』の「アルヴィースのことば」によれば彼女は母譲りの美貌の持ち主であり、そのためにアルヴィースというドヴェルグに付け狙われることとなる。

　トールの従者として知られるシャールヴィとロスクヴァの兄妹は、もともとは農民の子であった。『スノッリのエッダ』によれば、彼らはトールの車を引く牡山羊を傷つけてしまった償いに彼の従者になったとされる。シャールヴィは足が速く勇敢で、その後はトールの従者として様々な場面で活躍した。しかし、ロスクヴァに関する記述はほとんど残されていない。

トールの家族と従者たち

シヴ／Sif
悪神ロキによって美しい髪を刈られてしまったことで知られるトールの妻。トールと結婚する以前に巨人との間にウッルをもうけている他、ロキなどと不倫関係にあった。一説には彼女の金髪は小麦を表すとされ、その多情さも豊穣の象徴だという

トール ══ **ヤールンサクサ**

マグニ／Magni
女巨人ヤールンサクサとトールの間に生まれた息子。生まれて3日目にもかかわらず達者な言葉を喋り、誰も持ち上げることのできなかった巨人フルングニルの死体を持ち上げている。ラグナロクを生き延び、モージと共にトールのミョルニルの槍を受け継いだ

モージ／Móði
シヴとトールの間に生まれた息子。マグニと共にラグナロクを生き延び、トールのミョルニルの槍を引き継いだ。その後、同じように生き延びたヴィーダルやヴァーリ、帰還したバルドル、ホズと共に神々の園の支配者となる

スルーズ／Þrúðr
シヴとトールの間に生まれた娘。美しい外見からアルヴィースというドヴェルグに付け狙われた。トールがいない間にアルヴィースと婚約する約束をしてしまうなど、世間知らずな面があったようだ

══ 夫婦 ── 親子

― **トールの従者** ―

シャールヴィ／Þjálfi
トールの車を引く牡山羊を傷つけたことの償いとして、トールの従者となった農家の息子。足が速く、巨人を向こうにまわしてもひるまない勇気を持ち合わせていた。そのためトールの旅にしばしば同行し、様々な武功を立てている

ロスクヴァ／Rǫskva
シャールヴィの妹。兄と共にトールの従者となるが、それ以外の記述はほとんど残されていない

関連項目
- オーディン→No.017
- トール→No.023
- ウッル→No.030
- フルングニル→No.050
- ロキ→No.057
- ドヴェルグ(小人族)→No.063

No.025
テュール
Týr

かつては主神の座にあった片腕の軍神。彼はその右手と共に様々なものを失っているのかもしれない。

●片腕の軍神

　テュールは北欧神話の神の中でも最も古い起源を持つ神である。**オーディン**信仰の台頭以前、彼は主神かそれに近い地位にあったという。事実、テュールの名は神々の代名詞として扱われており、他の北欧の主神たちに混じって「火曜日（Tuesday）」の語源にもなっている。

　北欧神話におけるテュールは軍神、法廷の守護者としての役割を持つ。オーディン、もしくは巨人**ヒュミル**の息子で『スノッリのエッダ』によれば非常に大胆で賢い神であったという。戦争での勝敗を決める役割も持ち、『詩のエッダ』の「シグルドリーヴァのことば」には、「勝利を望むならば勝利のルーンを知らなければなりません。剣の柄の上に、あるいは血溝の上に、また、剣の峰に彫り、2度テュールの名を唱えなさい」と記されている。

　テュールを扱った神話で最も有名なものは巨狼**フェンリル**の捕縛に関するものであろう。不吉な予言と日増しに大きくなるフェンリルに恐怖した神々は、遊びに見せかけて彼を捕縛しようとしていた。しかし、警戒するフェンリルは神々の試みに対し、誰かが彼の口に右手を入れることを要求する。その要求に応えられたのは、もともとフェンリルの面倒を見ていたテュールだけだった。彼の勇気により神々は無事フェンリルを捕らえ安堵の笑みを浮かべる。しかし、その代償に右手を食いちぎられたテュールにとっては笑い事ではない。彼は「人々を調停できない」という烙印を押されたうえ、最終戦争ラグナロクの際には力を発揮できずにガルムと相打ちになって果てることになったのだ。

　なお、『詩のエッダ』の「ヒュミルの歌」にも父ヒュミルの下へ**トール**を案内するテュールが登場する。しかし、ここでのテュールは単に「神」という意味であり、実際には**ロキ**のことを指しているとする研究者が多い。

古き隻腕の軍神　テュール

所属
アース神族

神格
軍神
民会の守護者
古くは天候神で主神

解説
北欧神話の軍神。巨狼フェンリルを拘束するために右腕を失ったことで知られる。最終戦争ラグナロクの際は冥府の番犬ガルムと戦い、相打ちとなった

特徴
右手のない戦士の姿で描かれることが多い。大胆で賢く、戦いの勝敗を決する能力を持つ

主な持ち物
剣（名称不明）

関係の深い神や人物
オーディン／トール／ヒュミル／フェンリル

テュールの役割の変遷

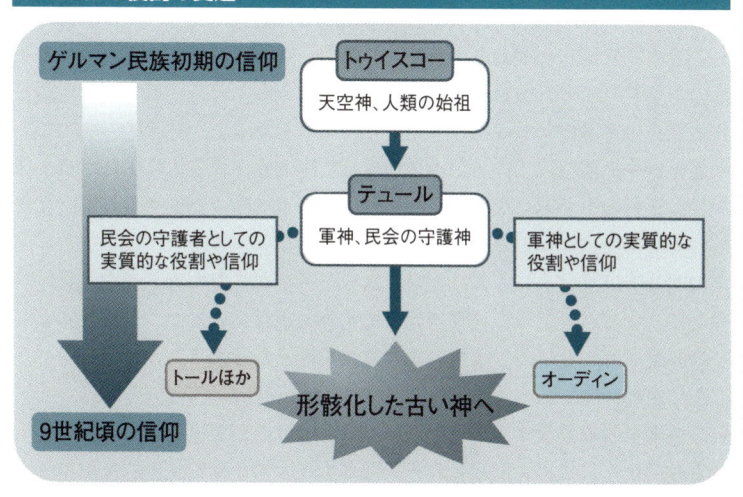

```
ゲルマン民族初期の信仰

                    ┌─ トウイスコー ─┐
                    │  天空神、人類の始祖  │
                    └──────────┘
                          │
                    ┌─ テュール ─┐
                    │ 軍神、民会の守護神 │
                    └──────────┘

民会の守護者としての             軍神としての実質的な
実質的な役割や信仰               役割や信仰
      │                              │
    トールほか    形骸化した古い神へ    オーディン

9世紀頃の信仰
```

関連項目
- オーディン→No.017
- トール→No.023
- ヒュミル→No.055
- ロキ→No.057
- フェンリル→No.058

No.026
バルドル

Baldr

策略と悪意により命を奪われた神々の貴公子。しかし、彼は世界の再生と共に復活を遂げる。

● **多くのものに愛された神々の貴公子**

「美しの」とも称されるバルドルは、主神**オーディン**とその妻**フリッグ**の間に生まれた神々の貴公子である。『スノッリのエッダ』の「ギュルヴィの惑わし」によれば、彼は神々の中でも最も優れたものだった。その容貌は自らが光り輝くほど美しく、賢く、雄弁で優しかったという。しかし、優しさゆえか、その裁きは決して不変なものではなかったようだ。『詩のエッダ』の「グリームニルのことば」によれば、彼はブレイザブリクに館を設けており、そこにはいかなる災いもなかったという。妻ナンナとの間には息子のフォルセティがおり、彼は父よりも優れた審判者であった。

このように優れた神とされるバルドルであるが、『詩のエッダ』や『スノッリのエッダ』には、彼自身に関する神話はほとんどない。彼について語られる唯一の神話は、彼の死についてだけなのである。

悪神**ロキ**の策略により、弟ホズの放ったヤドリギの若木に倒れたバルドルは、戦いの中で死ななかったため死者の女王**ヘル**の元へ送られてしまう。彼の妻ナンナは悲しみに絶えられず死んでしまい、バルドルの乗馬や、黄金の腕輪ドラウプニルと共に彼の船フリングホルニで火葬された。その後、神々によってバルドルを現世に呼び戻す努力が行われるが、またしてもロキに邪魔され失敗におわってしまう。ヘルの元に留まることになったバルドルは館と高座を与えられ、妻と共に長くそこに住むこととなった。もっとも、彼は最終戦争ラグナロクの後にホズと手を携えて復活するのだという。

この話から、彼が1度殺されて復活する豊穣神と見る説や、キリストの復活になぞらえたとする説など、様々な説が展開されている。しかし、いまだ定説はない。なお、『デンマーク人の事績』には、バルドルは美女ナンナに懸想する好色な半神として登場している。

輝かしき神々の貴公子　バルドル

所属
アース神族

神格
光神？
植物の神？

所領
ブレイザブリク

解説
多くのものに愛されたオーディンの息子。彼に嫉妬した悪神ロキの奸計により、弟ホズにヤドリギの若木で殺害された。最終戦争ラグナロクの後、ホズと共に復活する

特徴
白いまつげと輝くほどの美貌を持ち、雄弁でいつくしみ深い。反面、優柔不断で判定を覆すことも。ヤドリギの若木以外には傷つけられない

主な持ち物
フリングホルニ(船)／愛馬(名称不明)／ドラウプニル(腕輪)

関係の深い神や人物
オーディン／フリッグ／ナンナ／フォルセティ／ホズ／ヘルモーズ／ロキ／ヘル

バルドルの不死とヘルの課した復活の条件

バルドルの死の経緯
- バルドルの死の予言を知った母フリッグ
- ↓
- 世界を巡り万物にバルドルを傷つけないよう約束させる
- ↓
- ヤドリギの若木だけは幼すぎると思い存在を無視
- ↓
- ヤドリギの若木で命を落とす

バルドル復活の条件

ヘルの条件
世界中のもの、生きているものも死んでいるものもバルドルのために泣くのであれば、彼を地上に返しても良い

↓

ロキの化けた女巨人ソックがバルドルのために泣くことを拒否

↓

復活失敗!!

関連項目
- オーディン→No.017
- フリッグ→No.033
- ロキ→No.057
- ヘル→No.060

第2章●北欧神話の登場人物

No.027
ヘルモーズ

Hermóðr

オーディンの息子、俊敏のヘルモーズ。彼は兄バルドルを取り戻すために冥府への旅に赴く。

●地上と死者の国を行き来した神々の使者

「俊敏の」とも称されるヘルモーズは、主神**オーディン**の息子である。しかし、スノッリ・ストルルソンが『スノッリのエッダ』で挙げる12柱のアース神族には入っていない。彼が初めてその名を現すのは、兄**バルドル**が悪神**ロキ**の姦計に倒れ、神々が無力感をかみ締めているその時であった。

神々の中でいち早く正気に戻った**フリッグ**は、息子を取り戻すために死者の女王**ヘル**の元へ赴いて身代金を支払い、彼を取り戻してくれるものを募る。そこで名乗り出たのがヘルモーズだった。彼はオーディンから**スレイプニル**を貸し与えられ、ヘルが支配する死者の国への長い旅路に赴くのである。

彼は9日間、暗い谷間を進むうちにギョルと呼ばれる川にたどり着く。ギョル川には黄金で覆われた橋が架かり、その袂ではモーズグズと呼ばれる少女が番をしていた。彼女はヘルモーズに、バルドルと死者たちの一行はすでにその橋を通過し、ヘルの館に入ってしまったと語る。そこでヘルモーズは橋を渡り、死者の国の中心部へと向かっていった。ヘルの館で彼を迎えたのは、意外にも探しもとめた兄バルドル自身であった。ヘルモーズはそこで一夜を過ごした後、ヘルとの交渉に入る。地上のアース神族たちの嘆きようを語る彼に、ヘルは次のような条件を課した。

「もし世界中のものが、生きているものも、死んでいるものも、彼のために泣くのなら、彼をアース神族の元に戻そう」

交渉の成功を感じ取ったヘルモーズは、バルドルからドラウプニルを、彼の妻ナンナからは布やその他の記念品を受け取ると帰途に着いた。

なお、ヘルモーズをエインヘリアルの接待役とする古詩も存在している。

死の世界へ向かう伝令神　ヘルモーズ

所属
アース神族

神格
オーディンの従者神
オーディンの一側面

解説
母フリッグの願いにより、兄バルドル復活の交渉を行うべく冥界に赴いたオーディンの息子。ヴァルハラで戦死した英雄たちを迎える役割も持つ

特徴
「俊敏の」と称される、すばやい動きが特徴。輝かしい外見の若者とする説もある

主な持ち物
オーディンから授けられた鎧兜（授けられたのは同名の別人との説も）

関係の深い神や人物
オーディン／フリッグ／バルドル／ナンナ／ヘル

ヘルモーズのニヴルヘルへの旅路

冥府への旅路
ヘルと交渉しバルドルを取り戻すため、ヘルモーズはスレイプニルを借り受けてニヴルヘルへと向かう

暗い谷と黄金の橋
9日間、暗い谷間を走り続けたヘルモーズは、ニヴルヘイムにあるギョル川にたどり着く。ギョル川には黄金の橋がかかっており、その袂では1人の少女が番をしていた

モーズグズ
橋の番人の少女モーズグズにヘルモーズはここにきた事情を話し、ニヴルヘルへの道を教えてもらう

バルドルとの再会とヘルとの交渉
ヘルの館に着いたヘルモーズは、交渉の末バルドル復活の条件を聞き出し、バルドルたちの贈り物を手にアースガルズへ戻った

関連項目
- オーディン→No.017
- バルドル→No.026
- フリッグ→No.033
- ロキ→No.057
- ヘル→No.060
- スレイプニル→No.079

No.028
ヴィーザル
Víðarr

父の敵を討つことを運命付けられた神。彼はその時が訪れるまで、ただひたすらに沈黙を守った。

●トールに次ぐ実力を持つ沈黙の神

　ヴィーザルは主神**オーディン**と女巨人グリーズの間に生まれた神で、最終戦争ラグナロクを生き延びた数少ない神の1人である。沈黙の神とも呼ばれるヴィーザルは、雷神**トール**に次ぐ実力者として期待されていた。しかし、彼がその力を振るうことはめったになかった。その姿勢は徹底しており、『詩のエッダ』の「ロキの口論」において悪神**ロキ**の求めに応じてオーディンが席を譲るように命じた際も、淡々と席を譲り酒まで勧めたという。そのおかげで彼自身はロキの罵詈雑言にさらされることはなかったのだが、これは血の気の多い北欧の神々には珍しいことと言えるだろう。さらに彼の一風変わった面は住処にも現れている。多くの神々が立派な屋敷を構える中、彼は柴や丈の高い草が生い茂る森を住処としていたのだ。

　しかし、ヴィーザルが単に無口でおとなしい神だったわけではなく、沈黙の誓いを立てることによって最後の戦いのために力を蓄えているのだという説もある。実際、彼にはラグナロクで自分が行うべき役割を心得ていた節があった。『詩のエッダ』の「グリームニルのことば」において、彼は自らの森の中で父の復讐を高らかに宣言している。また、ラグナロクでの戦いのために、重くて硬い革靴をあらかじめ用意していた。この靴は人間が靴を作る際に捨てた三角形の革を集めて作られたもので、この靴を履くことで初めて彼はオーディンをのみ込んだ巨狼**フェンリル**の顎を引き裂き、父の敵を討つことができたのである。

　その後、多くの神々が倒れた戦いの中を、ヴィーザルは生き延びた。一説によれば、世界を焼き尽くしたスルトの炎すら、彼を傷つけるには至らなかったという。そして世界の滅亡と再生を見届けると、復活した**バルドル**たちと共に新しい世界の神となったのである。

沈黙を守る神　ヴィーザル

所　属
アース神族

神　格
沈黙の神 森林の神？

所　領
ヴィーディ（森）

解説
主神オーディンと女巨人グリーズとの間に生まれた息子。巨狼フェンリルを倒し、オーディンの敵を討つ。その後最終戦争ラグナロクを生き残り、新しい神々の一員となった

特徴
雷神トールに次ぐ実力と、ラグナロクの際に世界を焼いた業火を生き延びる強靭な肉体を持つ。沈黙の神と呼ばれ、喋ることはないという

― 主な持ち物 ―
剣（名称不明）／馬（名称不明）／人間が捨てた革を集めて作った靴

― 関係の深い神や人物 ―
オーディン／グリーズ／ヴァーリ／フェンリル

ヴィーザルの靴と北欧の人々

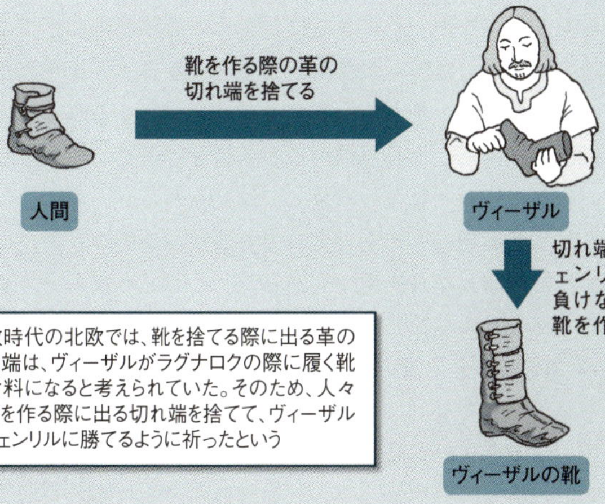

人間 → 靴を作る際の革の切れ端を捨てる → ヴィーザル

切れ端から、フェンリルの牙に負けない丈夫な靴を作成

ヴィーザルの靴

異教時代の北欧では、靴を捨てる際に出る革の切れ端は、ヴィーザルがラグナロクの際に履く靴の材料になると考えられていた。そのため、人々は靴を作る際に出る切れ端を捨てて、ヴィーザルがフェンリルに勝てるように祈ったという

関連項目
- オーディン→No.017
- トール→No.023
- バルドル→No.026
- ロキ→No.057
- フェンリル→No.058

No.029

ヘイムッダル

Heimdallr

アースガルズと大地をつなぐ虹の橋ビフレスト。その橋を守るヘイムッダルは、人類の先祖でもあった。

●神々の番人にして、人類の始祖

　ヘイムッダルは、大地と**アースガルズ**を結ぶ虹の橋、ビフレストを守る神々の番人である。ビフレストの袂にあるヒミンビョルグという館に住み、最終戦争ラグナロクの際にはギャラルホルンと呼ばれる角笛を吹き鳴らす。『スノッリのエッダ』によれば、「白いアース」とも呼ばれる偉大で神聖な神であり、主神**オーディン**と9人の波の乙女との間に生まれたのだという。黄金の歯を持っており、**アース神族**の中で一番美しいとされることもある。また、すばらしい視力と聴力の持ち主で、昼夜を問わず100マイル離れた所を見通すことができ、地面の草の生長する音や羊の毛の伸びる音すら聞き漏らすことがなかった。さらに、鳥よりも睡眠時間が少ない。

　これらの超人的な能力は、一説には巨人ミーミルに片耳を差し出して得たものであったとされる。恐らく、過酷な任務を遂行するべくこの取引を行ったのであろう。実際、それ以前の彼の苦労を揶揄していると思われる言葉が『詩のエッダ』の「ロキの口論」には見られる。

　神々の番人として名高いヘイムッダルであるが、『詩のエッダ』の「リーグの歌」によれば彼は人類の始祖でもあった。かつてヘイムッダルはリーグと名乗って人間の世界を旅し、3組の夫婦と交わって王侯、自由民、奴隷という3つの階級の先祖となったのである。『詩のエッダ』の「巫女の予言」でも、巫女が聴衆に呼びかける際に、「ヘイムッダルの子ら」と呼びかける一幕があり、この考えは当時一般的なものであったようだ。

　ラグナロクにおいて、ヘイムッダルは悪神**ロキ**と相打ちとなって果てる。その際の死因は、人間の首という奇怪なものだった。断片的な資料によれば、彼らはかつて**フレイヤ**の首飾りを巡ってアザラシの姿で争ったともあり、かねてからの仇敵だったのであろう。

神々の番人　ヘイムッダル

所　属
アース神族

神　格
神々の道の番人 人類階級社会の始祖

所　領
ヒミンビョルグ

解説
虹の橋ビフレストを守る番人。悪神ロキとは犬猿の仲で、最終戦争ラグナロクの際には彼と戦って相打ちとなる。人類の階級は彼の子孫により生み出されたともいう

特徴
すばらしい聴力と視力の持ち主。睡眠時間も少ない。黄金の歯を持ち、「白いアース」とも称される

―― 主な持ち物 ――
ギャラルホルン（角笛）／グルトップ（馬）／ヘイムッダルの頭（剣）

―― 関係の深い神や人物 ――
オーディン／9人の波の乙女／ロキ

リーグ（ヘイムッダル）と人類の階級

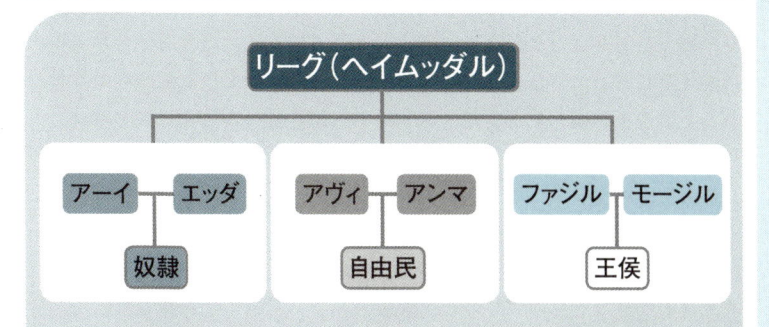

```
          リーグ（ヘイムッダル）
           ／      ｜      ＼
   アーイ─エッダ  アヴィ─アンマ  ファジル─モージル
        ｜            ｜              ｜
       奴隷          自由民           王侯
```

ヘイムッダルはリーグと名乗って人間の世界を旅した際、3組の夫婦の元にそれぞれ3日間留まり3人で寝て彼らと子をなした。その子孫たちが、後の世の階級の始まりだったと「リーグの歌」は伝えている

関連項目
- アースガルズ→No.010
- アース神族→No.016
- オーディン→No.017
- フレイヤ→No.044
- ロキ→No.057

No.029　第2章●北欧神話の登場人物

No.030
ウッル
Ullr

巨人の血を引く狩猟の神。その実力は主神として神々に君臨できるほどのものだった。

●並ぶもののない狩猟の神

　ウッルは雷神**トール**の継子として知られる狩猟の神である。一説には、彼は巨人とトールの妻シヴとの間に生まれた子だという。『スノッリのエッダ』の「ギュルヴィの惑わし」によれば、彼は並ぶもののない弓の名手であり、スキーヤーだった。また、母親譲りの美貌を持ち、戦士としても優れていたようだ。さらに戦士の神でもあり、決闘の際にはこの神に祈願すると良いとされている。『詩のエッダ』の「グリームニルのことば」によれば、ウッルはユーダリルに館を構えていたという。彼の配偶者に関して『詩のエッダ』には書かれていないが、ある伝承は**ニョルズ**と別居した後の**スカジ**を妻として迎えたと伝えている。このように北欧神話におけるウッルの扱いはそれほど大きなものではない。しかし、かつては主神に近い位置にあったことをにおわせる記述が、「グリームニルのことば」や古詩『アトリの歌』などの幾つかの資料に残されている。それによれば、人々は重要な事柄を決める際は、ウッルの名において宣誓を行ったのだという。

　なお、『デンマーク人の事績』には、『詩のエッダ』や『スノッリのエッダ』とはまったく違うウッル像が描かれている。『デンマーク人の事績』におけるウッルであるオレルは、**オーディン**に匹敵する存在であった。彼は神々の威光を汚したかどで追放されたオーディンの後釜として、ビザンチンに住む神々の代表に選ばれたのである。第2のオーディンとして神々の上に君臨したオレルであったが、その栄光は長くは続かなかった。時がたち、その罪を許されたオーディンによって、今度はオレルが追放されてしまうのである。彼はスウェーデンに落ち延び、そこで失地回復に努めた。しかし、その甲斐なくデンマーク人によって殺されてしまうのである。

狩猟に優れたトールの継子　ウッル

所　属
アース神族

神　格
狩猟の神 決闘の神 民会の神

所　領
ユーダリル

解説
シヴと巨人との間に生まれたトールの継子。エッダにはほとんど記述のない古い神で、『デンマーク人の事績』に、かつての信仰の跡を残すのみである

特徴
弓、スキーの名手で、母譲りの美貌の持ち主。『デンマーク人の事績』によれば、骨（スキー）に乗り海を渡ることができた

主な持ち物	関係の深い神や人物
弓／スキー	オーディン／トール／シヴ

『デンマーク人の事績』におけるウッル

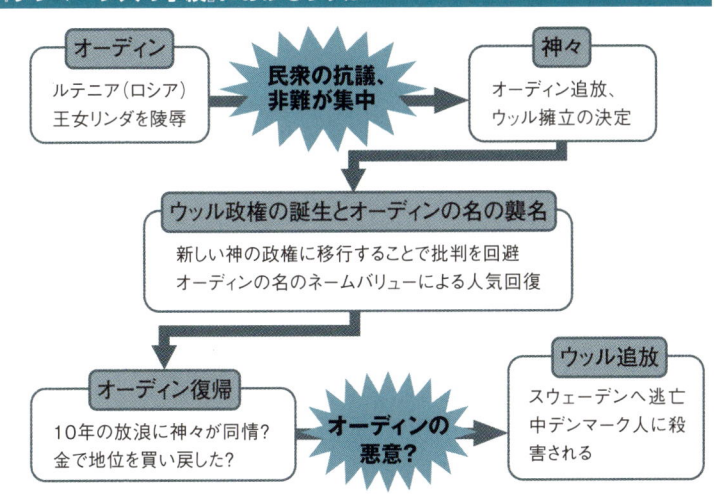

オーディン
ルテニア（ロシア）王女リンダを陵辱

→ 民衆の抗議、非難が集中 →

神々
オーディン追放、ウッル擁立の決定

↓

ウッル政権の誕生とオーディンの名の襲名
新しい神の政権に移行することで批判を回避
オーディンの名のネームバリューによる人気回復

↓

オーディン復帰
10年の放浪に神々が同情？
金で地位を買い戻した？

← オーディンの悪意？ →

ウッル追放
スウェーデンへ逃亡中デンマーク人に殺害される

関連項目
- オーディン→No.017
- トール→No.023
- ニョルズ→No.041
- スカジ→No.048

第2章●北欧神話の登場人物

No.031
ブラギ

Bragi

神々の中でも一番の詩人とされる神ブラギ。彼は戦いを好まない平和な神であった。

●平和を愛する詩の神

ブラギは主神オーディンの息子とされる詩の神である。母親は**詩人の蜂蜜酒**を守っていた女巨人グンロズとされることもあるが、『詩のエッダ』や『スノッリのエッダ』には両者の関係をはっきり断定する記述はない。『スノッリのエッダ』の「ギュルヴィの惑わし」によれば、彼は非常に頭が良いことで知られており、雄弁で言葉を使うことに通じていた。『詩のエッダ』の「グリームニルのことば」で詩人の中では一番と言われる通り、特に詩に通じていたため、詩や詩人たちは彼にちなんで「ブラギ」と呼ばれていたのだという。同じく『スノッリのエッダ』の「詩語法」では、ブラギはその長い髭にちなんで「長髭の神」と呼ばれていた。さらに、『詩のエッダ』の「シグルドリーヴァのことば」によれば、彼の舌には**ルーン文字**が刻まれており、その言葉は魔術的な力を持っていたことがうかがえる。

ブラギは、詩の神であったためか、戦争を好まなかった。そのため、『詩のエッダ』の「ロキの口論」では、「アース神族やアールヴ（妖精族）のうちで、おまえは一番戦が怖くて、矢玉をおそれている」や、「椅子の飾り」など散々な悪口を悪神**ロキ**に言われている。

ブラギには詩の神としての役割の他に、神々の訪問客や**エインヘリアル**を迎える役割も与えられていた。古詩『エイリークのことば』や『ハーコンのことば』では、彼はオーディンの命に応じてエインヘリアルを出迎え、「詩語法」では、海神**エーギル**をもてなしている。

なお、現在の研究では、ブラギは9世紀の**スカルド**詩人ブラギ・ボッダソンが神格化された姿、もしくはオーディンの別名が誤用されるうちに独立したものと考えられている。

平和を愛する長髯の詩神　ブラギ

所属
アース神族

神格
詩芸の神
訪問客の接待係

解説
オーディンの子とされる詩芸の神。『スノッリのエッダ』やいくつかの古詩では、アースガルズやヴァルハラを訪れるものをもてなす役割を与えられている

特徴
「長髯の神」と呼ばれるように、長い髯を蓄えた初老の男性の姿で描かれる。戦いを好まない性格で、悪神ロキからは腰抜け呼ばわりされていた

主な持ち物
剣／馬／腕輪（どれも自己申告。本当に所持していたかは不明）

関係の深い神や人物
オーディン／イズン／ヘルモーズ

ブラギの正体

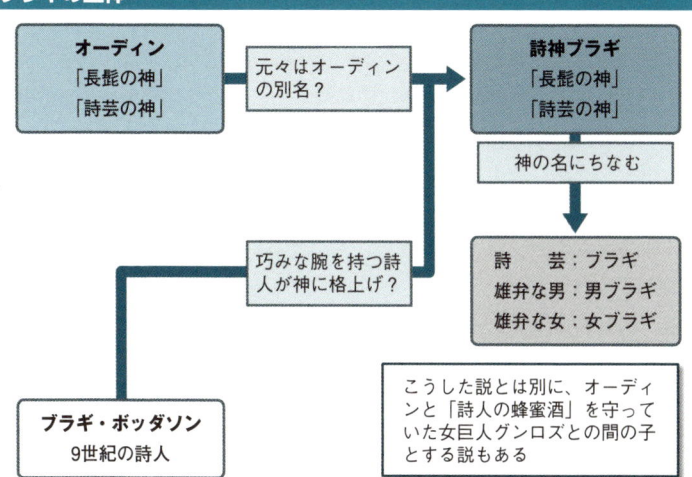

- **オーディン**「長髯の神」「詩芸の神」
  - 元々はオーディンの別名？ →
- **詩神ブラギ**「長髯の神」「詩芸の神」
  - 神の名にちなむ
    - 詩　芸：ブラギ
    - 雄弁な男：男ブラギ
    - 雄弁な女：女ブラギ
- 巧みな腕を持つ詩人が神に格上げ？
- **ブラギ・ボッダソン** 9世紀の詩人

こうした説とは別に、オーディンと「詩人の蜂蜜酒」を守っていた女巨人グンロズとの間の子とする説もある

関連項目
- エインヘリアル→No.020
- エーギル→No.056
- ロキ→No.057
- ルーン文字→No.073
- 詩人の蜂蜜酒→No.076
- スカルド詩とケニング→No.104

No.032 その他の男神

神話では大きく扱われることの少ない神々。彼らはいったいどのような存在だったのだろうか。

●オーディンの兄弟とその息子たち

　これまで紹介した以外にも、**アース神族**には多くの神々が存在している。ヴィリとヴェーは主神**オーディン**の兄弟で、原初の巨人**ユミル**を殺し、世界や人間を創造した神々であった。しかし、オーディンの留守中に彼の妻フリッグと、王権を欲しいままにしたためオーディンによってその座を追われてしまっている。

　ヴァン神族との講和の際に人質とされたヘーニルは、立派な外見ではあるものの何事も人任せという神であった。そのためヴァン神族を怒らせるが、ヴァナヘイムに残り続け最終戦争ラグナロクを生き延びる。もっとも、本来は力のある神であり、『詩のエッダ』の「巫女の予言」においてオーディンやロドゥルと共に人間を造ったのは彼であった。なお、ロドゥルに関してはそれ以外の記述はなく、悪神**ロキ**と同一視されることが多い。

　光神バルドルの息子フォルセティは、万人の納得する裁きを行うことができる一種の裁きの神であった。そのため、揉め事を持って彼の屋敷グリトニルを訪れたものは、神々であれ人間であれ1人残らず和解して帰っていったとされる。

　彼の叔父に当たる盲目の神ホズは、バルドルを殺害したことから忌まわしい神として扱われることが多い。しかし、それはロキの所業によるところが大きく、ラグナロクの後にはバルドルと共に復活するという。

　そのホズを殺害するためにオーディンが巨人の娘リンドに生ませたのがヴァーリである。彼は弓術に優れ、産まれてすぐにホズを殺害し、バルドルの復讐を果たした。彼もまたラグナロクを生き延びる神であり、沈黙の神**ヴィーザル**や雷神**トール**の息子たち、さらに先に挙げたヘーニルやバルドル、ホズらと共に新しい世界を治めたとされる。

北欧神話に登場するその他の男神たち

```
        ボル ─── ベストラ
                │
  ┌─────────────┤
ヴィリ、ヴェー／Vili, Vé   フリッグ ═══ オーディン ═══ リンド
                                │              │
                         ┌──────┤              │
                     バルドル ═══ ナンナ    ホズ／Hǫðr
                         │                 ヴァーリ／Váli
                    フォルセティ／Forseti
```

ヴィリ、ヴェー／Vili, Vé
オーディンの兄弟。『スノッリのエッダ』において、オーディンと共にユミルを倒し、世界や人間を創造する。『ヘイムスクリングラ』では、オーディンの留守中に王位と彼の妻フリッグを簒奪するものの、帰還したオーディンによって追放されたという

ヴァーリ／Váli
バルドルの復讐のためオーディンが巨人の娘リンドとの間にもうけた息子。バルドルの敵を討つまで、髪をとかさず、手を洗わないという。勇猛な戦士であり、弓の名手。兄であるヴィーザルと共にラグナロクを生き残り、新たな神々の1人となった

ホズ／Hǫðr
バルドルの弟とされる盲目の神。力が強いとされる。悪神ロキの策略により、バルドル唯一の弱点であったヤドリギの若木を彼に投げつけて殺害してしまう。その後、ヴァーリによって殺害されるが、ラグナロクの後にはバルドルと共に復活する。『デンマーク人の事績』では英雄ホテルスとして、婚約者を付け狙う半神バルドルと戦った

フォルセティ／Forseti
バルドルとナンナの息子。グリトニルという館に住み、神々や人々の間に起こる争いの仲裁を行う。その仲裁にはすべてのものが満足し、和解した。南ノルウェーにおいて、民会にかかわる神として信仰されていたという

═══ 夫婦　── 親子

オーディンの同行者

ヘーニル／Hoenir
『詩のエッダ』の「巫女の予言」で、オーディンと共に人間を作り出した神で、しばしば彼の旅に同行する。『ヘイムスクリングラ』では、ヴァン神族に人質として差し出された無能な神として扱われた。ラグナロクの後はヴァナヘイムから帰還する

ロドゥル／Lóðurr
『詩のエッダ』の「巫女の予言」で、オーディンと共に人間を作り出した神。それ以降の記述はなく、オーディンの旅に同行することの多い悪神ロキのことを指すのではないかとされる

関連項目
- アース神族→No.016
- オーディン→No.017
- トール→No.023
- ヴィーザル→No.028
- ユミル→No.046
- ロキ→No.057

No.033
フリッグ
Frigg

オーディンの妻フリッグ。彼女もまた夫同様に一筋縄ではいかない女神だったようだ。

●様々な側面を持つ神々の女王

　フリッグは主神**オーディン**の妻であり、「アースとアースの女神の女王」とも呼ばれる女神である。英語圏における「金曜日（Friday）」の語源であり、女神の中でもその地位は高い。『スノッリのエッダ』の「ギュルヴィの惑わし」によれば、彼女はフェンサリルという豪華な館に住み、自ら語ることはないもののオーディン同様に人間たちの運命を知っていたという。また、出産をつかさどる女神でもあり、『ヴォルスンガ・サガ』では、不妊に悩むフン族の王レリル夫妻に子宝を授けるリンゴを届けさせている。さらに、鷹に変身する能力を持つ羽衣の持ち主でもあった。

「神々の母」とも称されるフリッグであるが、彼女が最も愛していたのは息子の**バルドル**だった。そのため彼の死の運命を知ると、それを回避するためにヤドリギの若木を除くすべてのものを訪れ、彼を傷つけないように約束させている。また、悪神**ロキ**の策略により、バルドルが死んでしまった際も、彼を地上に呼び戻すために八方手を尽くした。しかし、これも結局はロキの妨害により失敗している。

　このように見ていくと、フリッグは良き母としてのイメージが強い。しかし、実際には異なる側面も持っていたようだ。『詩のエッダ』の「グリームニルのことば」では、オーディンと彼の養子を仲たがいさせ、オーディンが拷問を受けるようにしむけた。また、オーディンが長く国をあけた際には、彼の2柱の兄弟と関係を持ったと複数の資料に記述されている。さらに、父であるフィヨルギュンの愛人でもあった。『デンマーク人の事績』にいたっては、黄金の首飾りを作るために召使いと関係を持ち、夫をかたどった黄金の神像を破壊させたというから強烈である。あまりの出来事にオーディンはショックを受け、彼女が死ぬまで国に戻ることはなかったという。

賢き神々の母　フリッグ

所　属
アース神族

神　格
神々の母 お産の女神 古くは豊穣の女神

所　領
フェンサリル（館）

解説
主神オーディンの正妻で、神々の上に君臨する女王。バルドルのために奔走する良き母として描かれる反面、女性としての恐ろしい面も持ち合わせている

特徴
人間の運命を知る能力を持つが、自ら語ることはない。白や灰色の衣をまとい、青鷺の羽の冠と金の帯を身につける

―― 主な持ち物 ――
鷹の羽衣／子宝のリンゴ

―― 関係の深い神や人物 ――
オーディン／バルドル／フッラ／フーリン／グナー

フリッグの持つ様々な側面

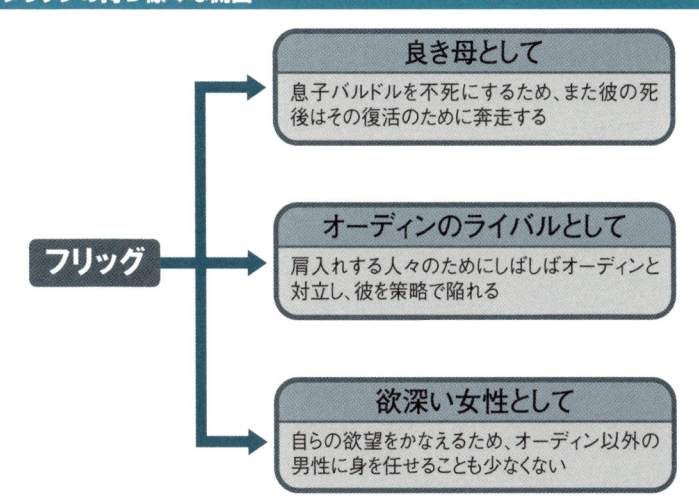

フリッグ

→ **良き母として**
息子バルドルを不死にするため、また彼の死後はその復活のために奔走する

→ **オーディンのライバルとして**
肩入れする人々のためにしばしばオーディンと対立し、彼を策略で陥れる

→ **欲深い女性として**
自らの欲望をかなえるため、オーディン以外の男性に身を任せることも少なくない

関連項目
● オーディン→No.017
● バルドル→No.026
● ロキ→No.057

No.033　第2章●北欧神話の登場人物

No.034
フリッグに仕える女神たち

神々の母と呼ばれるフリッグ。彼女にはその意志を代行する様々な女神が仕えていた。

●神々の母に仕える侍女

『スノッリのエッダ』の「ギュルヴィの惑わし」によれば、神々の母**フリッグ**には様々な女神が仕えていた。その代表とも言えるのが女神フッラである。スノッリの挙げる12柱の**アース神族**の女神にも数えられる彼女は、フリッグの侍女を勤める処女神で、フリッグの長持や履物の管理を行っていた。外観としては髪の毛をたらし、黄金の首飾りもしくはヘアバンドをしていたという。フッラはフリッグと秘密を共有する仲でもあり、『詩のエッダ』の「グリームニルのことば」では主神**オーディン**を陥れるべく暗躍している。さらに**バルドル**の妻ナンナとも親しかったらしく、ニヴルヘルに行ってしまったナンナから形見の品として指輪を贈られていた。また、「第2メルゼブルグの呪文」の記述から、フリッグの姉妹とも考えられている。

●その他の女神

女神フーリンもフリッグに仕えるとされている女神だが、彼女に関する記述は「ギュルヴィの惑わし」以外ほとんど見られない。かろうじて『詩のエッダ』の「巫女の予言」にその名が見られるが、こちらはフリッグのことだと考えられている。フーリンの仕事は、フリッグが危険を冒してまでも助けたいと思っている人々の後見人となることだった。そのため、危険から身を守ることは彼女にちなんでフレイニルと言うのだとされる。

女神グナーに関する記述も「ギュルヴィの惑わし」以外には見られない。彼女はフリッグの使者として世界中を駆け巡る役割を担っていた。そのため彼女は、空や海を翔るホーヴヴァルプニルという馬を所持している。彼女が空中を駆け巡る姿を見て**ヴァン神族**の神々がグナーに何者か尋ねることもあったという。

フリッグに仕える女神たち

フッラ／Fulla　持ち物：フリッグの長持、黄金の首飾り（ヘアバンド？）

フリッグに侍女として使える処女神。彼女の長持や履物の管理を行う。フリッグと秘密を共有する仲であり、彼女の巡らせる陰謀の手伝いをすることも多い。一説にはフリッグの妹ともされる

フーリン／Hlín　持ち物：不明

フリッグに仕える女神の1柱。フリッグが助けたいと思っている人間たちを守護する役割を持つ。フリッグの一側面に過ぎないとする説もある

グナー／Gná　持ち物：空や海を翔る馬ホーヴヴァルプニル

フリッグに仕える女神の1柱。フリッグの伝令として世界中を駆け巡る

フリッグと女神たちの関係

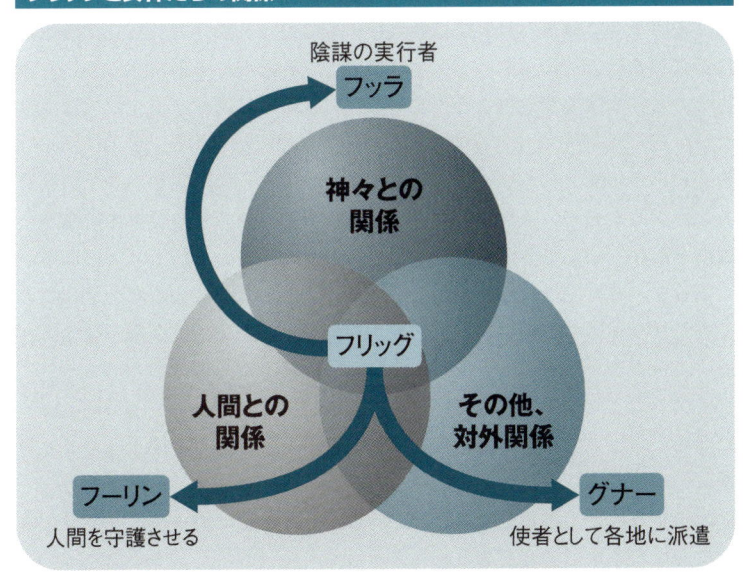

陰謀の実行者
フッラ

神々との関係

フリッグ

人間との関係

その他、対外関係

フーリン
人間を守護させる

グナー
使者として各地に派遣

関連項目
- アース神族→No.016
- オーディン→No.017
- バルドル→No.026
- フリッグ→No.033
- ヴァン神族→No.040

No.035
イズン
Iðunn

永遠の若さのリンゴを管理するという女神イズン。彼女の拉致と奪還は、季節の移り変わりを意味していたのだろうか。

●神々に永遠の若さを与える女神

　イズンは、詩神**ブラギ**の妻である。『スノッリのエッダ』によれば、彼女は神々に永遠の若さを提供する魔法のリンゴの管理者であり、それをトネリコの箱に大事に保管していたという。彼女はこのリンゴに関してプライドを持っていたらしく、彼女のリンゴよりも良いものを見つけたと言う悪神**ロキ**にまんまと騙されて巨人**シャツィ**に攫われたこともあった。しかも、このリンゴは彼女以外には扱えないものだったようで、彼女が攫われた際に神々は急速に年老いて大混乱に陥っている。

　このように重要な役割を持つ女神ながら、彼女に関する記述は極端に少ない。先に挙げたシャツィによるイズンの拉致以外には、『詩のエッダ』の「ロキの口論」において「あらゆる女の中で一番の淫婦がお前だ。自分の兄を殺した男を、きれいに磨いたその腕で抱いたのだ」とロキに痛烈な罵倒を浴びているのみである。少なくともこの記述から、イズンには兄がいること、また兄を殺した人間と関係を持ったことがわかるが、それが夫であるブラギのことなのか、他の誰かなのかはこの物語には語られてはいない。

　イズンはこのエピソードから、『詩のエッダ』の「スキールニルの旅」に登場する巨人の娘**ゲルズ**との関連性も指摘されている。彼女はイズン同様に兄を何者かに殺害され、また永遠の若さのリンゴを結納の品代わりに差し出されているのだ。そのため、両者がもともとは同一の女神だったのではないかとする考えもある。

　なお、彼女に関する一連の神話は一種の豊穣の物語として解釈されることもある。彼女が巨人シャツィによって攫われることは冬の到来を意味し、再び神々の元に戻ることで春が訪れるのである。

魔法のリンゴの守護者　イズン

所属
アース神族

神格
青春の女神？
春の女神？

解説
詩神ブラギの妻で、永遠の若さのリンゴを管理する女神。イズンが誘拐される一連の神話は、季節の移り変わりを意味するともされる

特徴
輝く白い腕を持つ美しい女性で、神々に信用される誠実な性格。しかし、「兄を殺した男を腕に抱く淫乱」ともされる

―**主な持ち物**―
永遠の若さのリンゴ／リンゴを保管するトネリコの箱

―**関係の深い神や人物**―
ブラギ／ロキ／シャツィ／ゲルズ

イズンとゲルズの共通点

女神イズン	巨人の娘ゲルズ
永遠の若さのリンゴの管理を神々から任される	永遠の若さのリンゴを結納の品として差し出される
「兄を殺した相手を腕に抱いた」と指摘される	フレイの求婚の際に、スキールニルによって兄を殺害される？

↓

登場する神話が冬の厳しさと春の訪れによる豊穣を表す

↓

元は1つの女神から派生？

関連項目
- ブラギ→No.031
- シャツィ→No.047
- ゲルズ→No.049
- ロキ→No.057

No.036
ゲヴュン
Gefjun

デンマークの守護神として知られる女神ゲヴュン。国引きの神話で知られる彼女はいったいどのような女神だったのだろうか。

●目的のためには手段を選ばない女神

ゲヴュンは**アース神族**の女神の1柱で、主神**オーディン**と同様に人間の運命を知り尽くしているという。『スノッリのエッダ』の「ギュルヴィの惑わし」では処女神とされており、処女のまま死んだ女性は死後彼女に仕えるとされている。もっとも、この記述に関しては少々怪しまざるを得ない。『詩のエッダ』の「ロキの口論」において、彼女は首飾りを手に入れるために男性と一夜を共にしたと言われているのだ。どうやらゲヴュンは目的のために、躊躇なく己の肉体を利用できる女神であったらしい。『ヘイムスクリングラ』の序章「ユングリンガ・サガ」や「ギュルヴィの惑わし」には、これを裏付ける逸話が残されている。

●ゲヴュンとギュルヴィ王

ヴァン神族との戦争が一段落し、新たな領土拡大欲に取り付かれたオーディンは、ゲヴュンをスウェーデンのギュルヴィ王の元へと差し向けた。彼女は王と一夜を共にし、その報酬として彼女が耕せるだけの土地を得る約束をする。しかし、これはゲヴュンの策略だったのだ。約束が交わされるやいなや、彼女は巨人の国**ヨトゥンヘイム**に赴き、そこで巨人との間に4人の子をもうけた。さらに彼女は子供たちを魔法で巨大な牡牛に変えて鋤(すき)につなぐと、目をつけていた土地を根こそぎ持ち去ったのである。彼女はセルンド（シェラン島）と呼ばれるその土地に、しばらくの間住んでいたという。しかし、オーディンの息子スキョルドと結婚するとデンマークのレイレに移り住み、そこで王家の一族となるスキョルディング家の始祖となった。なお、ゲヴュンは首飾りのエピソードから**フレイヤ**に、運命を見通す能力から**フリッグ**と同一視されることもある。

策略に優れた女神　ゲヴュン

所　属
アース神族

神　格
処女神
デンマークの守護神

解説
死んだ処女たちの統括者で、人間の運命を知るとされる女神。オーディンの命令でスウェーデン王ギュルヴィを篭絡し、島1つ分の豊かな土地を奪った

特徴
オーディン、フリッグと同様に、人間の運命を知り尽くしているとされる

主な持ち物
首飾り

関係の深い神や人物
オーディン／ギュルヴィ

シェラン島の強奪

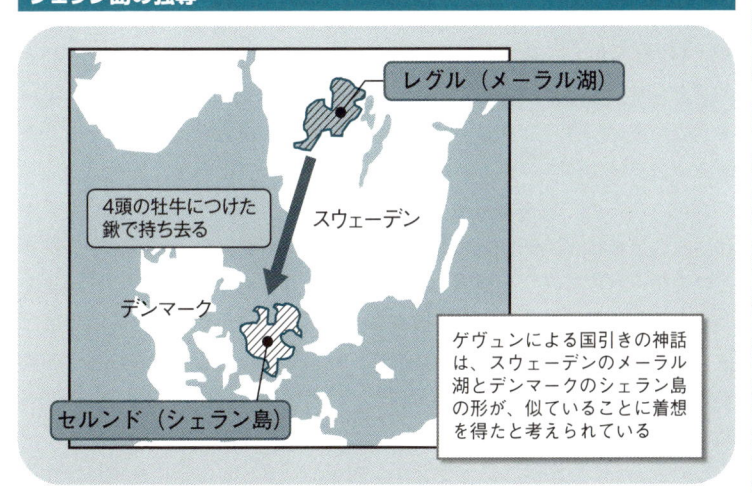

レグル（メーラル湖）

4頭の牡牛につけた鋤で持ち去る

スウェーデン

デンマーク

セルンド（シェラン島）

ゲヴュンによる国引きの神話は、スウェーデンのメーラル湖とデンマークのシェラン島の形が、似ていることに着想を得たと考えられている

関連項目
- ヨトゥンヘイム→No.011
- アース神族→No.016
- オーディン→No.017
- フリッグ→No.033
- ヴァン神族→No.040
- フレイヤ→No.044

No.037
ノルン

Norn

運命を定める女神たち。彼女たちの決定には、神々でさえ逆らうことはできなかった。

●人々の運命を定める、抗いがたい女神たち

　ノルンは北欧神話において人々の運命を定める女神たちである。その複数形はノルニルであり、『詩のエッダ』の「ファヴニールのことば」によれば、神々だけでなく、**アールヴ（妖精族）**や**ドヴェルグ（小人族）**など様々な出身階層から構成されていた。また、一口にノルンといっても良いものと悪いものがあり、善良なノルンは幸運を授け、悪いノルンは不運をもたらしたという。『詩のエッダ』の「シグルドリーヴァのことば」によれば、彼女たちの爪にはルーン文字が刻まれていたのだという。

　彼女たちは3柱1組で行動し、人々の運命を定めるために黄金の糸を使った。3柱のうち2柱は善良で人々に幸運をもたらすものの、最後の1柱が不運をもたらすことが多い。『ノルナゲストの話』という物語や『デンマーク人の事績』には、こうしたノルンたちに波乱に満ちた運命を与えられた人々の話が残されている。

　ノルンたちの中でも最も有名なのは、ウルズ（運命）、ヴェルザンディ（存在）、スクルド（必然）の3姉妹であろう。彼女たちは先のノルンたちとは違い、木片に文字を刻みつけることで人々の運命を定めた。その決定力は非常に強力で、神々ですら彼女たちの定めた運命から逃れることはできなかった。そのため、『詩のエッダ』の「巫女の予言」において、神々の黄金時代を打ち砕いたとされる3人の巨人の娘は、彼女たちのことだったのではないかとする説もある。

　この3姉妹は世界樹**ユグドラシル**が根を伸ばす、ウルズの泉のほとりに美しい館を建てて住んでいた。彼女たちは様々な動物に害され、弱りきったユグドラシルにウルズの泉から汲んだ白い泥をふりかけ、枯れるのを防いでいたのである。

運命を支配する女神たち　ノルン

所　属
アース神族？

所　在
運命の女神

所　領
ウルズの泉のほとりにある館

解説
人々の運命を定める女神たちで、ディースやヴァルキュリャとも結び付けられる。ウルズ、ヴェルザンディ、スクルドの3姉妹の名が良く知られている

特徴
爪の上にルーン文字が刻み込まれた女性。アールヴ（妖精族）やドヴェルグ（小人族）など、出身階級は様々。人の運命を定める能力を持つ

ノルンの職務

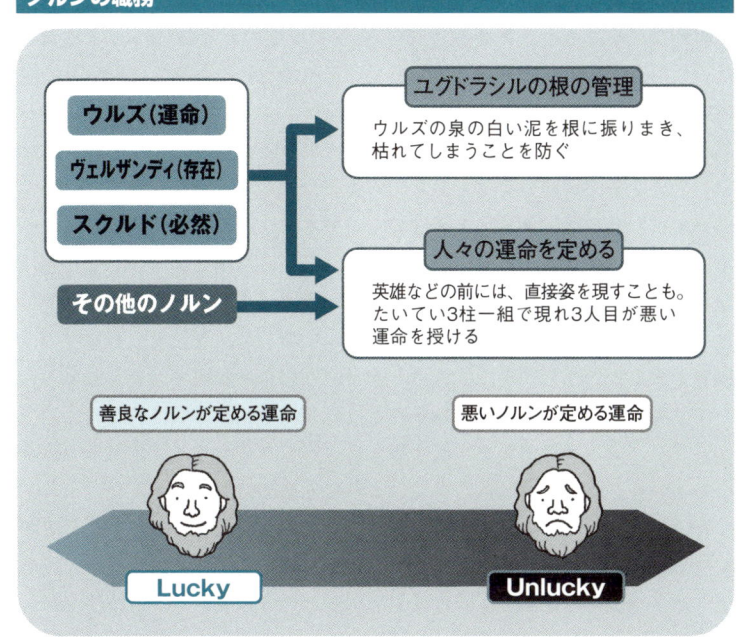

- ウルズ（運命）
- ヴェルザンディ（存在）
- スクルド（必然）

→ **ユグドラシルの根の管理**
ウルズの泉の白い泥を根に振りまき、枯れてしまうことを防ぐ

- その他のノルン

→ **人々の運命を定める**
英雄などの前には、直接姿を現すことも。たいてい3柱一組で現れ3人目が悪い運命を授ける

善良なノルンが定める運命　**Lucky**

悪いノルンが定める運命　**Unlucky**

関連項目
- ユグドラシル→No.015
- ドヴェルグ（小人族）→No.063
- アールヴ（妖精族）→No.064

No.037　第2章●北欧神話の登場人物

No.038
その他の女神

有力な女神ばかりが目立ってしまう北欧神話の世界。しかし、実際には生活に密着した様々な女神たちが存在していた。

●様々な分野で活躍する女神たち

　北欧神話には男神同様、多くの女神が登場している。まず、『スノッリのエッダ』に見られる女神から紹介していこう。

　サーガは、セックヴァベックという館に住むとされる女神である。『詩のエッダ』の「グリームニルのことば」では、主神**オーディン**と楽しく黄金の杯で酒を飲むとされるので、彼の妻**フリッグ**の別名か、愛人の1柱だったのだろう。続くエイルは優れた医者とされるが、こちらもこれ以上の記述はない。ショヴンは、男女の心を愛に傾けさせる女神であった。そのため、恋愛は彼女の名前にちなんで「ショヴン」と言われたのだという。ロヴンもまた恋愛関連の女神で、人間の祈願に対して非常に親切だったので、男女の仲を結び付ける許可をオーディンやフリッグによって与えられている。その力は強力で、以前に禁じられていたり、拒絶されていても問題はなかった。ヴァールは、その後に男女の間で取り交わされる誓いに耳を傾ける女神である。彼女は厳しい性格であったらしく、誓いを破るものには復讐をするとされた。また、スノトラという女神は賢明で、立ち居振る舞いが上品なところから、節度ある男女は「スノトル」と呼ばれていたのだという。ヴォルは賢明ながら詮索好きの女神で、彼女の前では何一つ隠せないという井戸端会議好きの女性のような性格の持ち主であった。シュンは扉の番をする女神で、中に入ってはならないものたちに対して扉を閉ざす役割を持っている。また、民会において弁護をつかさどる女神で、民会で人々が訴訟を否定をする時は「シュン」という言い回しが行われた。

　なお、この他に北欧ではディースやフュルギャという女神たちも信仰の対象となっている。運命の女神であるが、どちらかと言えば悪運をもたらすものとして描かれることが多い。

北欧神話に登場するその他の女神たち

日々の生活にかかわる女神

エイル／Eir
医術の女神。異教時代の北欧では医術を担当したのは女性であり、その延長上にある存在と考えられる

ヴォル／Vǫr
聡明だが詮索好きな女神。女性が何かに気づくことを彼女にちなんで「ヴォル」と呼ぶ

シュン／Syn
扉を守り、民会の弁護をつかさどる女神。彼女にちなみ、訴訟に対する否定は「シュン」と呼ばれる

ディース／Dís
北欧の運命の女神。女神の総称としても使われた。悪意に満ちた運命をもたらすことが多く、供犠祭の対象とされる

男女関係にかかわる女神

ショヴン／Sjǫfn
男女の心を恋愛に傾けることに気を配るという女神。そのため、恋愛は彼女にちなんで「ショヴン」と呼ばれていた

ヴァール／Vár
男女の間で行われる誓いの女神。結婚式では彼女に祈りがささげられる。厳しい性格で、誓いを破ったものは復讐する

ロヴン／Lofn
穏やかな性格で祈願者に親切な女神。その性格から、オーディンやフリッグから男女の仲を取り持つ許可を貰っている

スノトラ／Snotra
賢く、立ち居振る舞いが上品な女神。彼女にちなんで節度ある男女は「スノトル」と呼ばれていた

その他の女神

サーガ／Sága
冷たい波がその上に立ち騒ぐ館セックヴァベックに住む女神。そこでオーディンと共に黄金の杯で酒を楽しむとされる

関連項目

- オーディン→No.017
- フリッグ→No.033

No.039
ソールとマーニ、ダグとノート
Sól & Máni, Dagr & Nótt

北欧の空を翔る馬車の御者たち。太陽と月、昼と夜は彼らによって世界にもたらされていた。

●天を照らすものたちと、世界に昼と夜をもたらすものたち

　ソールとマーニは、神々の造った太陽と月を引く馬たちの御者である。2人とも金髪で、非常に美しい外見をしていたという。『スノッリのエッダ』の「ギュルヴィの惑わし」では、ソールは女神の一員として数えられているが、元来はただの人間に過ぎなかった。しかし、彼らが太陽を意味する「ソール」や、月を意味する「マーニ」を名乗ったことが神々の逆鱗に触れ、実際に太陽や月を引く馬の御者にされてしまったのである。

　マーニはその名の通り、馬の御者をしながら月の運行をつかさどっていた。彼の後ろにはビルとヒューキという子供たちが、セーグという人物を天秤棒で担いで付き従っている。実は彼らはマーニが地上から攫った人間たちだった。天空で黙々と御者を続けることは、よほど退屈で孤独な作業だったのであろう。一方、ソールはアールヴァク、アルヴィスという2匹の馬の御者で、太陽の運行をつかさどっている。

　ソールとマーニは狼の姿をした巨人、スコルとハティに追跡されていた。そのため、彼らは非常に速いスピードで天空を逃げ回っている。最終戦争ラグナロクの際にはついに狼たちに追いつかれ、のみ込まれてしまうが、ソールは夫グレンとの間に娘をもうけており、ラグナロクの後は彼女が母の役割を受け継いで天空を照らすようになる。

　さらに、彼らとは別に昼と夜をもたらすために、天を駆け巡るものたちもいた。女巨人ノートと、彼女とアース神デッリングの間に生まれた息子ダグである。夜をつかさどるノートの駆る馬はフリームファクシと呼ばれ、その馬銜(はみ)から吹く泡が朝露として大地を濡らしていた。そして、昼をつかさどるダグの駆る馬はスキンファクシと呼ばれ、その輝くたてがみで空と大地を照らしていたのだという。

ソールとマーニとその周辺

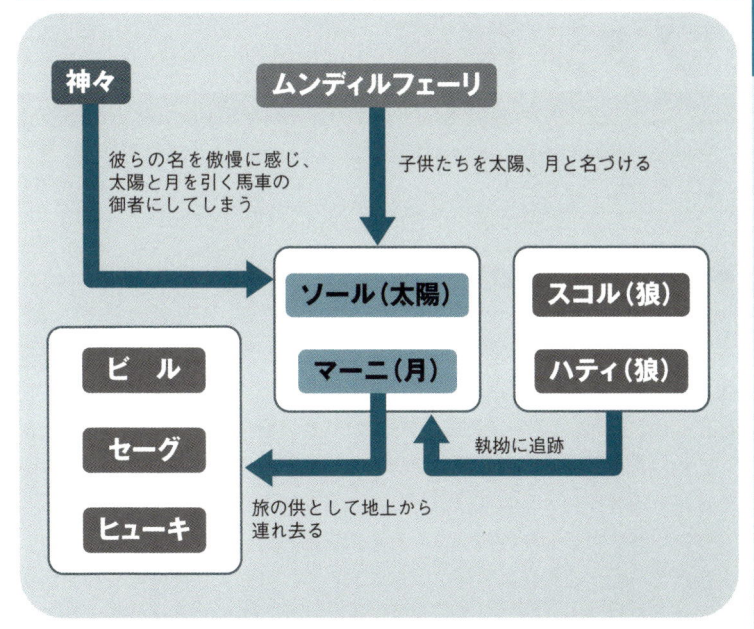

```
神々                    ムンディルフェーリ
 │                          │
 │ 彼らの名を傲慢に感じ、    │ 子供たちを太陽、月と名づける
 │ 太陽と月を引く馬車の      │
 │ 御者にしてしまう          ▼
 │                    ┌──────────────┐   ┌──────────────┐
 │                    │ ソール(太陽) │   │ スコル(狼)   │
 │                    ├──────────────┤   ├──────────────┤
 │                    │ マーニ(月)   │   │ ハティ(狼)   │
 │                    └──────────────┘   └──────────────┘
 ▼                              ▲  執拗に追跡
┌────────┐
│ ビル   │
├────────┤
│ セーグ │
├────────┤
│ ヒューキ│
└────────┘
 旅の供として地上から
 連れ去る
```

ノートとその一族

```
                      ナグルファル(?)
                            │
                            │──────── アウズ(?)
                            │
ナルヴィ(巨人)───── ノート(夜)
                            │──────── ヨルズ(大地)
 ═══ 夫婦                   │
 ─── 親子              アンナル(?)
                            │──────── ダグ(昼)
                       デッリング(アース)
```

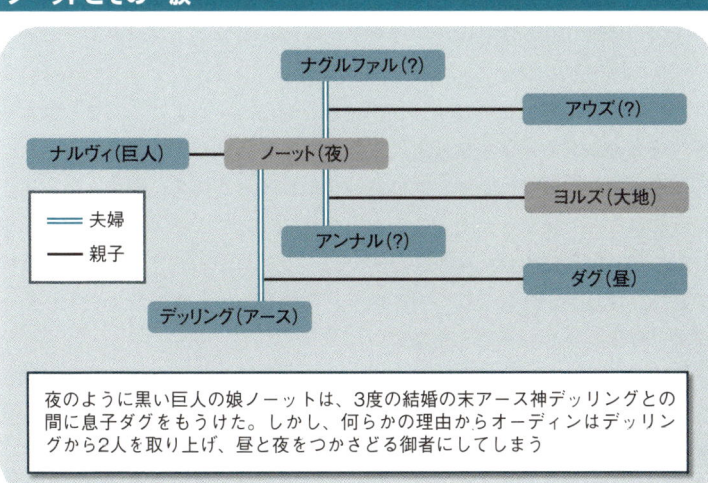

夜のように黒い巨人の娘ノートは、3度の結婚の末アース神デッリングとの間に息子ダグをもうけた。しかし、何らかの理由からオーディンはデッリングから2人を取り上げ、昼と夜をつかさどる御者にしてしまう

第2章●北欧神話の登場人物

No.039

No.040
ヴァン神族
Vanr

光り輝く豊穣の神々ヴァン神族。しかし、彼らは強力な魔術の使い手でもあった。

●北欧神話における豊穣と魔術の神々

　ヴァン神族は、ヴァナヘイムに住む豊穣、富と通商、愛欲と美といったものをつかさどる神々である。その名前は「光り輝くもの」の意味を持ち、複数形ではヴァニルと呼ばれた。『詩のエッダ』の「スキールニルの旅」によれば、その姿は**アース神族**や**アールヴ(妖精族)**に似ていたという。ヴァン神族の神としては**ニョルズ**、**フレイ**、**フレイヤ**の親子が知られているが、それ以外の神々の名や生活についてはあまり知られていない。

　ヴァン神族は性的な技法を含む**セイズ呪術**の使い手で、未来を知る能力を持っていた。また、近親婚を禁じておらず、ニョルズは姉妹との間にフレイたち兄妹をもうけている。

　ヴァン神族は、一時アース神族と敵対関係にあった。『ヘイムスクリングラ』の序章「ユングリンガ・サガ」は、この対立を主神オーディンのあくなき領土拡大欲によるものだと説明している。『詩のエッダ』の「巫女の予言」によると、戦いはヴァン神族の有利に進んだようで、アース神族はアースガルズの城壁を破壊され、その領土をしばしば蹂躙された。しかし、最終的な決着はつかず、結局戦いに疲れきった両者の間で人質交換が行われることで決着がつく。この人質交換においてヴァン神族側が差し出したのが、最も優秀なニョルズ親子であった。しかし、アース神族側は見栄えだけは良いが無能な神ヘーニルと、知恵袋の巨人ミーミルを差し出しヴァン神族を怒らせることとなる。

　最終的にヴァン神族はそれ以上アース神族と係わり合いになろうとはしなかった。「ヴァフスルーズニルのことば」によれば、彼らは最終戦争ラグナロクにも干渉することはなかったという。そして、ラグナロクを生き残ったニョルズを迎え入れ、再び神話の表舞台から姿を消すのである。

ヴァン神族とは

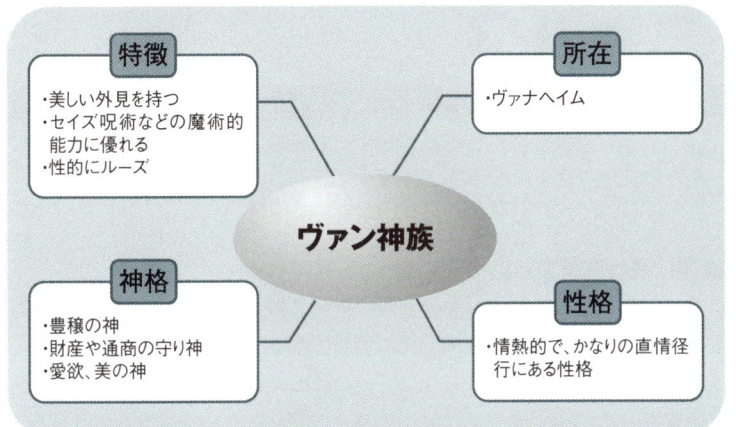

特徴
・美しい外見を持つ
・セイズ呪術などの魔術的能力に優れる
・性的にルーズ

所在
・ヴァナヘイム

神格
・豊穣の神
・財産や通商の守り神
・愛欲、美の神

性格
・情熱的で、かなりの直情径行にある性格

ヴァン神族

ヴァン神族とアース神族

ヴァン戦争
理由はアース神族の軍事侵攻とも、同族グルヴェイグへの虐待に対するヴァン神族の報復とも

ニョルズ親子とヘーニル、ミーミルの人質交換による講和

巨人ミーミルの殺害とその首の返却
自分たちが一族の最も優秀な神々を送り出したのに対し、見かけだけ立派な神ヘーニルに知恵袋の巨人ミーミルをつけて送ってきたことを侮辱と感じたため

一切の交流の断絶、ラグナロクへの不干渉

ニョルズとヘーニルの帰還
ニョルズは滅んだ世界を後にしてヴァナヘイムに帰還する。一方、ヘーニルも生き残ったアース神族の元へ帰っていった

関連項目
● アース神族→No.016
● ニョルズ→No.041
● フレイ→No.042
● フレイヤ→No.044
● アールヴ（妖精族）→No.064
● セイズ呪術と呪歌ガルドル→No.074

No.041
ニョルズ

Njǫrðr

人々に富と豊穣を授けるヴァン神族の貴公子。しかし、彼は周囲に利用され各地をさまよう存在でもあった。

●海に携わるものと富の守護者

　ニョルズは**ヴァン神族**の神である。**アース神族**とヴァン神族の講和の際に、人質としてアース神族の一員に加わった。それ以前からも人質としてあちこちに送られていたらしく、若い頃は**巨人族**の元で苦渋に満ちた生活をしていたと『詩のエッダ』の「ロキの口論」において指摘されている。

　彼は豊穣神**フレイ**とその妹**フレイヤ**の父であり、ヴァナヘイムにいた頃は自らの妹を妻としていた。しかし、近親婚をアース神族が嫌ったことから、彼女はアース神族には迎え入れられていない。『ヘイムスクリングラ』の序章「ユングリンガ・サガ」によれば、彼ら親子がアース神族の元で与えられたのは祭司としての仕事であった。そして主神オーディンの死後は王に任命され、フレイと共に供儀をつかさどり続けたという。

　一方、『スノッリのエッダ』によれば、ニョルズの本来の神格は海運業や漁業に携わるものの守護者であったようだ。彼は風の進路を支配し、海と火を鎮める能力を持っていたのである。また、富の神でもあり、彼を信仰する人々に財産を授けることができた。

　ニョルズについて最も有名な神話は、巨人の娘**スカジ**との結婚である。ある時、父シャツィを神々に殺されたスカジは、復讐を果たすべくアースガルズを訪れた。しかし、神々は賠償を申し出、スカジに「足だけを見て」という条件をつけて神々の中から伴侶を選ばせる。この際、スカジが選んだのが、足の美しいニョルズであった。もっとも、この結婚は上手くいかなかったようで、彼らはすぐに別居してしまうのである。

　なお、『詩のエッダ』の「ヴァフスルーズニルのことば」によれば、ニョルズはラグナロクの戦いに参加していない。アース神族が滅ぶと同時に人質としての役割を終え、ヴァン神族の元へ帰還するのである。

豊穣と海運の神　ニョルズ

所属
アース神族／ヴァン神族

神格
豊穣、富の神
海運業、漁業の神

所領
ノーアトゥーン

解説
人質としてアース神族に加わったヴァン神族の貴公子で、フレイ、フレイヤの父。『ヘイムスクリングラ』では、主神オーディンの死後、その跡継ぎとなる

特徴
アース神族、ヴァン神族のうち最も足が美しい。風の進路を支配し、海と火を鎮める能力を持つ。また、祈願したものに財産を授けることができた

主な持ち物
特になし

関係の深い神や人物
オーディン／フレイ／フレイヤ／スカジ

ニョルズの境遇

ヨトゥンヘイムに人質として差し出される
何らかの理由から巨人たちの元へ。その後、巨人の娘たちに屈辱的な扱いを受ける

⬇

人質として子供たちと共にアースガルズへ
アース神族、ヴァン神族間での人質交換の際、その優秀さからアース神族側に差し出された

⬇

スカジとの結婚と別居
父を神々に殺されたスカジへの賠償の一環として結婚するものの、生活環境の不一致から別居

⬇

ヴァナヘイムへの帰還
ラグナロクの戦いに参加せず、ヴァナヘイムに帰還する

関連項目
- アース神族→No.016
- ヴァン神族→No.040
- フレイ→No.042
- フレイヤ→No.044
- 巨人族→No.045
- スカジ→No.048

No.042

フレイ

Freyr

豊穣神として広く信仰を受けたヴァン神族の貴公子。彼は自らの恋をかなえたために、ラグナロクにおいて死を迎えることとなった。

●豊穣をつかさどるヴァン神族の貴公子

　フレイは海運と富をつかさどる**ヴァン神族**の**ニョルズ**の息子で、女神**フレイヤ**の兄である。地名にその名を残すスウェーデンやノルウェーを始め、アイスランドなどでも広く信仰されていた。後世の記録によれば巨大な陽根を持つ神像が信仰の対象とされていたようで、実際にそのような姿の小像も発見されている。『打ちのめされたオグムンドの話』には、フレイの神像とそれに仕える女性司祭が車で運ばれ各地で供犠を受けたとされており、男女の結合によって豊穣を祈るという祭祀形態が取られていたのだろう。また、巨人の娘**ゲルズ**とペアで描かれた金属製のお守りも発見されている。
　『スノッリのエッダ』の「ギュルヴィの惑わし」によれば、フレイは**アース神族**の中でも最も名を知られている神だった。雨と太陽の光をつかさどり、1年の実りを支配した豊穣神であったという。さらに父ニョルズと同じく、人間に富をもたらすこともできた。『詩のエッダ』の「グリームニルのことば」では、乳歯が生えた祝いに神々からアールヴヘイムを与えられたとされており、**アールヴ（妖精族）**の支配者であったとも思われる。
　このように優れた部分を持つ反面、フレイには軽率な所があった。『詩のエッダ』の「スキールニルの旅」などによると、彼は巨人の娘ゲルズへの片思いに悩んだ末、彼女の愛を手に入れる代償に愛用の剣を手放してしまうのである。神々はこれを後々まで悔やむこととなった。剣を失ったフレイは、ラグナロクの戦いでムスペッルの長スルトの前になすすべなく命を落とすのである。
　なお、『ヘイムスクリングラ』の序章「ユングリンガ・サガ」におけるフレイは神々の司祭であり、オーディン、ニョルズの跡を継いで王として君臨し、ユングリング家の始祖となったという。

情熱的な豊穣神　フレイ

所　属
アース神族／ヴァン神族

神　格
豊穣神 富、財産の神 結婚、恋愛の神

所　領
アールヴヘイム

解説
父ニョルズや妹フレイヤと共にアース神族に加わった豊穣神。愛用の剣と引き換えに妻ゲルズを娶るが、そのせいで最終戦争ラグナロクの際にスルトに敗れてしまう

特徴
眉目秀麗で力が強い。雨と太陽、大地の成長を支配し、人々に富を授ける能力を持つ。また、誰であれ縛めを解き開放するという

―― 主な持ち物 ――
フレイの魔剣／スキーズブラズニル（船）／グリンブルスティ（猪）

―― 関係の深い神や人物 ――
オーディン／ニョルズ／フレイヤ／ゲルズ／スキールニル／スルト

『ヘイムスクリングラ』における王権

ヘイムスクリングラ
スノッリ・ストルルソンによって書かれたノルウェー王朝史。オーディンから当時のノルウェー王家までの系譜が記されている

オーディン　アジア方面にあるアースガルズから移住。周辺を武力制圧した後、12人の神官団と共に供犠などを中心とする民族の習慣に基づいた支配を行う

ニョルズ　ノーアトゥーンの領主。オーディンの死後、王権や供犠の習慣を引き継いでスウェーデンの王となる

フレイ　ニョルズの死後王権を引き継ぐと、自らの所領ウプサーラに大神殿を築き、そこに主権を置く。彼の死後はフレイヤ、そしてフレイとゲルズの間に生まれた子フェルニルが国を治めた

関連項目
- アース神族→No.016
- ヴァン神族→No.040
- ニョルズ→No.041
- フレイヤ→No.044
- ゲルズ→No.049
- アールヴ（妖精族）→No.064

No.042　第2章●北欧神話の登場人物

No.043
スキールニル
Skirnir

豊穣の神フレイに仕える従者たち。彼らは主人の特性を反映した個性的な面々だった。

●豊穣神に使える従者たち

　豊穣神**フレイ**には3人の従者がいることが知られているが、その中でも変わった存在として知られているのがスキールニルである。『詩のエッダ』の「スキールニルの旅」によれば、彼は主人であるフレイと幼馴染みの関係にあった。また、優れた魔術の使い手で、交渉の術にも優れていたようだ。そのため、他の神々にも重用され、『スノッリのエッダ』では巨狼**フェンリル**を縛る魔法の紐**グレイプニル**を入手する役割も負わされている。

　しかし、その正体についてははっきりしていない。彼自身は「**アース**でも**ヴァン**でも**アールヴ**でもなく、寿命の定まったものである」と言っており、一般的には人間と考えられている。しかし、フレイの願いをかなえる代償として彼の命運を握る剣や愛馬を要求したり、神々の宝である永遠の若さのリンゴやオーディンの腕輪ドラウプニルをどこかから入手したりしているなど不可解な面も多い。さらに、これほどの能力や宝物を所持していながらラグナロクの際に、彼は戦いに参加していないのである。彼の入手したフレイの剣は後にスルトの手に渡ったとする説もあり、この辺りからスキールニルの正体を探り出すことができるかもしれない。

　なお、フレイにはスキールニルの他にビュグヴィルとベイラという夫婦の従者がいる。『詩のエッダ』の「ロキの口論」にその姿が見られる彼らは、アールヴの一種でありフレイの豊穣の面を補佐する存在と考えられている。夫ビュグヴィルは石臼をひき、人々に食事の世話をする役割を持っていた。また、神々や人間の中でも俊敏なことで知られていたが、争いを好まなかったらしく、そのことを悪神ロキに痛烈に罵倒されている。一方、妻ベイラも台所の仕事をしていたようだ。しかし、身だしなみに気を使っていなかったらしく、ロキの痛烈な罵倒にさらされている。

フレイの忠実な従者　スキールニル

所属

アース神族

解説

豊穣神フレイの幼馴染みで彼の従者。巨人の娘ゲルズへの片思いに悩むフレイのためにヨトゥンヘイムに向かい、激しい脅迫の末結婚の約束を取り付ける

特徴

ルーン文字、魔術に通じ、優れた交渉能力を持つ。外見はアース神族やヴァン神族、アールヴ（妖精族）に近いものであったらしい

主な持ち物

フレイの魔剣／フレイの愛馬／魔法の杖／ドラウプニル（腕輪）／永遠の若さのリンゴ

関係の深い神や人物

フレイ／ゲルズ

フレイと従者たちの関係とその仕事

ビュグヴィル／Byggvir

「ロキの口論」に登場するフレイの従者。フレイの下で臼をひき、人々の食事の世話などの仕事をしている

ベイラ／Beyla

「ロキの口論」に登場するフレイの従者。ビュグヴィルの妻で、夫同様に食卓に関する仕事を担当していた

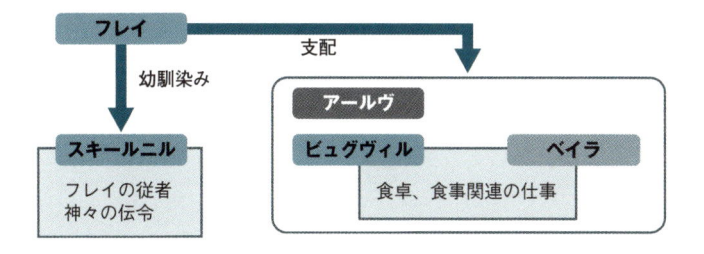

```
フレイ ──支配──▶
  │
 幼馴染み              アールヴ
  │              ┌──────────────┐
  ▼              │ ビュグヴィル ── ベイラ │
スキールニル        │                  │
 フレイの従者       │  食卓、食事関連の仕事  │
 神々の伝令         └──────────────┘
```

関連項目

- アース神族→No.016
- ヴァン神族→No.040
- フレイ→No.042
- フェンリル→No.058
- アールヴ（妖精族）→No.064
- グレイプニル→No.087

第2章●北欧神話の登場人物　No.043

No.044
フレイヤ

Freyja

人々に愛を与える美しくも多情な女神フレイヤ。彼女はまた魔術や戦場をつかさどるものでもあった。

●奔放な愛の女神

フレイヤは**ヴァン神族**出身の女神で、富と海運の神**ニョルズ**を父に、豊穣神**フレイ**を兄に持つ。美しい外見を持ち、富や豊穣をつかさどるため、多くの巨人たちに付け狙われた。非常に強い力を持つ女神でもあり、主神オーディンの妻**フリッグ**と同一視されることも多い。

『スノッリのエッダ』の「ギュルヴィの惑わし」によれば、彼女は恋愛の女神でもあった。人間の願い、特に恋歌を好んで聞き入れるため、恋愛関連の祈願にはうってつけの存在だったという。また、戦争の女神でもあり、出かける時は2匹の猫の引く戦車に乗り、戦死者の半分は彼女の館フォールクヴァングにあるセスルームニルという広間に導かれた。

さらにフレイヤは、魔術の使い手としての側面も持つ。『ヘイムスクリングラ』の序章「ユングリンガ・サガ」によれば、彼女は**セイズ呪術**をアース神族にもたらし、父や兄と共に祭祀をつかさどる存在でもあった。フレイヤは、夫であるオードとの間に娘フノッスをもうけている。しかし、オードは何らかの理由で旅に出て戻らなかった。そのため、彼女は世界中を旅し、各地で様々な名前を名乗りながら夫を捜し歩いている。なお、その際に彼女が流した涙は黄金となり、地中深くに眠っているのだという。

このように夫に深い愛情を抱く反面、彼女は性に対して奔放な一面も覗かせている。『詩のエッダ』の「ロキの口論」では、兄フレイを含む神々、アールヴ（妖精族）すべての愛人であったことが暴露されているし、『ソルリの話とヘジンとホグニのサガ』によれば、彼女の首飾り**ブリージンガ・メン**は、4人のドヴェルグ（小人族）とそれぞれ一夜を過ごして手に入れたものだった。また、人間の英雄オッタルを愛人としており、彼のために様々な便宜を図る様子が『詩のエッダ』の「ヒュンドラの歌」に描かれている。

美しき女神 フレイヤ

所属
アース神族／ヴァン神族

神格
愛と豊穣の女神
呪術の女神
戦争の女神

所領
フォールクヴァング（館）

解説
父ニョルズや兄フレイと共にアース神族に加わった女神。奔放な性格と、その美しさから様々なトラブルの原因となる

特徴
眉目秀麗で力が強いが、性的な部分にルーズ。その涙は赤く、大地に落ちると黄金になる。主神オーディンにセイズ呪術を教えた優れた魔術の使い手

主な持ち物
ブリージンガ・メン（首飾り）／猫の戦車／鷹の羽衣／ヒルディスヴィーニ（牝豚）

関係の深い神や人物
オーディン／ニョルズ／フレイ／オード／フノッス

フレイヤの持つ様々な側面

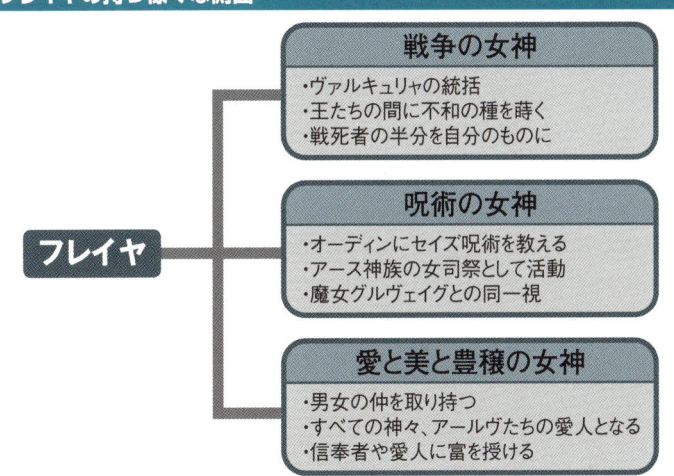

フレイヤ

戦争の女神
- ヴァルキュリャの統括
- 王たちの間に不和の種を蒔く
- 戦死者の半分を自分のものに

呪術の女神
- オーディンにセイズ呪術を教える
- アース神族の女司祭として活動
- 魔女グルヴェイグとの同一視

愛と美と豊穣の女神
- 男女の仲を取り持つ
- すべての神々、アールヴたちの愛人となる
- 信奉者や愛人に富を授ける

関連項目
- フリッグ→No.033
- ヴァン神族→No.040
- ニョルズ→No.041
- フレイ→No.042
- セイズ呪術と呪歌ガルドル→No.074
- ブリージンガ・メン→No.086

No.045
巨人族
Jǫtunn

神々や人間に対し、様々な害悪をもたらす巨人族。彼らは神々に匹敵する力の持ち主であった。

●神々の敵対者

「ヨトゥン」や「スルス」、「リシ」、「トロル」など様々な呼び名で呼ばれる巨人族は、北欧神話における敵役である。原初の巨人**ユミル**を祖とし、主神オーディンら**アース神族**とは遠いながらも血族関係にあった。

『詩のエッダ』や『スノッリのエッダ』に登場する巨人たちは、途方もなく巨大なもの、それほど人間と変わらないもの、複数の頭を持つものや獣の姿をしたものなど様々である。女巨人の中には非常に美しいものもおり、神々の花嫁として迎えられることも少なくない。

『デンマーク人の事績』によれば、彼らは自在に移動し、その姿を変えることのできる、一種の魔術師だった。優れた建築技術を持ち、多くの巨石建築をデンマークに残したのだという。

巨人族は、一部の例外を除き神々とは敵対関係にあった。中でも雷神**トール**は彼らの天敵とも言える存在で、しばしば巨人の世界**ヨトゥンヘイム**へ遠征に行っている。巨人たちは彼を倒すために様々な策を弄するが、たいていは返り討ちにあって命を落としてしまう。また、巨人族は神々に匹敵する富や知識、魔法の品々を所有していたため、神々に狙われることがあった。実際、オーディンは巨人族の元を訪れ、様々な恩恵を手にしている。

もっともそれとは逆に、神々の国から巨人族が略奪を行おうとしたことのほうがはるかに多い。彼らは豊穣の女神フレイヤやトールの妻シヴ、永遠の若さのリンゴの管理者であるイズンなどの女神たちを付け狙っていたのである。一説によれば彼らは、世界に恩恵をもたらす彼女たちを得ることで世界に混乱を引き起こそうとしていたのだという。こうした巨人族と神々との戦いはラグナロクが訪れるまで続く。最後の戦いのとき、彼らは**巨狼フェンリル**や**ムスペッル**と共にアースガルズに攻め上るのである。

巨人族とは

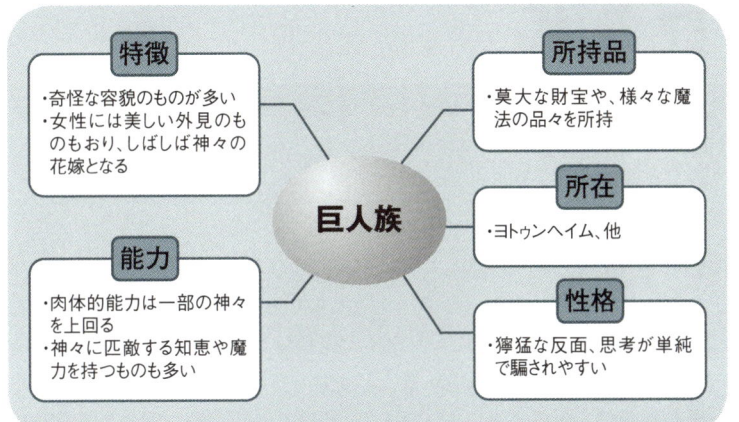

特徴
- 奇怪な容貌のものが多い
- 女性には美しい外見のものもおり、しばしば神々の花嫁となる

所持品
- 莫大な財宝や、様々な魔法の品々を所持

所在
- ヨトゥンヘイム、他

能力
- 肉体的能力は一部の神々を上回る
- 神々に匹敵する知恵や魔力を持つものも多い

性格
- 獰猛な反面、思考が単純で騙されやすい

神々と巨人の関係

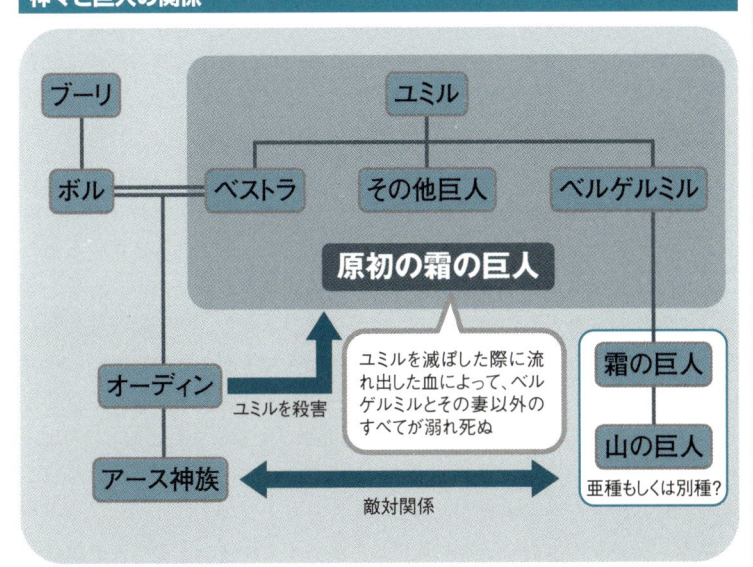

ブーリ — ボル — ベストラ　　ユミル — その他巨人　ベルゲルミル

原初の霜の巨人

オーディン（ユミルを殺害）

ユミルを滅ぼした際に流れ出した血によって、ベルゲルミルとその妻以外のすべてが溺れ死ぬ

アース神族 ←敵対関係→ 霜の巨人／山の巨人（亜種もしくは別種？）

関連項目
- ヨトゥンヘイム→No.011
- アース神族→No.016
- トール→No.023
- ユミル→No.046
- フェンリル→No.058
- ムスペッル→No.065

No.046
ユミル
Ymir

世界の始まりに生まれた原初の巨人。すべての巨人、そして神々や人間の住む世界はこの巨人から生み出された。

●世界を形作る原初の巨人

　ユミルは北欧神話におけるすべての始まりとなった原初の巨人である。『スノッリのエッダ』の「ギュルヴィの惑わし」によれば、ユミルは灼熱の世界**ムスペルスヘイム**の熱気によって、雫となった極寒の世界**ニヴルヘイム**の霜から生み出された。また、『詩のエッダ』の「ヴァフスルーズニルのことば」では、ニヴルヘイムから流れ出た毒の川エーリヴァーガルの毒が凝り固まったものから生まれたともされている。そのためか彼の性格は獰猛で、神と言えるものではなかったようだ。彼は自分以外には誰もいない世界で、自らと共に生まれ出た牝牛、アウズフムラから流れ出る4本の乳の川によって命をつないでいたという。

「ギュルヴィの惑わし」によれば、ユミルは一種の両性具有の存在で、彼が寝汗をかいた際にはその左脇から男女の巨人が、両足が交わった際には6つの頭を持つ巨人がそれぞれ生み出された。こうして生み出された霜の巨人たちは次第に数を増やしていくが、世界にはすぐに変化が訪れる。アウズフムラが食料としてなめていた塩辛い霜の石から、ブーリと呼ばれる存在が生み出されたのである。彼はボルという息子をもうけ、ボルは巨人の娘との間に**オーディン**、ヴィリ、ヴェーの3人の息子を得た。やがて彼らはユミルを殺し、その体から世界をかたちづくることになる。その際、彼の体から流れ出た血は洪水となり、巨人ベルゲルミルとその妻を残し、最初の霜の巨人たちを絶滅させることとなった。

『詩のエッダ』の「グリームニルのことば」によれば、ユミルの肉体は無駄なく世界の材料とされたという。肉からは大地が、血は海と湖、骨は岩、砕けた骨や歯からは石が造られた。頭蓋骨は天の覆いとなり、まつげはミズガルズを覆う囲いに使われ、脳は雲として天に上げられたのである。

原初の巨人　ユミル

所属
巨人族

神格
原初の巨人（アース神族の神々は、その神格を認めていない）

解説
霜の巨人、アース神族の始祖となった原初の巨人。子孫であるオーディンらに殺害され、彼らの住む世界の材料とされた

特徴
世界の素材となるほどの巨体を持つ。両性具有の存在で、単独で子を生むことができた。性格は獰猛

関係の深い神や人物
オーディン／巨人族

世界の創造とユミルの肉体

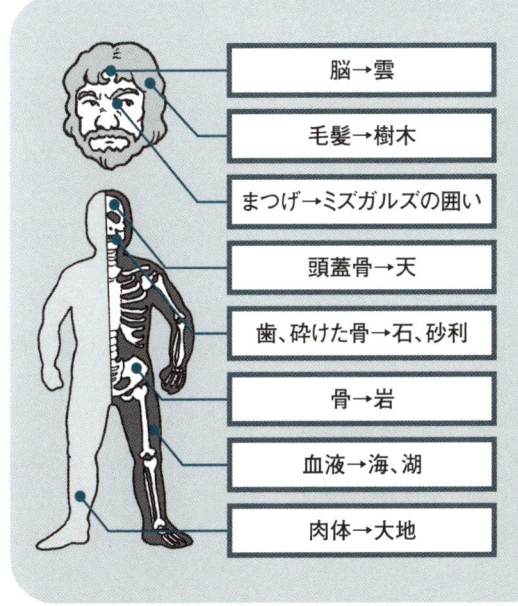

- 脳→雲
- 毛髪→樹木
- まつげ→ミズガルズの囲い
- 頭蓋骨→天
- 歯、砕けた骨→石、砂利
- 骨→岩
- 血液→海、湖
- 肉体→大地

巨人ユミルを殺害したオーディンら3兄弟は、世界を創造するためにユミルの肉体を左のように解体、利用した

関連項目
- ニヴルヘイムとニヴルヘル→No.012
- ムスペッルスヘイム→No.013
- オーディン→No.017

No.046　第2章●北欧神話の登場人物

No.047
シャツィ

Pjazi

強大な力を持つ巨人シャツィ。彼は神々から永遠の若さのリンゴを奪い、彼らを混乱の渦に陥れた。

●神々を混乱に陥れた巨人

　シャツィは**ニョルズ**の妻となった巨人の娘**スカジ**の父である。『詩のエッダ』の「グロッティの歌」によれば、雷神トールと争った**フルングニル**よりも強いのだという。彼は大変裕福な巨人オルヴァルディの息子で、口に財宝を入れて同じ回数だけ取るという遺産相続の際に、兄弟の仲で一番多くの宝を受け取っている。さらに彼は鷲に変身できる羽衣も持っていた。

　『スノッリのエッダ』の「詩語法」や古詩『ハウストロング』によれば、彼は永遠の若さのリンゴを欲したがために命を落とすことになったという。

　ある時、主神**オーディン**とヘーニル、そして悪神**ロキ**が旅に出た。彼らは1頭の牡牛を捕まえると早速料理にかかるが、いっこうに肉が焼けない。ふと見上げると彼らの頭上には大鷲がおり、その肉を食わしてくれるのであれば肉を焼けるようにしようと言った。彼らはやむをえず承諾するが、鷲は最も良い部分を持っていってしまう。怒ったロキは棒を持って鷲に襲い掛かるが逆に吊り上げられてしまった。実はこの鷲はシャツィの変身したもので、ロキを散々脅かした挙句、彼に永遠の若さのリンゴを管理する女神**イズン**を連れ去る手伝いをする約束をさせたのである。イズンがいなくなるとすぐに、神々は老いて弱り果てた。最後にイズンと一緒だったのがロキとわかると、神々は彼を問い詰め彼女を取り戻してくるように命じた。脅えたロキは、鷹の羽衣を借り受けるとヨトゥンヘイムに赴く。幸いシャツィは漁に出て留守にしていた。そこでロキはイズンを胡桃(くるみ)に変え、爪で掴むと一目散に逃げ出す。帰宅して異変に気づいたシャツィは鷲に変身してロキを追いかけるが、怒りに我を忘れており、神々が鉋屑(かんなくず)で起こした火に突っ込んで墜落し、神々によって殺害される。なお、焼け残った彼の両目は、後に娘スカジへの賠償の一環として天の星にされたという。

神々から若さを奪った巨人 シャツィ

所　属
巨人族

所　領
スリュムヘイム

解説
永遠の若さのリンゴを管理する女神イズンを神々から奪った巨人。イズンを奪い返された際、怒りに我を忘れて追跡したため、神々の起こした炎に突っ込み滅ぼされる

特徴
鷲の羽衣によって大鷲に変身したり、神々を手玉にとってからかうなど、種々の強力な魔力を持つ

―― 主な持ち物 ――
鷲の羽衣／莫大な財宝

―― 関係の深い神や人物 ――
オルヴァルディ／イジ／ガング／スカジ／ロキ／イドゥン

シャツィのイズン誘拐とその顛末

ロキの捕縛
大鷲に化けたシャツィは、旅の途中の神々を魔術でからかう。怒った悪神ロキが殴りかかるが、逆に捕らえられてしまう

イズンの誘拐
開放の条件にイズン誘拐の手助けを約束したロキは、首尾良く彼女を誘い出し、シャツィに誘拐させる

イズン救出
イズンのリンゴを失った神々は急速に老いはじめる。焦った神々はロキを責め立て、イズン救出に向かわせた

シャツィの最期
イズンを奪い返されたことを知ったシャツィは大鷲の姿で追いかけるが、待ち受けた神々によって退治される

関連項目
- オーディン→No.017
- イズン→No.035
- ニョルズ→No.041
- スカジ→No.048
- フルングニル→No.050
- ロキ→No.057

No.047 第2章●北欧神話の登場人物

No.048
スカジ
Skaði

父の復讐のためにアースガルズを訪れた巨人の娘スカジ。様々な紆余曲折の後、彼女はノルウェー王族の始祖となった。

●麗しの神々の花嫁

　スカジは**ニョルズ**の2度目の妻で、スキーの女神とも言われる女巨人である。性格はどちらかと言えば酷薄であり、自らの敵には容赦がない。昔は恋人関係にあった悪神**ロキ**に対して、蛇の毒が顔に滴り続けるという拷問を施したのも彼女である。しかしその外見は美しく、『詩のエッダ』の「グリームニルのことば」では「神々の麗しの花嫁」と評されるほどであった。

　巨人の娘である彼女が神々の仲間入りを果たしたのは、神々の策略によってである。『スノッリのエッダ』の「詩語法」によれば、彼女は巨人族の中でも強い勢力を持つ**シャツィ**の娘であった。ところがシャツィは永遠の若さのリンゴを管理する女神**イズン**を巡って神々と争い、アースガルズで殺されてしまう。父の敵を討とうと思った彼女は、鎧兜を身にまとい単身アースガルズに乗り込んだ。彼女を哀れに思ったのか、神々は和解のために自分たちの中から好きなものを婿にすると良いと申し出る。もっとも、その条件は足だけを見て判断するというものだった。スカジは美青年の**バルドル**を婿に欲しいと思い、最も美しい足のものを選んだのだが、それがニョルズだったというわけである。また、スカジは神々に自分を笑わせて欲しいとも要求していたが、これはロキが隠嚢(いんのう)に結んだ紐を山羊と引っ張り合うという滑稽な見世物で条件が満たされた。

　一通り笑って気が晴れたのか、スカジはおとなしくニョルズとの結婚生活に入ったという。しかし、どうしてもお互いの生活環境に馴染むことはできず、スカジは父の館のあるスリュムヘイムに帰っていった。

　その後しばらくは夫婦の体裁を保ち続けたが、『ヘイムスクリングラ』によると彼女の結婚は失敗に終わったらしい。その後、スカジは主神**オーディン**と結ばれ、ノルウェー王族の始祖となったからである。

復讐に燃える女巨人　スカジ

所属
巨人族／アース神族

神格
スキーの女神
狩猟の女神

所領
スリュムヘイム

特徴
父シャツィの復讐のためにアースガルズを訪れた巨人の娘。その後、ニョルズの妻となるが上手くいかずに別居する。紆余曲折の末オーディンと結ばれ、ノルウェー王家の始祖となった

備考
弓矢を持ち、スキーを履く。美しい外見から麗しの花嫁と呼ばれたが、性格は酷薄。海は好まず、山野を好む

― 主な持ち物 ―
弓矢／スキー／シャツィの遺産

― 関係の深い神や人物 ―
オーディン／ニョルズ／シャツィ

スカジと神々の和解

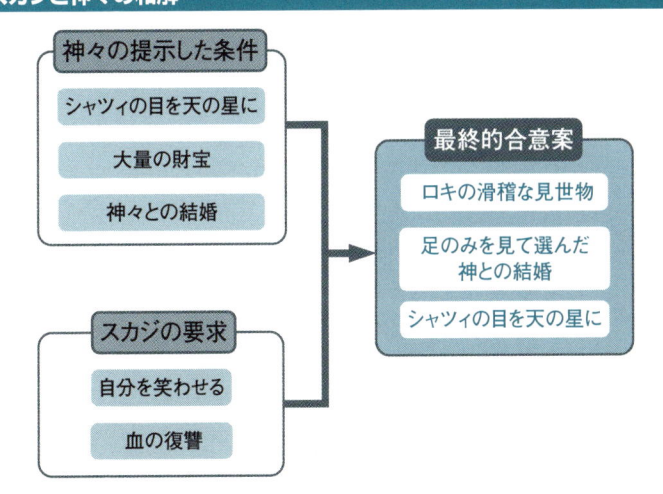

神々の提示した条件
- シャツィの目を天の星に
- 大量の財宝
- 神々との結婚

スカジの要求
- 自分を笑わせる
- 血の復讐

最終的合意案
- ロキの滑稽な見世物
- 足のみを見て選んだ神との結婚
- シャツィの目を天の星に

関連項目
- オーディン→No.017
- バルドル→No.026
- イズン→No.035
- ニョルズ→No.041
- シャツィ→No.047
- ロキ→No.057

第2章●北欧神話の登場人物　No.048

No.049
ゲルズ
Gerðr

豊穣神フレイが自らの宝物を手放してまで求めた巨人の娘。彼女は豊穣の象徴だったのか、それとも神々に破滅をもたらすものだったのか。

●豊穣を象徴する巨人の娘

　ゲルズは豊穣神**フレイ**によって熱烈に求婚された巨人の娘である。『詩のエッダ』の「スキールニルの旅」によれば、彼女は非常に美しい外見をしており、その輝きで空も海もくまなく輝いたほどだという。ゲルズは巨人ギュミルの娘とされている。ギュミルは、海神**エーギル**の別名でもあるが、彼とゲルズの父親が同一人物なのかどうかについてははっきりしない。また、彼女には兄が1人いたが、何者かによって殺害されている。

　巨人の娘である彼女がフレイに見出され、熱烈に求婚されたのには次のような経緯があった。ある時、フレイは主神**オーディン**の留守をいいことに、彼の王座**フリズスキャールヴ**に座って全世界を見回すという悪戯をする。彼が**ヨトゥンヘイム**に目をやった時、たまたまゲルズを目にした。フレイはその美しさに一目で心を奪われ、恋に悩むようになってしまう。彼の悩みを聞いた従者スキールニルは、彼の魔法の剣や愛馬と引き換えに、その望みをかなえるべく単身ヨトゥンヘイムに乗り込んだ。彼は様々な贈り物を差し出して穏やかに交渉を進めるが、ゲルズにはフレイの愛を受け入れるつもりは毛頭ない。業を煮やしたスキールニルがフレイの剣で首をはねると脅しても、気丈な彼女は首を縦に振らなかった。そこで魔術の使い手でもあるスキールニルは、彼女に1つの呪いをかけると脅す。それは、彼女が一生良縁に恵まれず、不幸になるというものだった。さらに、**ルーン文字**を彫って呪うとダメ押しされたゲルズは、スキールニルに屈し、フレイの愛を受け入れるのである。

　一説によれば、このエピソードは豊穣の神による聖婚の儀式を表しているという。もっとも、彼女がアースガルズの平和を乱した3人の巨人の娘の1人とする説もある。

豊穣神の愛に困惑する女巨人 ゲルズ

所属
巨人族

神格
豊穣の女神？

所在
ヨトゥンヘイム

解説
豊穣神フレイが一目惚れした巨人の娘。一説には彼女とフレイとの結婚は豊穣をもたらす聖婚の儀を意味するとも言われ、その様子をかたどったと思われる黄金の護符も多数出土している

特徴
あらゆる女のうちで最も美しいとされる。手を上げた時に覗いた腕の美しさは、世界を照らすほど

― 主な持ち物 ―
特になし

― 関係の深い神や人物 ―
フレイ／スキールニル／ギュミル

ゲルズとフレイの使者スキールニルの交渉

スキールニルの提案と脅迫	ゲルズの反応
永遠の若さのリンゴを提示	「興味がない」と提案を無視
ドラウプニルの腕輪を提示	「財宝は十分ある」と提案を無視
ゲルズやその父の首をはねると脅迫	「無体な脅迫は受けない」と無視
不幸な結婚をするよう呪うと脅迫	あまりのことに反応できなくなる
さらにルーン文字を彫って呪うと脅迫	

↓

ゲルズは脅迫に屈し、フレイの愛を受け入れることをスキールニルに誓う

関連項目
- ヨトゥンヘイム→No.011
- オーディン→No.017
- フレイ→No.042
- エーギル→No.056
- ルーン文字→No.073
- フリズスキャールヴ→No.078

第2章●北欧神話の登場人物　No.049

No.050
フルングニル
Hrungnir

名馬グルファクシの持ち主フルングニル。彼は自らの傲慢と、その名馬のために命を落とすこととなった。

●石の心臓と頭を持つ巨人

　フルングニルは、『スノッリのエッダ』の「詩語法」に登場する巨人である。彼は3つの尖った角を持つ石でできた心臓を持ち、頭も石でできていた。また、石の盾を持ち、大きな砥石を武器としていた。さらに名馬グルファクシを所有していたが、このことが彼を死に追いやることになる。

　ある時、主神**オーディン**はフルングニルを挑発し、**アースガルズ**に引き込んだ。恐らく、グルファクシを手に入れようと考えたのであろう。オーディンの命令で、フルングニルは客人のようにもてなされる。有頂天になった彼は、酔って罵詈雑言を吐くようになった。そのため、神々は東方に旅に出ていた雷神**トール**を呼び戻す。トールはフルングニルの態度を見て激怒するが、「丸腰の相手を殺しても名誉にはなるまい」という言葉を受け入れ、両者はアースガルズとヨトゥンヘイムの国境のグリュートトゥーナガルザルで決闘することになった。

　従者シャールヴィと共に決闘の場に現れたトールは、稲妻と雷鳴を伴ってフルングニルに突進し、ミョルニルの槌を投げつける。対するフルングニルも砥石を投げつけて応戦するが、砥石は槌にぶつかって2つに割れ、片方は大地に、片方はトールの頭にめり込むに留まった。一方、槌はフルングニルの頭蓋骨を粉砕し、彼はトールを下敷きにして即死してしまう。

　その頃、シャールヴィは巨人たちがフルングニルに加勢させようと粘土から作った巨人、モックルカールヴィの相手をしていた。牡馬の心臓を移植された巨人は臆病で、勝負はあっさりとシャールヴィの勝利に終わる。

　なお、問題のグルファクシは、トールをフルングニルの死体の下から助け出したトールの息子マグニに与えられた。そのためトールは大いにオーディンの不況を買うこととなったという。

岩の肉体を持つ巨人　フルングニル

所　属
巨人族

所　在
ヨトゥンヘイム

解説
名馬グルファクシの所持者として知られる巨人。主神オーディンによってアースガルズに誘い込まれ、その横暴さに憤慨した雷神トールと決闘することとなる

特徴
3つの尖った角を持つ石の心臓と石の頭を持つ。また、その巨体はトールですら持ち上げることができないほど重い

―― 主な持ち物 ――
砥石／石の盾／グルファクシ(馬)

―― 関係の深い神や人物 ――
トール／シャールヴィ／モックルカールヴィ

フルングニルとトールの戦い

グルファクシを手に入れるための策略
フルングニルの元を訪れたオーディンは彼をわざと怒らせてアースガルズに誘い込み、彼の横暴に怒ったトールと決闘するように仕向ける

粘土の巨人
決闘のことを知った巨人たちはフルングニルの相棒として粘土から1人の巨人をこしらえる。一方、トールは従者シャールヴィを連れて決闘に臨む

決闘の結末
フルングニルの投げた砥石はトールの頭にめり込むに留まった。しかし、トールの投げたミョルニルの槌は見事に巨人の命を奪う

グルファクシの行方
トールは巨人の下敷きとなり身動きが取れなくなってしまう。しかし、生まれて3日の息子マグニによって救われ、彼に戦利品グルファクシを与える

―― 関連項目 ――
- アースガルズ→No.010
- オーディン→No.017
- トール→No.023

No.050　第2章●北欧神話の登場人物

No.051
スリュム

Prymr

何不自由のない裕福な暮らしをしていた巨人の王。しかし彼は、美しい花嫁を得ようとしたことから破滅することになる。

●花嫁を欲した巨人の王

『詩のエッダ』の「スリュムの歌」にその名が見られるスリュムは、**ヨトゥンヘイム**に住む巨人の王である。大変裕福だったが、花嫁がいないことに不満を感じていたという。そこで彼は一計を案じ、雷神**トール**からミョルニルの槌を奪って、それと引き換えに**フレイヤ**を得ようとするのである。

槌の紛失に気づいたトールは、悪神ロキに相談した。彼はフレイヤから鷹の羽衣を借り受けて探索の旅に出ると、トールにスリュムが槌を盗んだこと、フレイヤと引き換えであればそれを返すつもりであることを告げる。トールはフレイヤに話を持ちかけるが、彼女は**アースガルズ**を揺るがし、首飾りがちぎれ落ちるほど激怒して断った。弱った神々が相談していると、神々の番人**ヘイムッダル**が「トール自身が花嫁に化けて彼らの元に行けば良い」と提案する。トールは嫌がったが、神々は乗り気だった。結局トールは花嫁に、ロキは侍女に化けてスリュムの元へ乗り込むことになる。

さて、彼らを迎えた巨人たちは大柄な花嫁を疑うこともなく、婚礼の宴が催されることになった。しかし、トールがいつもの調子で牡牛や鮭を貪り食ったので、同席した巨人たちは仰天してしまう。また、浮かれて花嫁にキスを迫ったスリュムは、ベールの隙間から覗くその目の恐ろしさに悲鳴を上げた。そこでロキは機転を利かし、花嫁は結婚式が楽しみだったので8日もの間、寝食を忘れていたのだと伝える。ちょうどその時、スリュムの姉が花嫁に贈り物をせびりにきたので話はうやむやになった。場の雰囲気が悪くなるのを嫌ったのか、スリュムは花嫁を清めるためにミョルニルの槌を持ってこさせる。これこそ、トールが待ち望んだ瞬間だった。槌を手にするや否や、彼はスリュムを始めとする巨人たちを皆殺しにしてしまう。そして槌を取り戻したトールはアースガルズに帰還したのである。

偽の花嫁に騙された巨人　スリュム

所　属
巨人族

所　領
ヨトゥンヘイムの一地方

解説
雷神トールからミョルニルの槌を盗み、槌と引き換えにフレイヤを要求した巨人の王。女装したトールをフレイヤと思い込み、槌を渡したためにトールによって殺される

特徴
非常に裕福で、多くの部下を持つ巨人の王。外見的特徴に関しては、特に記述はない

―― 主な持ち物 ――
黄金の角の牡牛／黄金の首輪の犬／莫大な財宝

―― 関係の深い神や人物 ――
トール／フレイヤ／ロキ

ミョルニルの槌盗難とその顛末

ミョルニルの槌の行方
ミョルニルの槌が盗まれたとトールに相談された悪神ロキは、探索の末巨人スリュムが犯人であることを突き止める

花嫁になったトール
槌と引き換えにフレイヤを要求する巨人に対し、神々は女装したトールとロキを花嫁一行として送り出した

結婚式
結婚式の宴席でトールは様々なボロを出すが、そのたびに侍女に化けたロキがフォローしてごまかす

スリュムの最期
スリュムは花嫁を清めるためにミョルニルの槌を取り出した。槌を奪い返したトールは、会場の巨人を皆殺しにする

関連項目
- アースガルズ→No.010
- ヨトゥンヘイム→No.011
- トール→No.023
- ヘイムッダル→No.029
- フレイヤ→No.044
- ロキ→No.057

No.052
ゲイルロズ
Geirrøðr

策略を持って雷神トールに挑戦した巨人の親子。しかし彼らは敗れ、永い時の流れの中トールの偉業を伝えることとなった。

●大地に縫いとめられた巨人

　ゲイルロズは、『スノッリのエッダ』の「詩語法」などにその名の見られる巨人である。雷神**トール**をおびき出し、抹殺しようとするが返り討ちにあい、長く彼の偉業を伝えることとなったという。

　事のきっかけは彼が鷹に姿を変えた悪神**ロキ**を捕らえたことであった。3ヶ月もの間食事を与えられなかったロキは、自らの身分を明かし、彼の屋敷にトールを丸腰でおびき出すことを約束する。危うく罠にかかるところだったトールを救ったのは、旅の途中立ち寄った屋敷の主でオーディンの息子**ヴィーザル**の母グリーズだった。彼女はトールに忠告を与えると、鉄の手袋や力帯、自らの杖などを貸し与えて送り出す。

　これにより警戒したトールは、ヴィルム川で待ち受けていたゲイルロズの娘を首尾良く撃退する。しかし、ゲイルロズの屋敷にたどり着く頃には疲れ果ててしまっていた。宿泊所に案内された彼は、置いてあった椅子に座り込んでしまう。すると、椅子が屋根のほうに押し上げられていることに気づいた。実は、ゲイルロズの娘たちが椅子の下から、彼を屋根に押しつけてつぶそうとしていたのだ。そこでトールはグリーズの杖を屋根に押し当て力を込めると、娘たちは背骨が折れ椅子の下敷きとなった。

　娘を撃退されたゲイルロズは、トールに試合を申し込む。そして真っ赤に焼けた鉄塊を投げつけるが、トールは鉄の手袋でそれを受け止め、ものすごい勢いで投げ返した。驚いた彼は鉄の柱の後ろに隠れるものの、鉄塊は柱ごとゲイルロズを貫き、大地につなぎとめられてしまうのである。

　なお、『デンマーク人の事績』は、この地を訪れたデンマークの王ゴルモが、人の時代に至るまで大地につなぎとめられ続けた老巨人と、背骨を折られて身動きもままならない女巨人たちを目撃したと伝えている。

大地に繋ぎ止められた巨人　ゲイルロズ

所属

巨人族

所在

ビャルマランド？

解説

たまたま悪神ロキを捕縛したことから、雷神トールを罠にかけ倒そうと試みた巨人。しかし、オーディンの息子ヴィーザルの母グリーズの忠告を受けたトールによって、娘ともども返り討ちにあう

特徴

『デンマーク人の事績』では鉄の柱に貫かれた老人とされ、その足元には背骨を砕かれた娘たちがころがっているという

---主な持ち物---

特になし

---関係の深い神や人物---

トール／ロキ／グリーズ／ギャルプ／グレイプ

ゲイルロズとトールの戦い

ロキとゲイルロズ
ゲイルロズに捕まったロキは、命と引き換えにトールを罠にはめることを約束する

ヴィルム川渡河
ゲイルロズの娘ギャルプは、川を増水させトールを溺れさせようとするが失敗する

トールの勝利
ついにトールと対峙したゲイルロズだが、自らの投げた金属片を投げ返され倒れた

グリーズの忠告
旅の途中、グリーズの元に立ち寄ったトールは、そこで忠告と魔法の品を授けられた

物置小屋での攻防
物置小屋で休むトールを、椅子で押し潰そうとしたギャルプたちだったが、逆に潰されてしまう

関連項目
- トール→No.023
- ヴィーザル→No.028
- ロキ→No.057

No.053
ヴァフスルーズニル
Vafþrúðnir

その知識で名をはせた老巨人。彼は神々の父しか知りようの無い質問の前に敗北を喫した。

●オーディンが欲する知識を持つ巨人

　イームの父とも呼ばれるヴァフスルーズニルは、『詩のエッダ』の「ヴァフスルーズニルのことば」にのみ、その名が見られる巨人である。彼は非常に博識であり、主神**オーディン**は彼の持つ知識を知りたいという欲求を抑えられないほどであった。また、オーディンの妻**フリッグ**は彼のことを、「どんな巨人もヴァフスルーズニルほど強くはない」と評している。

　物語によれば、ある時彼の知識を得たいと欲したオーディンは、妻フリッグにヴァフスルーズニルを訪ねたいと相談したという。フリッグは危険を理由に反対するが、結局オーディンを説得できずに送り出す。旅に出たオーディンはガグンラーズと名乗り、ヴァフスルーズニルの屋敷を訪れた。ヴァフスルーズニルは、「お前の知識がわしに劣ったらこの館からは出さんぞ」と彼を脅すが、オーディンは意に介した様子もない。そこでヴァフスルーズニルは、彼に知恵比べを申し出る。最初に質問をしたのはヴァフスルーズニルだった。しかし、彼の質問にオーディンは難なく答えてしまう。そして今度はオーディンが質問をする番になった。彼は世界の成り立ちや、現在の様子など無難な質問から始め、やがてこれから起きる未来に関する質問を始める。そして、ついに最後の質問をした。

「息子が火葬台の上に上がる前に、オーディン自身がその耳になんとささやいたのか」この質問が何を意図したものかはわからない。しかし、ヴァフスルーズニルは、知恵比べの相手がオーディンその人だと気づき、己の敗北を認めたのである。ヴァフスルーズニルがこの後どうなったのかについては、「ヴァフスルーズニルのことば」には語られていない。しかし、一説には彼らは己の首を賭けて勝負していたとされており、恐らくもう生きてはいないのであろう。

知識を狙われた巨人　ヴァフスルーズニル

所　属
巨人族

所　在
ヨトゥンヘイム

―― 主な持ち物 ――
特になし

―― 関係の深い神や人物 ――
オーディン

解説
主神オーディンがその知識欲を満たすために訪れた巨人。ガグンラーズと名を偽ったオーディンと知恵比べをするが、最後の質問で相手の正体に気づき敗北を宣言する

特徴
古い知識を持つ老巨人。フリッグによれば、どんな巨人よりも強いという

オーディンの18の質問とその回答

	質問	回答
1	大地と天は何処から来たのか？	ユミルの肉体によって造られた
2	太陽と月は何処から来たのか？	ムンディルフェーリの子供たち
3	昼と夜は何処から来たのか？	デッリングが昼の父、ネルが夜の母
4	冬と夏は何処から来たのか？	ヴィンドスヴァルが冬、スヴァースズが夏の父
5	神々と巨人の中で最初に生まれたのは？	アウルゲルミル（ユミル）
6	彼はどのように生まれたのか？	毒の川エーリヴァーガルから生まれた
7	妻を持たない彼がどのように子をもうけたのか？	左腕の下から男女が、両足が交わって6つの頭を持つ息子が生まれた
8	あなたの知る最も古い記憶は？	ベルゲルミルがひき臼の台の上に置かれたこと
9	風は何処から来るのか？	鷲の姿の巨人フレスヴェルグの羽ばたきから
10	ニョルズは何処から来たのか？	ヴァナヘイムから
11	人々は毎日何処で戦っているのか？	オーディンの庭で（エインヘリアルのこと）
12	なぜすべての運命を知っているのか？	9の世界のすべてを巡ったので
13	ラグナロクの後、生き延びる人間は？	リーヴとリーヴズラシル
14	フェンリルが太陽を捕まえたら？	太陽が捕まる前に産んだ娘が、その代わりになる
15	海の上を漂う賢い娘たちは何者か？	メグスラシルの娘たち。巨人の元で成長する
16	ラグナロクの後、生き延びる神々は？	ヴィーザル、ヴァーリ、モージ、マグニ
17	オーディンに最後をもたらすのは？	フェンリル
18	オーディンが火葬台に上がった息子にささやいた言葉は？	回答不能

関連項目

●オーディン→No.017　　　　　　　　　●フリッグ→No.033

No.054
ウートガルザ・ロキ
Utgarsa-Loki

巨人の国ウートガルズの王、ウートガルザ・ロキ。彼の武器は、神々をも欺く幻術と知性であった。

●トールを手玉に取った巨人の王

　ウートガルザ・ロキは、巨人の国ウートガルズの王で、幻術に優れた巨人である。彼は巨人たちの宿敵である雷神**トール**一行が自らの国に迫っていることを知ると、様々な幻術を駆使して国を守ったという。

　まず、彼はスクリューミルという巨人に化けてトールたちを脅かし、彼らを引き返させようとした。しかし、彼らは精神的に疲弊しつつもウートガルズにたどり着いてしまう。

　そこで、ウートガルザ・ロキは第2の策を用いてトールたちの戦う気を削ぎにかかる。彼らを宴会に招いて徒競走や早食い、相撲などの座興を要求し、幻術でもってやり込めようとしたのだ。トールたちは、ウートガルザ・ロキにまんまと騙されてすっかり自信を失ってしまう。

　しかし、ウートガルザ・ロキにとっては、神々の戦果は驚異的なものだった。トールの従者シャールヴィは、ウートガルザ・ロキの思考の早さに匹敵する駆け足を披露する。また、悪神**ロキ**は全てを焼き尽くす炎と同等の速さで肉を食べてみせた。さらに、トールは海に繋がった杯を一気にあおり、目に見えて海面を下げてしまったのである。その上、トールは猫に見せかけた大蛇**ヨルムンガンド**をほとんど地面から離れるというところまで持ち上げ、彼自身に襲い掛かる老いに対しても片足しか付かなかった。彼らの実力を恐れたウートガルザ・ロキは、全てを種明かしした上で「お互いに二度と会わないほうがいい」と言い残して姿を消す。あとに残されたのは、怒り心頭のトール一行だけであった。

　なお、『デンマーク人の事績』によれば、ウートガルザ・ロキは悪臭を放つ醜い巨人であった。彼を信仰していたデンマーク王ゴルモは、その神の姿を知るとショックで死んでしまったという。

神々を惑わせた巨人　ウートガルザ・ロキ

所　属
巨人族

神　格
デンマーク王ゴルモの守護神

所　領
ウートガルズ

解説
ウートガルズに居を構える巨人たちの王。雷神トールたちを強力な幻術であしらい、自らの王国を守り抜いた。『デンマーク人の事績』では、デンマーク王ゴルモの信仰を受けていた

特徴
強力な幻術の使い手。『デンマーク人の事績』では、鎖でつながれた、醜悪で悪臭を放つ巨人とされる

主な持ち物
特になし

関係の深い神や人物
トール／シャールヴィ／ロキ／ゴルモ

ウートガルザ・ロキの城での勝負

神々　vs.　ウートガルザ・ロキの幻術

課題	神々代表	結果	幻術の正体
徒競争	シャールヴィ	敗北	思考の早さ
早食い競争	ロキ	敗北	野火
酒盃を飲み干す	トール	飲みきれない	海の水
猫を持ち上げる	トール	持ち上げきれない	ヨルムンガンド
老婆エリとの相撲	トール	片膝をつかされる	老い

スクリューミルとトール

スクリューミルは、トールが東方への旅の途中ででああった巨人である。途方もなく巨大であり、トールたちはその手袋を奇妙な屋敷と勘違いしたほどだった。彼らは旅路を共にするが、彼の縛った食料袋の紐が解けなかったり、イビキがうるさかったりと、トールたちは散々な目にあう。「ギュルヴィの惑わし」では、この巨人の正体はウートガルザ・ロキ自身であったとされている。

関連項目

- トール→No.023
- ロキ→No.057
- ヨルムンガンド→No.059

No.054　第2章●北欧神話の登場人物

No.055
ヒュミル
Hymir

雷神トールのヨルムンガンド釣りに付き合わされた老巨人ヒュミル。彼はその一件によって命を落とすことになった。

●トールと釣りに出かけた巨人

ヒュミルは、戦神**テュール**の父として知られる老巨人である。『詩のエッダ』の「ヒュミルの歌」によれば、雷神**トール**に倒された巨人**フルングニル**の親友であり、トールを快く思っていなかった。また、彼には900の頭を持つ母と、白い眉の美しい妻、そして多くの手勢があったという。

大きな麦酒醸造鍋を持っていたヒュミルはある時、海神**エーギル**の館で宴会を開くための鍋を探すトールとテュールの訪問を受けた。テュールの母を除く巨人たちは、彼らを快く思わなかったが夕食に招いてもてなす。しかし、その席でトールは遠慮なしに食べまくった。その量にヒュミルは、海で獲物を取ってこなければならないとぼやく。それを聞いたトールは自分も手伝おうと提案した。ヒュミルの牛の首を取って餌としたトールは、海で大蛇**ヨルムンガンド**を釣り上げる。大蛇はトールの槌で一撃され海に沈んでいったが、船はその際にトールが踏ん張ったせいで大穴が開いてしまう。帰り道、ヒュミルは始終機嫌が悪かった。家に帰ったヒュミルはトールに恥をかかそうと、ガラスの高脚杯を投げて壊す遊びを提案する。実は高脚杯は通常の方法では壊れない魔法の品だった。しかし、テュールの母が彼の頭に高脚杯をぶつけるようトールに教えたため、逆に高脚杯を壊されてしまう。ほとほと嫌気が差したヒュミルは、鍋の用意ができたからそれを持って帰るようにトールに告げた。重くて持つことができず、すごすご帰ると思ったのだ。しかし、トールは平然と持ち上げて帰ろうとする。ついに怒ったヒュミルは、手勢と共にトールに襲い掛かったが返り討ちにあい死ぬこととなった。なお、『スノッリのエッダ』の「ギュルヴィの惑わし」では、トールがヒュミルの元を訪れたのは、ウートガルズで恥をかかされたヨルムンガンドと決着をつけるためであったとされている。

トールの釣りに付き合わされた巨人　ヒュミル

所属
巨人族

所在
エーリヴァーガルの東

解説
雷神トールのヨルムンガンド釣りに同行する巨人。伝承によっては、戦神テュールの父親ともされる。友人であったフルングニルを倒したトールに敵意を持っていたという

特徴
睨むだけでものを壊せる鋭い眼光を持ち、髭にツララを下げている。その頭はとても固い

---主な持ち物---
麦酒醸造鍋／丈夫な魔法のガラス杯

---関係の深い神や人物---
トール／テュール

トール達のヒュミル訪問における伝承による違い

ヒュミルの歌		ギュルヴィの惑わし
エーギルの館で開く宴会で必要な麦酒醸造鍋を手に入れるため	目的	ウートガルザ・ロキの城で恥をかかされたヨルムンガンドに復讐するため
案内役としてテュールが同行	同行者	個人的に訪問
ヨルムンガンド釣りがヒュミルの敵愾心に火をつけ、麦酒醸造鍋を賭けた勝負が行われる。トールはこれに勝利し、鍋を手に入れた	釣りと結果	トールは見事にヨルムンガンドを釣り上げるが、脅えたヒュミルの邪魔により止めを刺すことができなかった
恥をかかされたヒュミルは、手勢を連れてトールたちを追うが返り討ちにあう	結末	邪魔に腹を立てたトールは、ヒュミルを殴り飛ばしアースガルズに帰っていく

関連項目
- トール→No.023
- テュール→No.025
- フルングニル→No.050
- エーギル→No.056
- ヨルムンガンド→No.059

No.056
エーギル

Ægir

荒れ狂う外海を支配する巨人にして神々の友。彼とその妻子は水死者とその富を我が物とした。

●海を支配する巨人

　ギュミル、フレールなど複数の名を持つエーギルは、海神とも称される巨人の王で、妻ラーンと共に海と海中の富を支配している。同様に、海で死んだ水死者も支配しているともいう。『スノッリのエッダ』によれば、彼はフレーセイと呼ばれる島に住んでいた。その館は非常に豪華なもので、照明は黄金が放つ光でまかなわれていたという。さらに彼は魔術にも通じており、彼の館には酒が自動的に客に運ばれるなど様々な工夫が凝らされていた。また、館自体も神聖な場所としても機能しており、そこでの揉め事や刃傷沙汰はご法度とされている。

　エーギルは**巨人族**には珍しく神々と同盟関係にあり、お互いを招いて酒宴を催すほどであった。もっとも『詩のエッダ』の「ヒュミルの歌」には神々が一方的に酒宴を開くように要求し、エーギルが「あなた方全員の麦酒を醸造できる」鍋を持ってこいと言い返す場面も描かれており、その関係は必ずしも良好ではなかったようだ。

●エーギルの家族たち

　エーギルには妻ラーンとの間に波を象徴する9人の娘たちがいた。彼女たちは神々の番人**ヘイムッダル**の母親と同一視されることもあるが、『スノッリのエッダ』の「詩語法」に語られる彼女たちの名前は、ヘイムッダルの母親とは異なっており、エーギルがヘイムッダルの祖父に当たるのかどうかははっきりとはしない。この他に、エーギルにはフィマフェングとエルディルという優秀な従者が仕えていた。彼らはその優秀さゆえに神々からも賞賛されていたが、それを快く思わなかった悪神**ロキ**によってフィマフェングは殺害されてしまっている。

荒ぶる海の支配者　エーギル

所属
巨人族／アース神族

神格
荒ぶる海の神
海の死者の神

所領
外海
フレーセイ島

解説
海の富、水死者たちを支配する巨人。船乗りたちは海で死んだ際、彼に差し出す黄金を持ち歩いていたという。神々とは友好関係にあり、互いを招いて酒宴を催すこともあった

特徴
『詩のエッダ』や『スノッリのエッダ』には特に記述はない。兜をかぶり、白髭を蓄えた痩せた老人とする説もある

主な持ち物
麦酒醸造鍋（トールからの譲渡品）

関係の深い神や人物
トール／ブラギ／ラーン／9人の波の娘／フィマフェング／エルディル

エーギルの館とその家族

海底、もしくは西方のフレーセイ島にあるというエーギルの館。ここでは照明として黄金の板が用いられ、食事や酒は自動的に運ばれた。エーギルたちに気に入られた水死者たちは、この館でもてなされるのだという

ラーン
エーギルの妻。水死者を集める魔法の網を持つ。黄金を好むため、彼女の機嫌を取るために、海へ行くものは、金貨を少し懐に忍ばせていたという

エーギルの娘たち
ヒミングレーヴァ／ドゥーヴァ／ブローズグハッダ／ヘヴリング／ウズ／フレン／ビュルギャ／バーラ／コールガ。海の波をつかさどる

フィマフェングとエルディル
エーギルの従者。フィマフェングは、優秀さゆえ悪神ロキの嫉妬の対象となり殺害される

関連項目
- ヘイムッダル→No.029
- 巨人族→No.045
- ロキ→No.057

No.056
第2章●北欧神話の登場人物

No.057

ロキ

Loki

災厄をもたらす一方、恩恵ももたらす謎の神ロキ。悪魔ともオーディンの影ともされる彼は、いったいどのような存在だったのだろうか。

●神々の世界の異端児

　悪神ロキは、巨人ファールヴァウティとラウヴェイの息子である。純然たる巨人ではあるものの、主神オーディンとは血誓兄弟の契りを結んでおり、アース神族の一員として迎えられていた。また、雷神トールやヘーニルなどとも友好関係にあったようだ。彼は優れた変身能力を持つ両性具有の存在で、オーディンの愛馬**スレイプニル**をはじめ、巨狼**フェンリル**、大蛇**ヨルムンガンド**、死者の女王**ヘル**など多くの子を残している。『スノッリのエッダ』の「ギュルヴィの惑わし」によれば、ロキは容姿こそ美しいものの、性質はひねくれていて気まぐれだったという。悪知恵にかけては誰にも引けをとらず、何事をするにも狡猾に立ち回った。もっとも、ロキは完全に邪悪な存在だったわけではない。彼が神々に不利益をもたらすのは、たいてい巨人に脅迫された末のことだった。また、その悪知恵によって神々の窮地を救ったことも少なくない。さらに、神々の宝物の多くは、彼が悪戯の賠償として神々にもたらしたものだった。

　しかし、ロキは盲目の神ホズに光神バルドルを殺害させたころから、急激に神々への敵意をむき出しにするようになる。彼はバルドルの復活を阻止し、また海神エーギルの宴会で神々を罵倒した末に彼らの元を去った。ロキを放置できなくなった神々は、探索の末彼を捕える。地下に幽閉されたロキには、その顔に蛇の毒がかかるという拷問が施された。蛇の毒は普段、彼の妻シギュンの持つ器によって受け止められている。しかし、彼女が毒を捨てに行く間は顔に毒が当たるため、苦痛によって大地を振るわせたという。こうした恨みもあってか、ロキは最終戦争ラグナロクの際、**ムスペル**の船の舵取りとしてアースガルズに攻め上った。そして、仇敵であった神々の番人**ヘイムッダル**と戦い、共に命を落としたのである。

恩恵と混乱をもたらす悪神　ロキ

所属
アース神族／巨人族

神格
奸智と悪意の神
オーディンの影？

解説
主神オーディンの義兄弟として神々の一員となった巨人。様々な恩恵と共に害悪をもたらすが、バルドル殺害の後に地下に幽閉される。最終戦争ラグナロクではヘイムッダルと戦い、相打ちとなった

特徴
両性具有の存在で、変身能力を持つ。外見は立派で美しいが、性格はひねくれていて気まぐれだという。口を革紐で縫いとめられたことがある

主な持ち物
特になし

関係の深い神や人物
オーディン／トール／ヘーニル／フェンリル／ヨルムンガンド／ヘル

主なロキの行動とその理由

自己保身のための行為
- 巨人シャツィの脅迫を受け、女神イズンの誘拐の手助けをする
- 巨人ゲイルロズに監禁され、トールをおびき出すことを約束
- 神々に脅迫され、女神イズンを巨人シャツィの元から救出
- トールに脅迫され、シヴの髪の賠償の品をドヴェルグの元に取りにいく

好奇心からの失敗
- 女神シヴの髪を丸刈りにし、トールに締め上げられる
- カワウソの姿をしたフレイズマルの子オッタルを殺してしまう
- ドヴェルグ（小人族）のブロッグ兄弟と賭けをして敗北する

純然たる悪意からの行動
- 盲目の神ホズを騙し、光神バルドルを殺害させる
- 女巨人に化け、バルドルの復活を阻止する
- エーギルの酒宴を訪れ、召使いを殺害、さらに神々を罵倒する

> ロキは、必ずしも邪悪な存在とは言い切れない

関連項目
- ヘイムッダル→No.029
- フェンリル→No.058
- ヨルムンガンド→No.059
- ヘル→No.060
- ムスペッル→No.065
- スレイプニル→No.079

No.058
フェンリル
Fenrir

神々の敵となることを予言された狼。彼は神々を信頼したがゆえに、世界の終末まで拘束されることとなった。

●神々の父をのみ込む狼

　フローズルスヴィトニルやフェンリル狼とも呼ばれるフェンリルは、悪神**ロキ**がもうけた3兄妹のうちの1人である。『スノッリのエッダ』によれば、彼らはロキと女巨人アングルボザの間の子であり、一説にはアングルボザの心臓を食べたロキが彼らを孕んだのだという。3兄妹が自分たちを害するという予言を受けた神々は、ヨトゥンヘイムで育てられていた彼らを捕らえ、**ヨルムンガンド**と**ヘル**を放逐する。しかし、まだ小さかったフェンリルはアースガルズにおいて養育されることとなった。もっとも、凶暴だったらしく世話ができるのは戦神**テュール**だけだったようだ。

　時がたち、日増しに大きくなるフェンリルと不吉な予言を気にした神々は、彼を拘束することに決定した。アームスヴァルトニル湖にあるリュングヴィという小島にフェンリルを連れ出した神々は、力試しをしようと彼を偽る。フェンリルは神々の提案に不審なものを感じるが、テュールが彼の口の中に手を置くと言うので彼らを信用した。しかし神々は彼を裏切り、**グレイプニル**と呼ばれる魔法の紐で縛り上げ、ゲルギャと呼ばれる綱で岩に固定してしまう。さらに、口に猿轡の代わりの剣が突っ込まれたので、フェンリルは口を閉じることができず、口から流れ出た大量のよだれはヴォーンと呼ばれる川になった。もっとも、この拘束は完璧なものではない。多くの伝承において、フェンリルは最終戦争ラグナロクの幕開けと共に開放され、主神オーディンをのみ込んで恨みを晴らす。しかしその直後、オーディンの息子**ヴィーザル**によって顎を引き裂かれて（別の伝承では心臓に剣をつきたてられて）息絶えたという。

　なお、『詩のエッダ』の「巫女の予言」におけるフェンリルは、一族の名前として扱われている。

全てをのみ込む巨大な狼　フェンリル

所　属
巨人族

所　在
アームスヴァルトニル湖のリュングヴィ島

解説
悪神ロキと女巨人アングルボザの間に生まれた3兄妹の1人。神々に災いをなすという予言から拘束される。最終戦争ラグナロクでは主神オーディンをのみ込むものの、ヴィーザルの手によって討ち滅ぼされた

特徴
上顎が天の端に、下顎が大地に届くほどの巨体を誇る狼。鼻や口からは、炎と煙が噴出しているという

主な持ち物
特になし

関係の深い神や人物
オーディン／テュール／ヴィーザル／ロキ／ヨルムンガンド／ヘル　他

フェンリルの拘束

- 口を閉じられないよう、切っ先を上にした剣が差し込まれている
- **グレイプニル**: フェンリルを縛る紐
- **ゲルギャ**: グレイプニルから伸びた綱
- **ギョッル、スヴィティ**: 綱を固定する岩
- **ヴォーン**: 閉じられない口から流れ出たよだれでできた川

アースガルズを血で汚すことを嫌った神々は、フェンリルを隔離、拘束する。その地として選ばれたのがアームスヴァルトニルという湖に浮かぶ小島リュングヴィであった

関連項目
- テュール→No.025
- ヴィーザル→No.028
- ロキ→No.057
- ヨルムンガンド→No.059
- ヘル→No.060
- グレイプニル→No.087

No.059
ヨルムンガンド
Jǫrmungandr

神々によって深淵の海に投げ込まれたヨルムンガンド。彼はやがて大地を囲むほどに成長し、雷神トールの宿敵となった。

●大地を囲む大蛇

　大蛇ヨルムンガンドは、悪神**ロキ**が女巨人アングルボザとの間にもうけた3兄妹の1人である。神々に害をなすと考えられ、生まれてすぐに海に投げ込まれたが死なず、海の中で成長を続けたのだという。最終的には人間の世界ミズガルズを含む大陸を一回りして自分の尾を咥えるほどに成長したため、ミズガルズ蛇とも呼ばれていた。

　ヨルムンガンドについて特筆すべきなのは、雷神**トール**との因縁である。それらの記述は『詩のエッダ』の「巫女の予言」や「ヒュミルの歌」でも語られているが、ここではより内容のまとまった『スノッリのエッダ』の記述を紹介しよう。

　かつて巨人**ウートガルザ・ロキ**を訪問したトールは、幻術によってヨルムンガンドを大きな灰色の猫と思い込まされた。彼はウートガルザ・ロキとの勝負の一環としてこの猫を持ち上げようとするが、実際には世界規模の大蛇を持ち上げきれるはずもない。トールの目に映ったのは、かろうじて片足を持ち上げた猫だけだった。後にこのカラクリを聞かされたトールは、恥をかかされたと思いヨルムンガンドを釣り上げるために巨人**ヒュミル**を訪れるのである。トールはここで見事にヨルムンガンドを釣り上げるが、怯えたヒュミルによって釣り糸を切られたため止めを刺すことはできなかった。

　最終戦争ラグナロクにおいて、ヨルムンガンドは兄弟である巨狼**フェンリル**と共に神々の世界に押し寄せた。その際、地上は彼の起こす大津波に洗われ、空と大地は彼の吐く毒に覆われたのだという。そして因縁深いトールとの戦いの末、ミョルニルの槌によって頭を砕かれて死ぬ。しかし、その毒は確実にトールの体を害し、彼を死に至らしめたのである。

大地を囲む大蛇　ヨルムンガンド

所　属
巨人族

所　在
海中

解説
悪神ロキと女巨人アングルボザの間に生まれた3兄妹の1人。神々に災いをなす存在として海中に投げ落とされる。最終戦争ラグナロクの際には因縁深い雷神トールと戦い、相打ちとなった

特徴
ミズガルズを含む大陸をぐるりと一巻きにし、自分の尻尾を咥えるほど巨大な蛇。移動するだけで津波を起こし、猛烈な毒の息を吐く

―― 主な持ち物 ――
特になし

―― 関係の深い神や人物 ――
トール／ロキ／ヒュミル／ウートガルザ・ロキ／フェンリル／ヘル　他

トールとヨルムンガンドの3本勝負

ウートガルズでの戦い
〇 ヨルムンガンド
VS.
✕ トール

ウートガルザ・ロキの幻術に惑わされたトールは、猫だと思ってヨルムンガンドを持ち上げようとするが、その巨体を持ち上げきることはできなかった

ヨルムンガンド釣り
✕ ヨルムンガンド
VS.
〇 トール

巨人ヒュミルと共に釣りに出たトールはヨルムンガンドを釣り上げる。止めを刺そうとするトールであったが、ヒュミルの邪魔により失敗に終わった

ラグナロクでの戦い
△ ヨルムンガンド
VS.
△ トール

激しい一騎打ちの末、トールはヨルムンガンドの頭を潰す。しかし、ヨルムンガンドの毒は強く、トールを9歩退かせた末にその命を奪った

関連項目
- トール→No.023
- ウートガルザ・ロキ→No.054
- ヒュミル→No.055
- ロキ→No.057
- フェンリル→No.058

No.059　第2章●北欧神話の登場人物

No.060

ヘル

Hel

神々によって極寒の世界に追放されたヘル。しかし、彼女はそこで死者たちの女王となった。

●オーディンによって定められた冥界の女王

　ヘルは、悪神**ロキ**が女巨人アングルボザとの間にもうけた3人の子供のうちの1人である。『スノッリのエッダ』の「ギュルヴィの惑わし」によれば、その半身は青黒く、もう半分は人肌の色をしていた。また、その顔つきは険しく、恐ろしいものだったという。

　神々に災いをもたらすと考えられた彼女は、兄の大蛇**ヨルムンガンド**と共に**ヨトゥンヘイム**を追放される。そして極寒の世界**ニヴルヘイム**に落とされた。主神オーディンは彼女に9つの世界を支配し、藁の死（老衰や病気による死亡）を遂げた死者たちを支配する権限を与える。このときのオーディンの真意はわからない。しかし、オーディンにとっては、勇敢な戦死者であるエインヘリアルたち以外興味の対象ではなかったのだろう。ともあれ、ヘルはニヴルヘイムの地下にあるニヴルヘルに自らの館エリューズニルを築き、死者の女王として君臨するようになった。

　ヘルの支配する死者たちの暮らしは、あまり良いものではなかったようだ。少なくとも、北欧の戦士たちの多くは藁の死を嫌い、自らの身を傷つけることで最後を遂げている。

　もっとも、ヘルはオーディンの息子**バルドル**には優しかった。彼には特別に高座が与えられ、彼の面会に訪れた**ヘルモーズ**とも問題なく面会することを許されている。また、悪神ロキの邪魔によって実現こそしなかったものの、バルドルを地上に返す交渉にすら応じていた。

　ヘルは最終戦争ラグナロクにおいて、自ら動くことはなかった。彼女の手勢である死者の軍団をロキに預けたのみである。そのため、彼女がその後どうなったのかについては、研究者によって意見が分かれる。一説によると、彼女は生き残り、ラグナロクで死んだ人々を支配したのだという。

死者の国の支配者　ヘル

所　属
巨人族

神　格
藁の死（老衰、病死）を遂げたものの支配者

所　領
ニヴルヘイム ニヴルヘル 9つの世界

解説
悪神ロキと女巨人アングルボザの間に生まれた3兄妹の1人。神々に災いをなす存在としてニヴルヘイムに落とされる。後に9つの世界の支配権を与えられ、死者たちの上に君臨した

特徴
身体の半分が肌色で、もう半分は死者のように青黒い、いかめしい顔の女性。望むものを自分の支配する死者とする能力を持つ

主な持ち物
特になし

関係の深い神や人物
オーディン／バルドル／ロキ／フェンリル／ヨルムンガンド

北欧神話における死後の人間の支配者たち

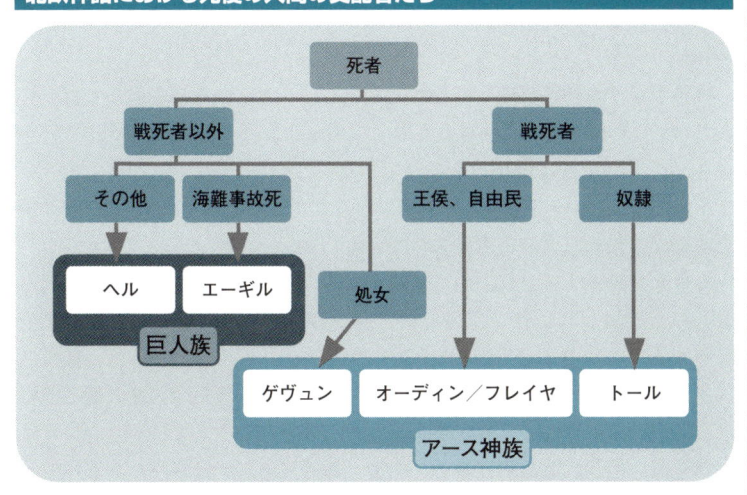

```
                            死者
              ┌──────────────┴──────────────┐
          戦死者以外                      戦死者
        ┌─────┴─────┐              ┌─────┴─────┐
      その他    海難事故死       王侯、自由民    奴隷
        │         │                │           │
       ヘル     エーギル   処女                  
       └──巨人族──┘        │                   
                          ↓                   
                    ゲヴュン   オーディン／フレイヤ   トール
                              └─────アース神族─────┘
```

関連項目
- ヨトゥンヘイム→No.011
- ニヴルヘイムとニヴルヘル→No.012
- バルドル→No.026
- ヘルモーズ→No.027
- ロキ→No.057
- ヨルムンガンド→No.059

第2章●北欧神話の登場人物

No.061
ラグナロクで猛威を振るう動物たち

最終戦争ラグナロクにおいて脅威となったのは、決して巨人族やムスペッルの軍勢だけではなかった。

●荒れ狂う獣たち

　神々と**巨人族**の戦いに先駆け、太陽と月をのみ込み世界に混乱をもたらすのは、スコルとハティと呼ばれる2匹の狼である。『スノッリのエッダ』の「ギュルヴィの惑わし」によれば、彼らの一族は狼の姿こそしているものの本来は、ミズガルズの東にある森イアールンヴィズに住む女巨人から生まれた巨人であった。『詩のエッダ』の「グリームニルのことば」によれば、彼らが太陽と月を追いかけるのは、彼らの住む森を守るためなのだという。なお、太陽をのみ込むのは悪神**ロキ**の息子**フェンリル**、月をのみ込むのはイアールンヴィズに棲む狼の一族最強のマーナガルムであるという異説も存在している。

　戦神テュールと相打ちとなる猛犬ガルムは「グリームニルのことば」によれば、「犬のうちでは最高のもの」であった。ガルムがつながれているグニパヘッリルは**ニヴルヘル**の門であることから、『詩のエッダ』の「バルドルの夢」において主神**オーディン**がニヴルヘルの入り口で出会った「胸を血で赤く染めた犬」と考えられている。

　こうしたラグナロクにおいて猛威を振るう動物たちの中で、最も人間を苦しめたと思われる存在は青い嘴を持つ鷲とフェルゲルミルに棲む黒龍ニーズホッグである。『詩のエッダ』の「巫女の予言」によれば、彼らはラグナロクにおいて罪人の死体を貪るのだという。青い嘴の鷲に関してはこれ以上の記述はなく、「死体を貪り食うもの」という名を持つフレスヴェルグと同一視されることが多い。一方、ニーズホッグは普段から罪を犯した人間たちの死体を食事としていたようだ。その食べっぷりは凄まじく、ラグナロクの後死者の魂を乗せて空に舞い上がるものの、その重さに耐えきれなくなって墜落してしまったのだという。

神々に敵対する動物たち

スコル、ハティ／Skǫll, Hati
所属：巨人族

イアールンヴィズの森に住む巨人。一族は一様に狼の姿をしている。スコルは太陽を、ハティは月を普段から追い回しているが、最終的にはこれらに追いつきのみ込んでしまう。なお、太陽は巨狼フェンリル、月はマーナガルムにのみ込まれるという記述もある

ガルム／Garmr
所属：巨人族（ニヴルヘルの番犬）

ニヴルヘルの門とされるグニパヘッリルの番犬。世の中で最高の犬とされる。一般的には『バルドルの夢』でオーディンが遭遇した胸を血で染めた犬と同一視されることが多い。ラグナロクにおいては鎖から開放され、戦神テュールと相打ちとなり果てる

青い嘴を持つ鷲／Niðfölr
所属：不明

ラグナロクにおいて鋭い叫び声を上げ、死体を引き裂くとされる鷲。「死体を貪り喰うもの」の名を持つフレスヴェルグと同一視されることも多い。"**Niðfölr**"という言語自体の解釈にも諸説あり、ニーズホッグのことを指しているのではないかとする説もある

ニーズホッグ／Níðhǫggr
所属：不明

ニヴルヘイムの泉フェルゲルミルでユグドラシルの根をかじるとされる有翼の黒龍。泉にあふれる罪人たちの死体を常食とする。ラグナロクの後、死者たちの魂を翼に乗せて羽ばたくが、やがて沈んだという。なお、沈むのはニーズホッグではなく、予言をする巫女の意識であるとする説もある

関連項目
- ニヴルヘイムとニヴルヘル→No.012
- オーディン→No.017
- 巨人族→No.045
- ロキ→No.057
- フェンリル→No.058

No.062 その他の巨人

北欧神話には今まで紹介したものや、ここで紹介する巨人以外にも様々な巨人が存在した。

●神話に残る様々な巨人たち

『詩のエッダ』の「ヴァフスルーズニルのことば」などにその名が見られるフレスヴェルグは、天の北の端に住む鷲の姿をした巨人である。彼が飛び立とうとすると、その羽ばたきによって風が起こるのだという。「死体を貪り食うもの」という名から青い嘴の鷲と、その姿から世界樹ユグドラシルの枝に棲む鷲と同一視されることも多い。

ヒュロッキンは**バルドル**の葬儀に参列した女巨人で、蛇の手綱をつけた狼に乗る。怪力の持ち主で、一押しでバルドルの遺体を乗せた船を海に押し出した。「ギュルヴィの惑わし」によれば、彼女の騒々しさを嫌った雷神**トール**は、彼女を打ち殺そうとするが神々によってとめられたという。

『詩のエッダ』の「ヒュンドラの歌」に登場するヒュンドラは、様々な知識に通じた巨人の巫女である。女神**フレイヤ**から彼女の愛人に、先祖の遺産を相続させる知恵を授けるように懇願されるが、それは半ば脅しに近いものだった。そのため、彼女は不承不承ながらもフレイヤに従っている。

ベリは豊穣神**フレイ**と争った巨人で、『詩のエッダ』にその名が散見される。戦いの詳細は不明だが、何らかの理由でフレイとぶつかり牡鹿の角によって撲殺された。それほど強くはなかったらしく、『スノッリのエッダ』の「ギュルヴィの惑わし」では、フレイが素手でも勝てたと言われている。

ラグナロクの訪れと共に大挙して**アースガルズ**に押し寄せる巨人の中で最も名が知られているのが『詩のエッダ』の「巫女の予言」に名が残されているフリュムである。彼は大きな盾をかざし、東から攻め上る巨人たちの先頭に立ったという。また、ラグナロクに先立ち、神々の破滅を予見して陽気に竪琴を奏でるエッグセールの名も知られているが、こちらはラグナロクの行軍に加わったかどうかは不明である。

様々な巨人たち

フレスヴェルグ／Hraesvelgr
所属:不明

「死体を貪り食うもの」の名を持つ、大きな鷲の姿をした巨人。天の北の端に住んでおり、その羽ばたきから世界中を巡る風が生まれるのだという

ヒュロッキン／Hyrrokkin
所属:巨人族

バルドルの葬儀に参列した女巨人。狼に乗り、蛇の手綱で操る。大変な力持ちであり、バルドルの遺体を載せた船を一押しで海に押し出すことができた

ヒュンドラ／Hyndla
所属:巨人族

優れた知識を持つ女巨人。ヒュロッキン同様に狼を乗馬とする。フレイヤの求めに応じ、彼女の愛人に遺産を相続させる知恵を授けた

ベリ／Beli
所属:巨人族

剣を失った豊穣神フレイと戦い、鹿の角で殴り殺された巨人。フレイは彼に素手でも勝てたと言われている

フリュム／Hrymr
所属:巨人族

ラグナロクの際、盾を掲げもって東からアースガルズに攻め上るとされる巨人。死者の爪で造られた船ナグルファクの舵取りともされる

エッグセール／Eggþér
所属:巨人族

ラグナロクの訪れを感じ取り浮かれる巨人。竪琴を陽気にかき鳴らすとされるが、その後戦列に加わったのかどうかについては不明

関連項目
- アースガルズ→No.010
- トール→No.023
- バルドル→No.026
- フレイ→No.042
- フレイヤ→No.044

No.063
ドヴェルグ（小人族）

Dvergr

大地や岩の中に住む小さな名工たち。しかし、その性格は細工の腕ほど優れたものではなかった。

●北欧神話における最高の職人たち

　ドヴェルグは北欧神話に登場する、優れた技術を持った小人たちである。北欧神話に登場する魔法の品々のほとんどが彼らの手によるものと言えば、その技術の確かさがわかるだろう。しかし、その性質は概して邪悪であり、神々や一部の巨人たちのように信仰の対象となることはなかった。

　彼らの作る魔法の品々も彼らの性質を受け継いだものが多く、何かと引き換えにその力を発揮するものが多い。もっともこれは彼らにも言い分があるだろう。そのような品々の多くは彼らが神々や人間に強要されて作ったものであり、正当な報酬を支払われてはいなかったのである。

●ドヴェルグの特徴

　『詩のエッダ』の「巫女の予言」などによれば、彼らは原初の巨人である**ユミル**の死体（大地）の中に、あたかもウジが湧くように発生したと言われている。これを発見した神々は採決の末、彼らに人間に似た姿や知性を与えたのだという。彼らドヴェルグの上に君臨したのが、モートソグニルと呼ばれるドヴェルグである。彼はドゥリンというドヴェルグと共に、土くれから多くのドヴェルグを生み出した。こうしたドヴェルグたちには、土くれの中に住むものと岩の間に住むものの2種類が存在している。

　『詩のエッダ』の「アルヴィースのことば」によれば、ドヴェルグは鼻の辺りが青白い死人のような外見をしていた。また、日光に弱く、朝日を浴びると石になってしまうのだという。なお、彼らの寿命や大きさについては『詩のエッダ』にも、『スノッリのエッダ』にも書かれていない。ただ、女神たちとの交わりを要求するところから、驚くほど小さいというわけではなかったようである。

ドヴェルグとは

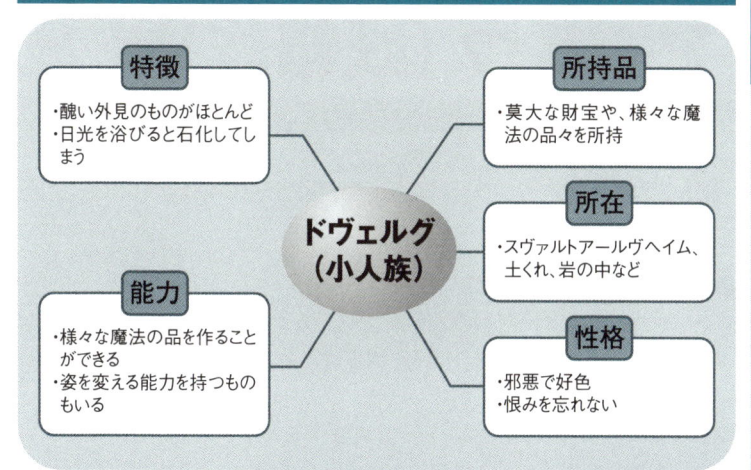

特徴
- 醜い外見のものがほとんど
- 日光を浴びると石化してしまう

能力
- 様々な魔法の品を作ることができる
- 姿を変える能力を持つものもいる

ドヴェルグ（小人族）

所持品
- 莫大な財宝や、様々な魔法の品々を所持

所在
- スヴァルトアールヴヘイム、土くれ、岩の中など

性格
- 邪悪で好色
- 恨みを忘れない

ドヴェルグと周辺の関係

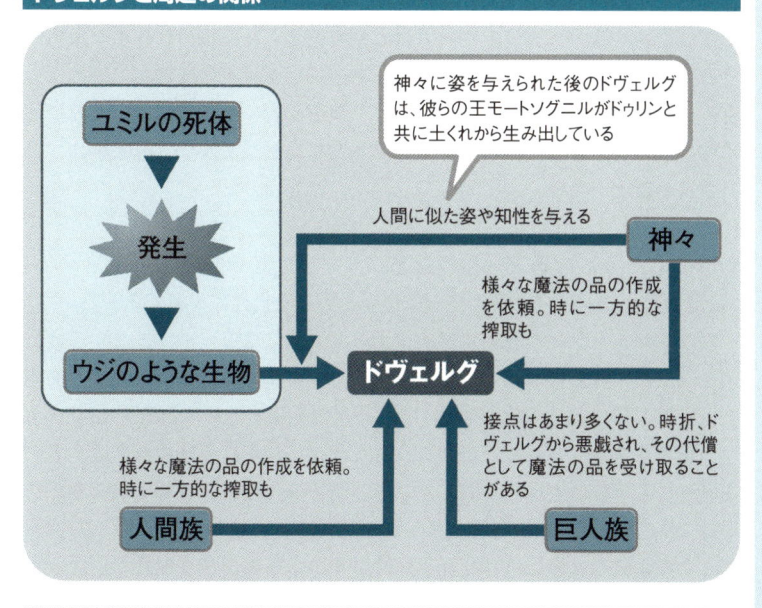

ユミルの死体
▼
発生
▼
ウジのような生物

神々に姿を与えられた後のドヴェルグは、彼らの王モートソグニルがドゥリンと共に土くれから生み出している

神々 → 人間に似た姿や知性を与える → ドヴェルグ

神々 → 様々な魔法の品の作成を依頼。時に一方的な搾取も → ドヴェルグ

人間族 → 様々な魔法の品の作成を依頼。時に一方的な搾取も → ドヴェルグ

巨人族 → 接点はあまり多くない。時折、ドヴェルグから悪戯され、その代償として魔法の品を受け取ることがある → ドヴェルグ

関連項目

● ユミル→ No.046

No.064
アールヴ（妖精族）
Álfar

神々に似た姿を持つリョースアールヴ、ドヴェルグ（小人族）に似た姿を持つデックアールヴ。北欧には2種類の妖精がいたようだ。

●白い妖精と黒い妖精たち

　アールヴは北欧神話における妖精たちである。『詩のエッダ』の「巫女の予言」や「スリュムの歌」では、彼らは神々と同列で扱われる存在として登場する。また「スキールニルの旅」によれば、その姿かたちも似通っていたようだ。『スノッリのエッダ』の「ギュルヴィの惑わし」には、もう少し具体的なアールヴの姿が描かれている。それによるとアールヴには、リョースアールヴ（白妖精）とデックアールヴ（黒妖精）の2種類が存在していた。リョースアールヴは太陽よりも美しく、豊穣神**フレイ**が治めるアールヴヘイム、もしくは第3の天ヴィーズブラーインに住んでいる。一方、デックアールヴは瀝青よりも黒く、地中や岩の中に住んでいた。地下に住むという共通点からか、デックアールヴは**ドヴェルグ（小人族）**と混同されることが多い。

●信仰の対象となるアールヴたち

　異教時代の人々にとって、彼らは神々と同じく信仰の対象であった。『ヘイムスクリングラ』の「聖オーラヴ王のサガ」にはアールヴに対する供犠祭を理由に、旅人に一夜の宿を提供するのを断る主婦の様子が描かれている。また、『コルマークのサガ』では、重傷を癒すために塚に住むアールヴに犠牲がささげられていた。こうしたサガに描かれる妖精たちは、アールヴヘイムを住処とはしておらず、もっぱら塚に住むとされる。こうした塚はたいてい地方の有力者が葬られた場所なので、彼らは一種の先祖霊だったのかもしれない。実際、10世紀にノルウェー南部を支配していたオーラヴ王は、ゲイルスタズという場所に葬られた後、ゲイルスタズの妖精として豊作を望む人々の供犠祭の対象となっている。

アールヴとは

リョースアールヴ（白妖精） Ljósálfar

所在
アールヴヘイム
第3天ヴィーズブラーイン

特徴
太陽よりも美しい
（神々と似ている）

デックアールヴ（黒妖精） Dokkálfar

所在
地下世界

特徴
瀝青よりも黒い
（ドヴェルグと似ている）

アールヴとその周辺との関係

神話中での関係

フレイ
↓ 支配
リョースアールヴ
↕ 近しい、もしくは友好関係
その他の神々

デックアールヴ ⇔ ドヴェルグ（小人族） 同一視

現実世界での関係

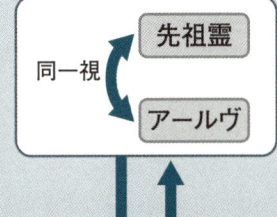

先祖霊 ⇔ アールヴ 同一視

人間 → 信仰の対象として供犠祭を行う
アールヴ → 加護を与えるが、信仰されなくなると害をなすことも → 人間

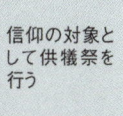

関連項目
● フレイ→No.042
● ドヴェルグ（小人族）→No.063

No.065
ムスペル

Muspell

最終戦争ラグナロクにおいて神々に挑戦する灼熱の国の住人たち。彼らは神々をも圧倒する力の持ち主だった。

●灼熱の世界の住人たち

　ムスペルは、最古の世界**ムスペルスヘイム**の住人たちである。彼らはムスペルスヘイムの発する熱に耐えうる強靭な肉体を持ち、戦においては独自の陣形によって神々を驚嘆させるほどの知性を持ち合わせていた。一説にはムスペルの名は「審判の日、世界の終末」の意味を持つとされ、最終戦争ラグナロクの際にはその名に相応しく世界を破滅に導く。

　彼らと神々との激突は『詩のエッダ』の「ヴァフスルーズニルのことば」など、様々な場面で予言されている。しかし、悪神**ロキ**の子供たちには過剰とも言える措置を採った神々も、彼らにはまったく干渉していない。同様にムスペルたちもラグナロクまで行動をおこすことはなかった。

　強大な力を誇るムスペルであったが、名を知られているのはムスペルの長スルトと、その妻シンモラだけである。『スノッリのエッダ』の「ギュルヴィの惑わし」によれば、スルトは燃え盛る剣を手にムスペルスヘイムの国境を守っていた。古詩『フィヨルスヴィズの歌』に登場するシンモラは、スルトの剣**レーヴァティン**を厳重に保管しているとされる。彼らが唯一苦手としていたのが世界樹**ユグドラシル**の頂上に棲む黄金の雄鶏ヴィゾフニルで、その鳴き声には日々悩まされていたという。

　ラグナロクの訪れと共にムスペルたちは侵攻を開始する。『詩のエッダ』の「巫女の予言」によれば、ロキと共に死人の爪でできた船ナグルファクに乗って。そして「ギュルヴィの惑わし」では、スルトを先頭に馬に乗って。その勢いは凄まじく、天と地をつなぐ虹の橋ビフレストは崩れ落ちてしまう。彼らはかねてより定められた戦場ヴィーグリーズで雌雄を決した。戦いの勝敗については諸説ありはっきりしない。しかし、世界は確実にスルトの放った炎に焼き尽くされ、終わりを告げるのである。

ムスペルとは

特徴
・古詩においてムスペルの長スルトは浅黒い巨人とされており、巨人に近い外見だったと思われる

能力
・ムスペルスヘイムの熱に耐える強靭な肉体
・独自の陣形を駆使する高い知性

ムスペル

所持品
・ナグルファク（船）

所在
・ムスペルスヘイム

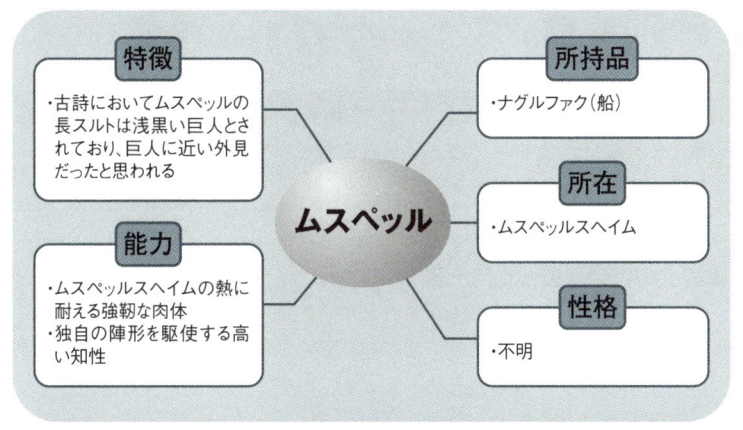

性格
・不明

ムスペルたちの侵攻ルート

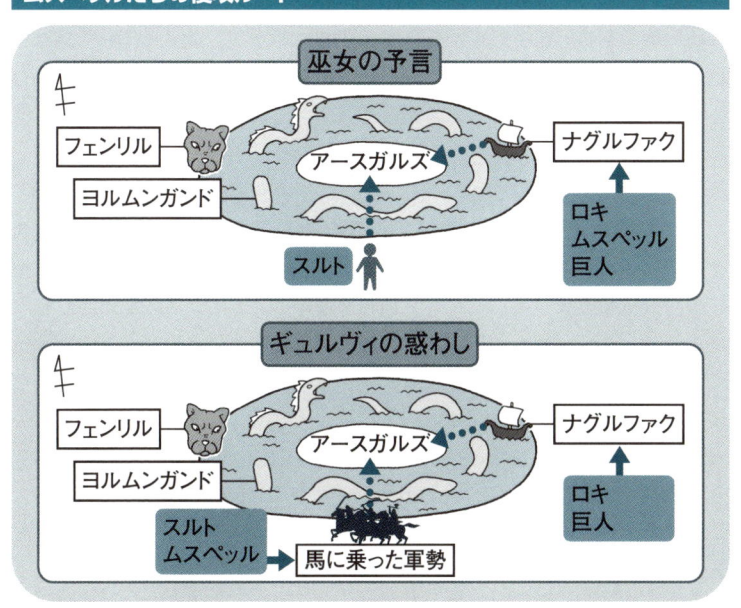

巫女の予言

フェンリル
ヨルムンガンド
アースガルズ
ナグルファク
ロキ／ムスペル／巨人
スルト

ギュルヴィの惑わし

フェンリル
ヨルムンガンド
アースガルズ
ナグルファク
ロキ／巨人
スルト／ムスペル → 馬に乗った軍勢

関連項目
●ムスペルスヘイム→No.013
●ユグドラシル→No.015
●ロキ→No.057
●レーヴァティン→No.088

No.066
ヴォルスングの一族
Volsungar

数々の英雄を輩出した一族。彼らは主神オーディンの血を引き、その加護を受けたものたちだった。

●数々の英雄を輩出した一族

　ヴォルスングの一族は、主神**オーディン**の血を引くシギに端を発する一族である。非常に多くの英雄を輩出した家系であり、サガなどにもその名が見られる**フンディング殺しのヘルギ**や、竜殺しの**シグルズ**も名を連ねていた。この一族については『ヴォルスンガ・サガ』に詳しく語られている。

　一族の始祖であるシギは、ある時狩りの成果のいざこざからスカジという男の従者を殺し、追放刑を受けてしまう。しかし、武勇に優れていた彼はフン族の国を治めて王となった。その後、老齢に差し掛かるまで王者として権勢を誇ったが、妻方の親類によってあえなく殺害されてしまう。当時遠征に出ていた彼の息子レリルは父の訃報を聞くとすぐに取って返し、その復讐を遂げ王座につく。彼は立派な王となったが世継ぎに恵まれず、妃と共に日々神々の母**フリッグ**に祈りをささげていた。彼を哀れんだフリッグは、オーディンに相談し、子宝に恵まれるリンゴを**ヴァルキュリャ**に持たせ彼らに授ける。こうして彼らが授かったのが一族の名ともなったヴォルスングだった。ヴォルスングの両親は彼の誕生と前後して亡くなってしまうが、彼もまた立派な王に成長する。彼が年頃になると、リンゴを届けたヴァルキュリャのフリョーズが彼の元に送られ彼の妻となった。彼らは長く幸せな結婚生活を送り、10人の息子と1人の娘に恵まれる。中でも優秀だったのは長男**シグムンド**と双子の妹シグニューだった。しかし、幸せはあまり長くは続かない。ある時、ガウトランドの王シゲイルという男がシグニューに求婚したのである。シゲイルは婚礼の席に現れたオーディンの剣を巡ってシグムンドと争い、彼に恥をかかされた。その場は取り繕ったものの、その恨みを忘れてはおらず、シグムンドとシグニューを除く一族を皆殺しにしてしまうのである。

ヴォルスングの一族

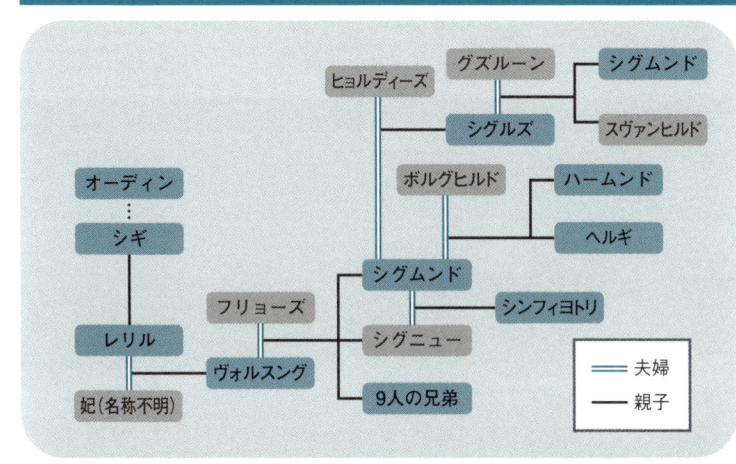

```
                              グズルーン ─── シグムンド
                    ヒョルディーズ
                        ‖            シグルズ ─── スヴァンヒルド
                      シグルズ
                        │
                    ボルグヒルド ─── ハームンド
                        ‖
                        │        ─── ヘルギ
                      シグムンド
       オーディン          │
         ⋮              │ ─── シンフィヨトリ
         シギ           シグニュー
                        │
         │            9人の兄弟
       レリル
         ‖      フリョーズ
         │        ‖
        ヴォルスング
    妃(名称不明)
```

　　　　　　　　　　　　　═══ 夫婦
　　　　　　　　　　　　　─── 親子

シゲイルとヴォルスングの一族

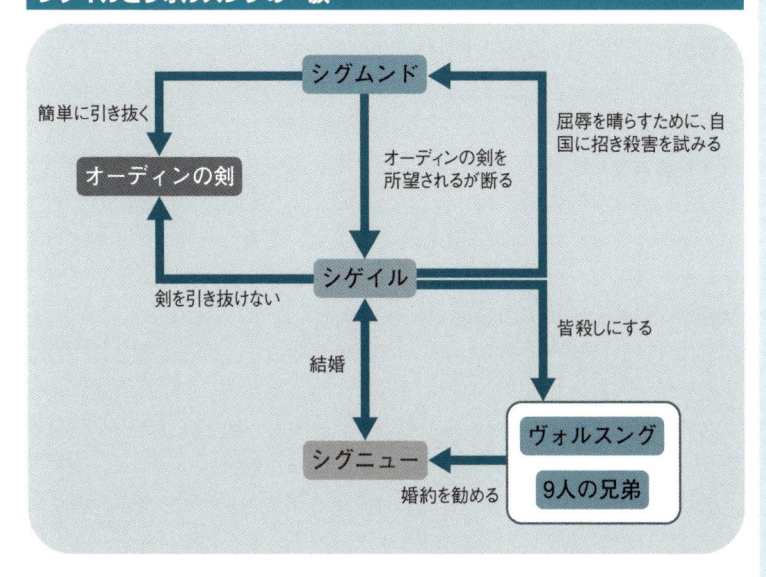

```
                    シグムンド ◄─────────────┐
   簡単に引き抜く      │    │                │
                    │    │オーディンの剣を    │屈辱を晴らすために、自
  オーディンの剣       │    │所望されるが断る   │国に招き殺害を試みる
      ▲            ▼    ▼                │
      │           シゲイル ─────────────────┤
      └───────────                         │
      剣を引き抜けない  │                 皆殺しにする
                    │結婚                  │
                    ▼                     ▼
                  シグニュー ◄──── ヴォルスング
                        婚約を勧める    9人の兄弟
```

関連項目

- オーディン→No.017
- ヴァルキュリャ→No.022
- フリッグ→No.033
- シグムンド→No.067
- ヘルギ(フンディング殺しのヘルギ)→No.068
- シグルズ→No.069

No.067
シグムンド
Sigmundr

オーディンの剣を手に一族の復讐を遂げる英雄。しかし、その剣がオーディンに折られる時、彼の命運は尽きてしまう。

●サガに語られる2人の英雄の父

　シグムンドは**フンディング殺しのヘルギ**や、竜殺しの**シグルズ**の父として知られる英雄である。彼の人生もまた息子たちに劣らない波乱に満ちたものだった。『ヴォルスンガ・サガ』には次のように語られている。

　シグムンドは妹の婚礼の宴に現れた**オーディン**の剣を巡り、妹婿のガウトランド王シゲイルと争った。剣を得られなかった王は、シグムンドの一族を宴会と偽って自分の国に招き謀殺する。妹シグニューの機転により生き延びたシグムンドはかくまわれ、ひたすら復讐の機会を待った。

　シグニューは兄の復讐を手伝わせるため、魔法使いと姿を取り替えて兄と契り、シンフィヨトリを生む。彼は10歳の時シグムンドの元へ送られ、様々な技術を身につけた。時は満ちたと考えたシグムンドは復讐に向かうものの、返り討ちにあいシンフィヨトリと岩1枚を隔てて生き埋めにされてしまう。ここでもシグニューは一計を案じ、藁束にベーコンとオーディンの剣を包んでシグムンドに届けさせた。穴の中の2人はその剣で岩を切り裂いて脱出し、王の館に火を放ち復讐を果たす。しかし、シグニューは兄にシンフィヨトリが2人の息子である告げると、王と運命を共にした。その後、シグムンドは国に戻って王位につき、ボルグヒルドとの間にハームンド、ヘルギという2人の息子を得る。しかし、妃と折り合いが悪かったシンフィヨトリが彼女に毒殺されると、これを離縁した。

　新たにヒョルディーズという妃を迎えたシグムンドであったが、彼女に求婚していたフンディング家のリュングヴィ王と戦争になってしまう。戦いの最中、オーディンに、その加護の象徴であった剣を折られたシグムンドは失意のうちに命を落とす。彼の最後を看取ったヒョルディーズは、デンマークの王子アールヴに保護され、彼の元でシグルズを産むこととなる。

名高き英雄たちの父　シグムンド

所　属
人間

―― 主な持ち物 ――
オーディンの剣

―― 関係の深い神や人物 ――
オーディン／ヘルギ／シグルズ

解説
シグルズやヘルギといった英雄たちの父。妹の婚約の宴会に現れた主神オーディンが屋敷の中心にある木に突き刺した剣を手にしたことから、壮絶な運命に巻き込まれていく

特徴
兄妹の中で最も優れた能力を持つ。偶然手にした毛皮の呪いにより、一時的に狼の姿で過ごしたことがあった

シグムンドの一生

オーディンの剣
オーディンの剣を巡るいざこざから妹婿シゲイルの恨みを買ったシグムンドの一族は、彼の国に呼び出されシグムンドを除いた全員が謀殺される

↓

復讐と妹との離別
生き延びたシグムンドは時を待ち、シグニューとの間にもうけた息子シンフィヨトリと共に復讐を果たす。しかし、シグニューはシゲイルと運命を共にし、炎の中に消えていった

↓

シンフィヨトリの暗殺
復讐を終えたシグムンドは、ボルグヒルドを娶り2人の子をなした。しかし、妻の一族によりシンフィヨトリが暗殺されたことから、シグムンドはボルグヒルドと離婚する

↓

オーディンに翻弄される運命
シグムンドは新妻ヒョルディーズを妻にと望んでいたリュングヴィ王と争う。その戦いの最中、突如現れたオーディンにより剣を折られ、シグムンドは命を落とすこととなった

関連項目
- オーディン→No.017
- ヘルギ（フンディング殺しのヘルギ）→No.068
- シグルズ→No.069

No.067　第2章●北欧神話の登場人物

No.068
ヘルギ(フンディング殺しのヘルギ)

Helgi

運命の女神の加護を受けた英雄。彼は恋人と共に何度も生まれ変わる運命にあった。

●生まれ変わる恋人たち

　ヘルギは**シグムンド**王の息子であり、**ノルン**によって「全ての王のうちで最も名高い王になる」と祝福を受けた人物である。彼の波乱に満ちた生涯は、『詩のエッダ』の「フンディング殺しのヘルギの歌」や、『ヴォルスンガ・サガ』によって詳しく語られている。

　優秀な人物に子を預けるという当時の風習に則り、勇士ハガルに預けられたヘルギは立派な青年に成長していた。15歳のとき、父の敵であったフンディング家が屋敷に乗り込んでくるという事件があったが、彼は女中に変装してこれをやり過ごす。その後、ヘルギは異母兄シンフィヨトリと共にフンディング家に乗り込み、フンディング王とその子らを討ち取った。その帰路、ヘルギはヘグニ王の娘で**ヴァルキュリャ**のシグルーンに出会う。「フンディング殺しのヘルギの歌」によれば、彼らは前世からの恋人同士であり、シグルーンはかねてからヘルギを慕っていた。しかし、彼女の父は、グランマル王ホッドブロドと彼女との婚約を決めてしまう。それを嫌った彼女は父の元を離れ、ヘルギの元へ走ったのである。

　ヘルギは彼女を手に入れるべく兵を挙げ、激しい戦いの末ホッドブロドとヘグニの一族を滅ぼした。こうして2人は結ばれ幸せになるが、降伏し、唯一生き延びたシグルーンの弟ダグには納得がいかない。彼は**オーディン**に加護を祈ると、借り受けた槍でヘルギを暗殺してしまう。

　しどろもどろに詫びる弟に呪いの言葉を浴びせたシグルーンは、夫の死を悲しんで日々を泣いて過ごした。それを見かねたヘルギは、一度だけこの世に立ち返りシグルーンと一夜を共にする。しかし、その後は二度と現れることはなく、彼女もヘルギを追うように短い生涯を閉じた。なお、その後も彼らは生まれ変わり、恋仲になったのだという。

転生を繰り返す英雄　ヘルギ

所属

人間

主な持ち物

ヴィーグヴレーヴ（愛馬）

関係の深い神や人物

シグムンド／シグルズ／シグルーン

解説

シグムンド王の息子。父の代から敵対しているフンディング王を討ち、「フンディング殺し」と呼ばれる。妻の弟によって殺害されるが、嘆く妻のために1晩だけ地上に戻ってきたという

特徴

ノルンに祝福された王。部下に良く報い、気前も良い。妻と共に、何世代にもわたり転生を繰り返している

❖ フンディング殺しのヘルギの前世と来世

　同名の多い北欧では、愛称で呼ばれる人物が多い。ヘルギの愛称もその一例であるが、彼の場合はその転生と区別するためにより愛称が重要となる。

　フンディング殺しのヘルギは、その前世においてノルウェー王ヒョルヴァルズの子として生まれた。彼は唖であったために名を与えられず、ヒョルヴァルズの子と呼ばれていた。彼に英雄の資質を見出したヴァルキュリャのスヴァーヴァ（シグルーンの前世）は、彼にヘルギの名と名剣を与え、その守護者となった。スヴァーヴァの加護を得たヘルギは数々の武功をたて、やがて彼女と結ばれることとなる。しかし、この幸福は長続きしない。スヴァーヴァに横恋慕したヘルギの弟ヘジンが、宴席の際の神聖な誓いにおいて兄の嫁を我が物にすると宣言してしまうのである。これが呪いとして働き、後の戦いでヘルギは命を落とすこととなった。

　一方、フンディング殺しのヘルギが生まれ変わったのは、スウェーデンのハッディンギャルの勇士ヘルギである。彼はシグルーンの生まれ変わりであるヴァルキュリャ、カーラの加護を受けて戦場を駆け巡っていた。しかし、デンマーク人との戦いの最中、剣を高く振り上げすぎたため、白鳥に姿を変えて後ろを飛んでいたカーラを斬りつけて殺してしまう。当然、彼女の加護を失ったヘルギ自身も無事では済まず、この戦いで命を落とすこととなった。

関連項目
- オーディン→No.017
- ヴァルキュリャ→No.022
- ノルン→No.037
- シグムンド→No.067

No.069
シグルズ

Sigurðr

竜殺しとして名をはせた英雄シグルズ。彼は愛する女性を裏切ったがために命を落とすこととなる。

●竜殺しの英雄

　竜殺しの英雄として名高いシグルズは、ヴォルスング家の王**シグムンド**の息子である。シグムンドの死後、母ヒョルディーズがデンマーク王ヒアールプレクの王子アールヴと再婚したため、シグルズは少年時代を彼の元ですごした。このときシグルズの世話をしたのが名鍛冶屋のレギンである。

　立派な青年に成長したシグルズは、父の敵であるフンディング家を滅ぼし復讐を遂げる。さらに、レギンの勧めにより彼の兄で黄金に魅せられ竜と化した**ファヴニール**を倒した。レギンの要求によりファヴニールの心臓を焼いていたシグルズは、偶然その血を舐めてしまい動物の言葉を理解できるようになる。小鳥のさえずりからレギンの裏切りを知ったシグルズは彼を殺し、黄金を愛馬グラニに積み込んで帰路についた。

　途中、小鳥たちに勧められ、シグルズはヒンダルフィアルという山に立ち寄る。そこには炎に囲まれた館があり、1人の**ヴァルキュリャ**が眠りについていた。シグルズは彼女を救い出すと、様々な知識を授けられる。

　冒険の後、ヘイム王の元に身を寄せたシグルズは、そこでヘイム王の義姉**ブリュンヒルド**と結婚の約束を交わす。なお、『詩のエッダ』の「ブリュンヒルドの冥府への旅」は、シグルズがヒンダルフィアルの山頂で助けたヴァルキュリャこそがブリュンヒルドだったとしている。

　しかし、シグルズはギューキ王の元を訪れた際、彼の娘グズルーンを娶ってしまう。さらに、シグルズは義兄弟となったギューキの息子グンナルのため、かつて愛したブリュンヒルドを欺き、彼の妻にしてしまうのである。これによりブリュンヒルドの恨みを買ったシグルズは、彼女の手によって命を落とすこととなった。ブリュンヒルドは、シグルズの黄金に目がくらんだグンナルを焚きつけ、シグルズを暗殺させるのである。

竜退治の英雄　シグルズ

所　属
人間

主な持ち物
グラム（剣）／グラニ（馬）他

関係の深い神や人物
オーディン／ファヴニール／ブリュンヒルド

解説
ゲルマン文化圏の竜退治の英雄。ドイツで成立した騎士道物語『ニーベルンゲンの歌』や、ドイツの作曲家ワーグナーの作品ではジークフリートと呼ばれる

特徴
ファヴニールの血や心臓の魔力で、小鳥や動物の言葉を理解できる。また、ルーン文字の知識や医術の心得もあった

『詩のエッダ』やサガにおける主なシグルズの冒険

ファヴニール退治
養父レギンにそそのかされ、ファヴニールを退治。しかし、竜の血や心臓の魔力によりレギンの裏切りを知ったシグルズは、彼を返り討ちにして黄金を持ち帰る

↓

ヴァルキュリャの救出
ヒンダルフィアル山の山頂に眠るヴァルキュリャの呪いを解き、彼女から様々な知識を授けられた

↓

グズルーンとの結婚とグンナルの嫁とり
ギューキ王の元を訪れ、彼の娘グズルーンと結婚。その後、義兄弟となったグンナルのため、彼に変装してアトリ王の妹ブリュンヒルドに求婚し、婚約を成立させる

↓

暗殺による最期
グズルーンとの争いから、もともとシグルズに想いを寄せていたブリュンヒルドは暴走。彼女にたきつけられたグンナルによって暗殺される

関連項目
- ヴァルキュリャ→No.022
- シグムンド→No.067
- ファヴニール→No.070
- ブリュンヒルド→No.071

No.070
ファヴニール
Fáfnir

呪われた黄金に魅せられた家族。父を殺して黄金を手に入れた長男は、人の姿を捨て竜になった。

●人の姿を捨てた恐ろしい竜

　ファヴニールは、『詩のエッダ』やサガに姿を現す竜である。その姿は輝く鱗に包まれ、毒の息を吐くという恐ろしげなものであった。しかし、彼は賢者と呼ばれるほど賢く、その心臓や血には動物の言葉を理解できるようになるという魔力が秘められていたという。また、フロッティと呼ばれる剣を持ち、人に恐怖を与えるエギルの兜をかぶっていたともされる。『詩のエッダ』の「レギンのことば」や「ファヴニールのことば」などによれば、彼はもともと人間であった。しかし、主神**オーディン**が彼らの家族にもたらした**アンドヴァリの黄金**によって、その人生は狂っていくことになる。その黄金は、彼の弟であるオッタルが神々の過失によって殺害された際の賠償として、彼らの家族にもたらされたものだった。しかし、その入手方法が不当なものであったために、もともとの持ち主であるアンドヴァリによって呪いをかけられたのである。黄金の輝きに魅せられたファヴニールは、弟レギンと共に父フレイズマルを殺害、さらにレギンや妹たちを追い出して黄金を独り占めする。そして、グニタヘイズと呼ばれる野原に洞窟を造って黄金を隠し、竜に姿を変えてその上に横たわった。

　しかし、黄金の呪いは彼にも破滅をもたらすことになる。彼同様に、黄金に魅せられていたレギンが、当時一番の勇者で彼の養子であった**シグルズ**をそそのかし、彼を殺害させようと考えたのだ。シグルズはファヴニールが水を飲むために通る道に穴を掘って隠れると、彼が上を通った瞬間を逃さずに名剣グラムで心臓を突き通す。それが致命傷となり、ファヴニールは命を落とした。死ぬ前の一瞬、彼は正気に戻りシグルズに、黄金に手を出さないように忠告したという。しかし、その忠告は受け入れられることはなく、シグルズやその親族に破滅をもたらしていくのである。

黄金に魅せられた悪竜　ファヴニール

所　属
不明

所　在
グニタヘイズ

解説
神々に呪われた黄金を与えられたフレイズマルの息子。父を殺害して黄金を奪った後、竜の姿となる。彼の黄金を欲した弟レギンの策略により、シグルズに退治された

特徴
地を這い、輝く鱗を持つ竜。毒の息を吐く。その心臓や血には、動物の言葉を理解できるようになる魔力が備わっている

―― 主な持ち物 ――
フロッティ（剣）／エギルの兜／アンドヴァリの黄金

―― 関係の深い神や人物 ――
オーディン／ロキ／シグルズ／フレイズマル／レギン

ファヴニールと周囲の関係

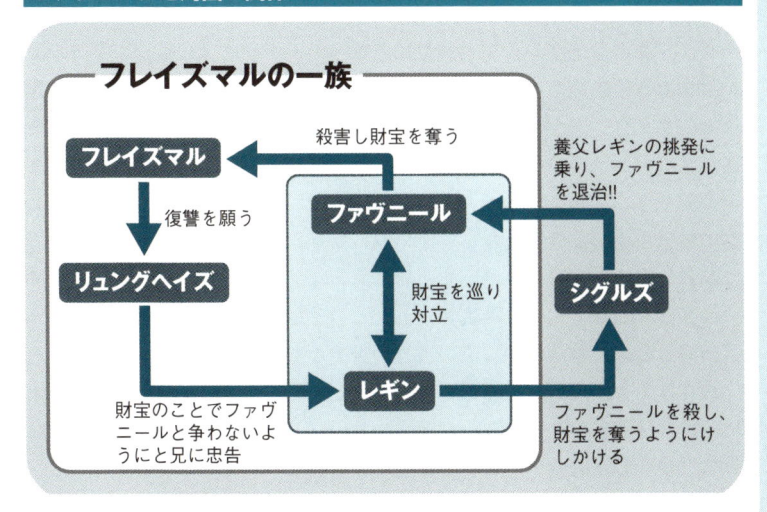

フレイズマルの一族

- フレイズマル ←（殺害し財宝を奪う）― ファヴニール
- フレイズマル →（復讐を願う）→ リュングヘイズ
- ファヴニール ⇔（財宝を巡り対立）⇔ レギン
- リュングヘイズ →（財宝のことでファヴニールと争わないようにと兄に忠告）→ レギン
- レギン →（ファヴニールを殺し、財宝を奪うようにけしかける）→ シグルズ
- シグルズ →（養父レギンの挑発に乗り、ファヴニールを退治!!）→ ファヴニール

関連項目
- オーディン→No.017
- シグルズ→No.069
- アンドヴァリの黄金→No.082

No.070　第2章●北欧神話の登場人物

No.071
ブリュンヒルド
Brynhildr

炎に包まれた館に住む美しい王女。彼女は得られなかった愛のために周囲に破滅をもたらしていく。

●愛に狂った王女

　ブリュンヒルドは『詩のエッダ』やサガにその名が見られるブズリ王の娘で、アトリ王の妹である。『詩のエッダ』の「ブリュンヒルドの冥府への旅」によれば、彼女は**ヴァルキュリャ**であった。しかし、主神**オーディン**に逆らったために眠りの呪いをかけられてしまったのだという。

　彼女はヒンダルフィアルという山の上にある、炎で囲まれた館で深い眠りについていた。そんな彼女を救ったのが、竜殺しの英雄として知られる**シグルズ**である。彼はブリュンヒルドに愛をささやき婚約を交わす。しかし、最終的にはギューキ王の娘グズルーンと結婚してしまう。

　ギューキの息子グンナルと義兄弟となったシグルズは、彼がブリュンヒルドを娶る手伝いをするために再びヒンダルフィアルを訪れた。だが、館に近づくと、グンナルの馬は炎を恐れて動こうとしない。やむをえず、シグルズはグンナルに変装し、愛馬グラニと共に炎を飛び越えブリュンヒルドの元へと向かった。炎を飛び越えたグンナルを見たブリュンヒルドは、彼の勇気を認めその妻となる。その後、ブリュンヒルドはそれなりに幸せに暮らしていた。ところが、ある時グズルーンと争ったことから、全てのカラクリを知ってしまう。裏切られたという思いと、断ち切れないシグルズへの思慕は、彼女の中に暗い復讐の炎をともすこととなる。

　彼女は夫とその弟ヘグニをそそのかすと、シグルズを暗殺させようとした。彼らは義兄弟を殺すことに躊躇するが、最終的にはシグルズの持つ黄金に目がくらみ弟のグトホルムに彼を殺害させる。

　シグルズの死を知ったブリュンヒルドは、一通り高笑いをした後に自刃し、シグルズと共に火葬してくれと言い残して果てた。結局、彼女にとってはシグルズが全てだったのである。

愛に身を焼き尽くしたヴァルキュリャ　ブリュンヒルド

所　属
アース神族／人間

解説
ブズリ王の娘で、アトリ王の妹。ヴァルキュリャであったが、主神オーディンに逆らい呪われた。シグルズへのかなわぬ想いに狂い、夫グンナルに彼を暗殺させてしまう

特徴
美しいヴァルキュリャ。『ヴォルスンガ・サガ』では、予言の力やルーン文字の知識、魔術の知識を持っていたとされる

— 主な持ち物 —
アンドヴァラナウト（指輪）

— 関係の深い神や人物 —
オーディン／シグルズ

ブリュンヒルドとその周囲

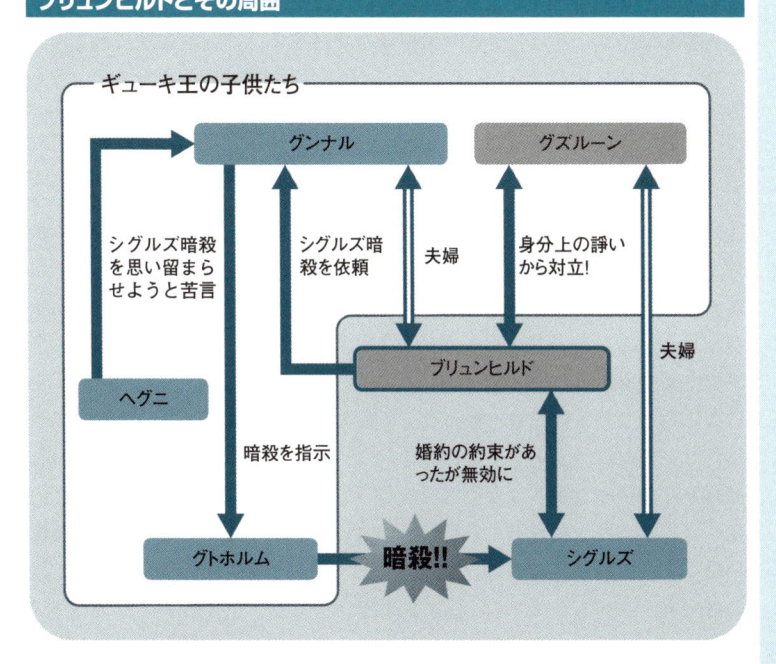

― ギューキ王の子供たち ―

- グンナル ― グズルーン
- グンナル → ブリュンヒルド：シグルズ暗殺を依頼
- ブリュンヒルド → グンナル：シグルズ暗殺を思い留まらせようと苦言
- グンナル ⇔ ブリュンヒルド：夫婦
- グズルーン ⇔ シグルズ：夫婦
- ブリュンヒルド ⇔ グズルーン：身分上の諍いから対立！
- ヘグニ
- グトホルム：暗殺を指示
- ブリュンヒルド ⇔ シグルズ：婚約の約束があったが無効に
- グトホルム → シグルズ：暗殺！！

関連項目
- ●オーディン→No.017
- ●ヴァルキュリャ→No.022
- ●シグルズ→No.069

第2章●北欧神話の登場人物

No.072
ヴェルンド
Völundr

捕らえられ、妻のための財宝や自由を奪われた伝説の名工は復讐の鬼と化した。

●ヴァルキュリャを妻とした伝説の名工

　ヴェルンドは『詩のエッダ』の「ヴェルンドの歌」などに見られる伝説的な名工である。その起源は古く、ゲルマン文化圏の多くの国々で知られていたという。

「ヴェルンドの歌」によれば、ヴェルンドはフィン国の王子であった。あるとき彼は、2人の兄と共にスキーで狩りに出かけ、狼谷と呼ばれる土地で宿泊をする。翌朝、3人は家の近くにある狼池で、3人の**ヴァルキュリャ**たちが白鳥の羽衣を脱いで機織りをしているのを見つけた。彼らは彼女たちを連れ帰り、自分たちの妻とする。7年間、彼らは幸せに暮らしていた。しかし、8年目になると彼女たちは戦場を訪れるために旅立ってしまう。上の兄2人は妻を取り戻すために旅に出たが、ヴェルンドは妻のための腕輪を作りながら待っていた。

　ある時、彼の細工の腕を聞きつけたニャーラルの王ニーズズは、彼を捕らえると足の腱を切り、セーヴァルスタズと呼ばれる孤島に幽閉する。名工である彼を独り占めしようとしたのだ。彼は境遇に絶望しながらも、王の要求どおりに宝物を作り続けた。しかし、彼はひそかに復讐の機会をうかがっていたのである。まず、彼は島を訪れたニーズズの2人の王子を殺し、遺体から酒盃や首飾りなどの宝物を作って王に贈る。さらに、ニーズズの娘ベズヴィドルが彼を訪れた際に、彼女に酒を飲ませて酩酊させ乱暴を働いた。これで満足したのか、彼は鳥の翼で作った飛行翼を身にまとうと空に舞い上がり、ニーズズの王宮に向かう。そして、王子たちを殺害したこと、ベズヴィドルに乱暴し2人の間には子供ができたことを告げた。青ざめる王をあざ笑うと、ヴェルンドはニーズズの王宮から飛び去っていく。彼がその後どうなったのかについては、この物語は何も伝えていない。

伝説の名工　ヴェルンド

所　属
人間

解説
ゲルマン文化圏で知られる伝説の名工。欲に目のくらんだ王に捕らえられ財宝を作らせられるものの、機転により逆に王をやり込めるという話が多く残されている

特徴
「ヴェルンドの歌」によれば、ニーズズ王によって足の腱を切られてしまっている

― 主な持ち物 ―
鳥の羽で作った飛行翼

― 関係の深い神や人物 ―
ヴァルキュリャ

「ヴェルンドの歌」における人物相関図

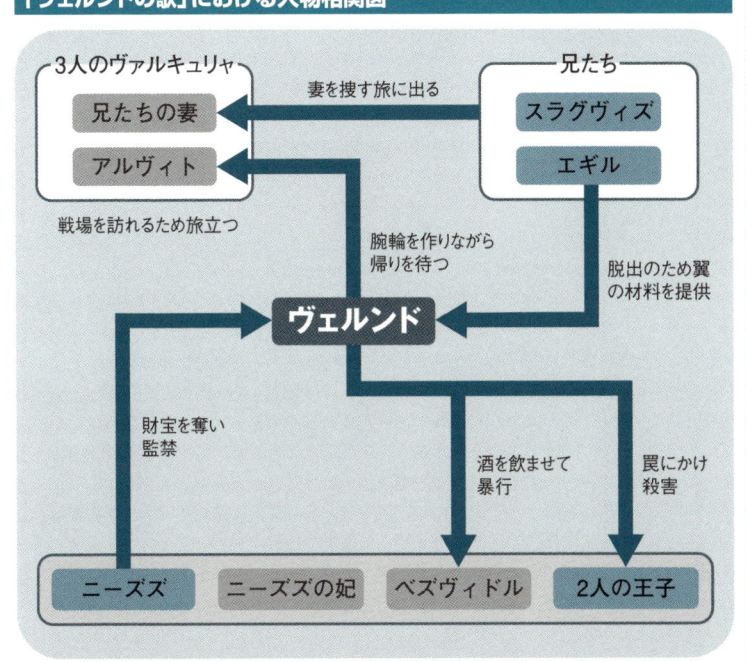

3人のヴァルキュリャ
- 兄たちの妻
- アルヴィト

兄たち
- スラグヴィズ
- エギル

妻を捜す旅に出る

戦場を訪れるため旅立つ

腕輪を作りながら帰りを待つ

脱出のため翼の材料を提供

ヴェルンド

財宝を奪い監禁 → ニーズズ
ニーズズの妃
酒を飲ませて暴行 → ベズヴィドル
罠にかけ殺害 → 2人の王子

関連項目
● ヴァルキュリャ→ No.022

No.072　第2章●北欧神話の登場人物

ギューキー族のその後

　北欧神話において最も華々しい英雄シグルズを殺害し、アンドヴァリの黄金を手に入れたグンナルらギューキー族。彼らはその後、どのような人生を送ったのだろうか。

　自らの兄弟によって愛する夫や息子を殺害されたグズルーンは、シグルズの遺児スヴァンヒルドを出産した後もショックから立ち直ることができずにいた。兄グンナルやヘグニの謝罪は、一切彼女の心に届くことはなかったのである。グズルーンの母グリームヒルドは、彼女がやがて立ち直り親族に仇なすことを恐れ、薬を飲ませてグンナルたちへの憎しみを忘れさせてしまう。さらに、家族から引き離すため、強引にブリュンヒルドの兄でフン族の王アトリに嫁がせた。もっとも、このような結婚で愛がはぐくまれるはずもなく、グズルーンは鬱屈した思いを抱きながら暮らすことになる。

　一方、彼女の兄グンナル、ヘグニたちは、知らず知らずのうちに危機的状況に追い込まれていた。グズルーンの夫アトリが、彼らがシグルズからせしめた黄金を狙って彼らを謀殺するための計画を進めていたのである。計画に気づいたグズルーンは、グンナルたちに警告を発するものの、彼らはそれを意に介さなかった。また、彼らの妻も悪い夢を見たと警告を発するものの、グンナルたちはその警告を退けてしまう。結局、グンナルたちはアトリの計画に従って少数の手勢のみを引き連れ、アトリの罠が待つ王宮へ招待されることとなった。しかし、何か感じるところはあったのであろう、彼らは出発に際してアンドヴァリの黄金をライン川に沈めていく。

　アトリは大軍を率いてグンナルたちを待ち構えていた。グンナルたちは善戦するものの多勢に無勢、やがてグンナルとヘグニは捕らえられてしまう。アトリはグンナルから黄金のありかを聞き出そうとするものの、彼はヘグニの心臓を持ってくるまで話すことはないと答えた。そこでまず奴隷の心臓をヘグニの心臓と偽ってグンナルに見せるが、彼はすぐにそれを弟のものではないと見破る。そこで次にヘグニの心臓を持ってくると、グンナルは満足したように「これで自分以外黄金のありかを知るものはいない」と答え、黄金のありかを喋る気がないことを示した。業を煮やしたアトリは彼を蛇で満たされた穴に閉じ込める。グンナルはそこでグズルーンの差し入れた竪琴をかき鳴らしながら非業の死を遂げた。

　兄弟の復讐を考えたグズルーンは、アトリとの間に生まれた王子たちを殺害し、これを祝宴の酒に混ぜアトリに飲ませる。彼女の行為を知ったアトリは正気を失い、酒を片端から飲んで泥酔してしまう。そこで彼女はグンナルたちの子を呼び寄せ、アトリを殺害させた。そして王宮に火を放ち、アトリの一族とその家臣を皆殺しにしたのである。その後、グズルーンは海に身を投げるものの死ねず、ヨーナク王の妻となったという。しかし、彼女に幸福が訪れることはなかった。

第3章
不思議な道具と動物たち

No.073
ルーン文字
Rún

北欧の主神オーディンによって発明されたとされるルーン文字。それではルーン文字とは実際にはどのようなものだったのだろうか。

●オーディンの見出した神秘の文字

　北欧神話におけるルーン文字は、主神**オーディン**によって見出されたとされる、呪力を持つ文字である。彼はその秘密を掴むために、9日9晩もの間、飲まず食わずで世界樹**ユグドラシル**の枝に首を吊ったという。

　ルーン文字は様々なものに刻みつけることで記述され、正しい用法で用いれば様々な効果を挙げることができた。『詩のエッダ』の「シグルドリーヴァのことば」には、勝利を願う際に用いるテュールのルーン、麦酒を清めるために用いるナウズのルーン、妊婦を助けるための安産のルーンなど様々なルーンとその効用が挙げられている。また、特別に強い力を持つ神々や、魔法の品々にもルーン文字は刻まれていた。

　強力な効用を持つとされるルーン文字であるが、決して万能なものではない。『詩のエッダ』の「スキールニルの旅」によれば、ルーン文字の効果は刻んだ文字を削り取ることによって消すことができた。同様の記述は『エギルのサガ』の中にも見られる。さらに、用法を間違えれば予想だにしない結果をもたらすこともあった。

　実際のルーン文字は、神話のような神秘的な文字ではない。宗教的、呪術的な用法も存在したが、どちらかと言えば日常的な言語であった。ルーン文字は通常、最初の6文字をとって「フサルク」と呼ばれる。元来、木に刻み付けることを目的として作られた文字で、木目と区別できるように木目と直角に交わる長い縦線と、斜めの短い横線や点で構成されていた。

　異教時代の北欧で使われていたルーン文字には、長枝ルーンと、短枝ルーンの2種類が存在している。現在、占いで使用される24文字とは違い、これらのルーン文字は16文字であった。当時の人々の言語の音韻が変化したことにより、それに対応する形で文字が少なくなったのだという。

異教時代の北欧で使われた主なルーン文字

長枝（デンマーク）ルーン

ᚠ	ᚢ	ᚦ	ᚭ	ᚱ	ᚴ	ᚼ	ᚾ	ᛁ	ᛅ	ᛋ	ᛏ	ᛒ	ᛘ	ᛚ	ᛧ
f	u	b	a/o	r	k	h	n	i	a	s	t	b	m	l	R

短枝（スウェーデン＝ノルウェー）ルーン

ᚠ	ᚢ	ᚦ	ᚭ	ᚱ	ᚴ	ᚽ	ᚿ	ᛁ	ᛆ	ᛌ	ᛐ	ᛓ	ᛙ	ᛚ	ᛧ
f	u	b	a/o	r	k	h	n	i	a	s	t	b	m	l	R

ルーン文字の意味と効用

北欧におけるルーン文字の名称と意味

		名称	意味
1	ᚠ	fé	富
2	ᚢ	úr	鉱滓、にわか雨
3	ᚦ	Þurs	巨人
4	ᚭ	óss	アース神族（オーディン）
5	ᚱ	reið	騎馬
6	ᚴ	kaun	ねぶと（腫れ物）
7	ᚼ	hagall	雹
8	ᚾ	nauð	困苦
9	ᛁ	íss	氷
10	ᛅ	ár	豊作
11	ᛋ	sól	太陽
12	ᛏ	Týr	テュール（軍神、制約の神）
13	ᛒ	bjarkan	樺、白樺
14	ᛘ	Maðr	人間（トゥイスコー神の末裔）
15	ᛚ	lögr	水
16	ᛧ	ýr	イチイ

『詩のエッダ』に描かれるルーン文字

医療のルーン＊	傷を癒すために使う
愛のルーン＊	人々の愛を得るために使う
勝利のルーン（↑）	勝利を望む際に使う
麦酒のルーン（ᚾ）	角杯を清め、毒や災いを除く
安産のルーン＊	妊婦の分娩を助けるために使う
波のルーン＊	海路の安全を祈る際に使う
枝のルーン＊	医者になって傷を見ようとするときに使う
雄弁のルーン＊	民会で使う、恨みや憎しみでを回避する
知恵のルーン＊	誰よりも賢くなりたいときに使う
眠りのルーン（ᛋ）	対象を深い眠りに落とすときに使う
病気のルーン（ᚦ）	女性を病気にするときに使う

＊対応するルーン文字は不明

関連項目

●ユグドラシル→No.015　　●オーディン→No.017

No.074
セイズ呪術と呪歌ガルドル
Seiðr & Galdr

魂を操る呪術や、様々な効果を持つ呪歌。北欧神話の世界には、ルーン文字以外にも多くの呪術が存在していた。

●セイズ呪術

　北欧には**ルーン文字**の他にも様々な呪術が存在した。その中でも特に有名なものがセイズ呪術である。『ヘイムスクリングラ』の序章「ユングリンガ・サガ」によれば、セイズ呪術は**ヴァン神族**の女神**フレイヤ**によって**アース神族**にもたらされた技術で、その本質は魂を操ることにあった。その使い手は、この世をさまよう霊を呼び寄せて予言を受け、また己の魂を肉体から分離して遠く離れた土地で起きたことを知ることができたという。

　セイズ呪術は激しい忘我状態と性的恍惚感を伴う技法であり、その使い手は通常女性とされた。彼女たちは巫女や女預言者と呼ばれ、様々な呪術的な小道具や、助手による呪歌ヴァルズロックの歌唱の手助けを借りて呪術を執り行う。こういった巫女はキリスト教が流入した後もしばらくは生き延びており、『赤毛のエイリークのサガ』には彼女たちが術を使う様子が描かれている。女性の呪術であるセイズを男性が使うことは、当時の人々にとっては不快なことであった。彼らの味わう性的恍惚感が同性愛、特にその女役を連想させるものだったのだ。そのため、セイズ呪術を使う**オーディン**は、『詩のエッダ』の「ロキの口論」において「女々しいヤツ」と悪神**ロキ**に罵倒されている。

●呪歌ガルドル

　セイズ呪術についで有名な呪術に、呪歌ガルドルがあった。ガルドルは歌によって様々な効果をもたらす呪術である。オーディンはこの呪術の使い手ともされ、呪歌の鍛冶屋と呼ばれていた。オーディンの他には、雷神トールの頭にめり込んだ砥石を取り出そうとした巫女グロアなどが主な使い手として知られている。

セイズ呪術とは

セイズ呪術

女神フレイヤによってアース神族にもたらされた呪術で、主に魂を操って効果を得る。ヴァン神族の間では、ごく普通に使用されていたという

使用条件
- 様々な儀式
- 仰々しい衣装、小道具
- 呪歌ヴァルズロック

主な使い手
- オーディン
- フレイヤ
- 巫女、女預言者

主な効果
- 自分の魂を肉体から切り離して情報収集を行う
- 死者たちの霊を呼び寄せ、情報収集を行う

欠点
- 激しい忘我状態を伴う
- 性的恍惚感を伴う

呪歌ガルドルとは

呪歌ガルドル

北欧神話のあちこちに散見される、比較的原始的な呪術。ガルドル律という特殊な韻律に基づく歌を歌うことで、治療など呪術的な効果をもたらした

使用条件
- ガルドル律(内容、表現の反復と並行法と形式的強化)に基づく歌唱

主な使い手
- オーディン
- 巫女グロア

主な効果
- 様々

関連項目

- アース神族→No.016
- オーディン→No.017
- ヴァン神族→No.040
- フレイヤ→No.044
- ロキ→No.057
- ルーン文字→No.073

第3章 ●不思議な道具と動物たち

No.075
ミーミルの首

Míms höfuð

オーディンが頼りとするミーミルの首。この頭の持ち主は、知恵の泉の番人をする賢い巨人だった。

●様々な知識を授ける魔法の頭

　ミーミルの首は、様々な知識を授けてくれる魔法の頭である。『詩のエッダ』の「シグルドリーヴァのことば」には、この頭は「思慮深くその最初の言葉を語り、**ルーン文字**で記された真実の知恵を告げた」と語られている。『詩のエッダ』の「巫女の予言」や『スノッリのエッダ』によれば、この頭の持ち主であった巨人ミーミルは、世界樹**ユグドラシル**の根の1本が伸びている知恵の泉の持ち主であり、その泉の水を毎朝飲むことによって優れた知識を得ていた。主神**オーディン**の知識が、もとはと言えば片目を担保にして1口だけ飲ませてもらったこの泉の水に起因していると言えば、彼の知識の深さがわかるだろう。オーディンはその知識を頼りにしており、最終戦争ラグナロクの際には、何をおいてもまず彼に助言を求めたという。『ヘイムスクリングラ』の序章「ユングリンガ・サガ」は、ミーミルの首が作られた経緯を次のように説明している。**アース神族**と**ヴァン神族**は、長い戦争に嫌気が差し和平を結ぶことになった。そこで人質交換が行われ、アース神族からはヘーニルとミーミルが、ヴァン神族からは**ニョルズ**の一家がそれぞれ送り出される。ヘーニルは見かけが立派だったのですぐにヴァン神族の統領として祭り上げられた。しかし、すぐにあまりものを考えない神で、すべての判断はミーミルにまかせっきりだったということが露見してしまう。怒ったヴァン神族は、ミーミルの首を切り、その頭をアース神族に送り返した。オーディンはミーミルの首を受け取ると薬草で処置を施す。そして呪文で強化すると、その頭から必要な知識が取り出せるようにした。なお、「ユングリンガ・サガ」の記述を廃して、ミーミルがラグナロクまで生存して泉の番をしているという説も存在する。これによれば、ミーミルは泉から頭を出して物事を語るのだという。

オーディンの知恵袋

ミーミルの首

主神オーディンの所持品の1つ。ヴァン神族に人質として差し出され、首をはねられた巨人ミーミルの首にオーディンが魔術的処置を施したもの。彼の持つ豊富な知識を語り、世界で起こる出来事を知らせるという

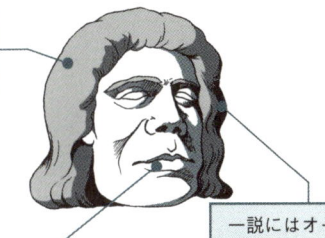

- ミーミルの泉の守護者で、オーディンですら足元にも及ばない知識量を誇る
- 薬草を摺りこまれ、魔術的に強化されており、様々な知識を語ることができた
- 一説にはオーディンの叔父ともされる

ミーミルの首が作られた経緯

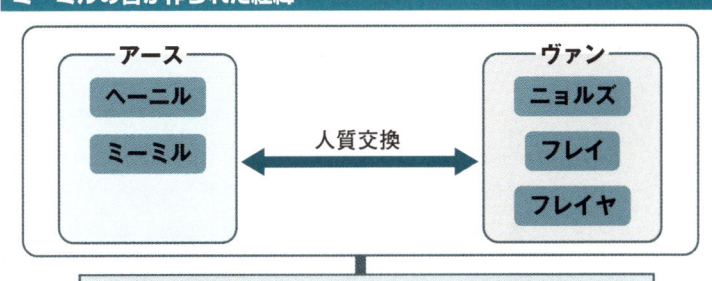

アース
- ヘーニル
- ミーミル

⇔ 人質交換 ⇔

ヴァン
- ニョルズ
- フレイ
- フレイヤ

↓

ヘーニルの無能ぶりに騙されたと感じたヴァン側が激怒。彼の知恵袋であったミーミルの首をはね、アース側に送り返す

↓

オーディン
- ミーミルの知識を得るための陰謀?
- ミーミルの知識を惜しんだ?

→ 魔術的処置 → **ミーミルの首完成!!**

関連項目
- ユグドラシル→ No.015
- アース神族→ No.016
- オーディン→ No.017
- ヴァン神族→ No.040
- ニョルズ→ No.041
- ルーン文字→ No.073

第3章 ● 不思議な道具と動物たち

No.076
詩人の蜂蜜酒

詩人たちに詩の才能を与える魔法の蜂蜜酒。それは小人たちの手によって賢者の血から醸されたものだった。

●賢者の血から醸された、詩の才能を授ける蜂蜜酒

　主神**オーディン**が所持する詩人の蜂蜜酒は、飲むものに詩の才能を授けるという魔力を秘めた品である。この蜂蜜酒は、フィアラルとガラルという**ドヴェルグ（小人族）**が、賢者クヴァシルの血から醸したものだという。

　クヴァシルは、**アース神族**と**ヴァン神族**が講和した際に混ぜ合わせた唾から生まれた人間だった。優れた知識の持ち主であり、その知識を人々の役に立てるために旅をしていたが、フィアラルたちに殺害され、その血を搾り取られてしまう。フィアラルたちは彼の血に蜂蜜を混ぜると、オーズレリという釜、ソーン、ボゾンという壺の3つの容器に分けて蜂蜜酒を醸した。その後、この蜂蜜酒はフィアラルたちの悪戯で両親を殺害された巨人スットゥングに、賠償の品として譲り渡されることとなる。

　スットゥングは、蜂蜜酒をフニトヴォルグの洞窟に隠し、娘のグンロズに番をさせていた。その存在を知ったオーディンは、スットゥングの弟バウギの9人の奴隷を殺し、人手不足に悩む彼の家に下働きとしてもぐりこむ。そして、9人分の働きと引き換えに詩人の蜂蜜酒を要求した。バウギを説き伏せたオーディンは、洞窟の入り口に錐で穴をあけさせると、後悔する彼が止めるまもなく蛇の姿になってもぐりこんでしまう。

　洞窟の中でグンロズと出会ったオーディンは彼女を誘惑し、3口だけ蜂蜜酒を飲んで良いという約束を取り付ける。そして、3口で全ての蜂蜜酒を飲み干すと鷲の姿に変身し、唖然とするグンロズを残して飛び去った。

　その後、巨人たちの追跡を振り切ったオーディンは、蜂蜜酒を壺に吐き戻して保管する。なお、慌てていたオーディンは、この際に少しだけ蜂蜜酒をこぼしていた。これは詩人の蜂蜜酒ほど効果がなかったようで「へぼ詩人の分け前」と呼ばれていたそうである。

賢者クヴァシルの誕生

```
アース神族 ←和解→ ヴァン神族
    ↓唾         唾↓
       [壺]  →  賢者クヴァシル誕生
```

神々は和解の証として壺に吐き入れられた唾から1人の人間を生み出した

オーディンが詩の蜂蜜酒を手に入れるまで

詩人の蜂蜜酒の誕生
ドヴェルグ（小人族）のフィアラルとガラルが賢者クヴァシルを殺害しオーズレリルの釜、ソーンの壺、ボズンの壺に詩人の蜂蜜酒を醸す

ドヴェルグの賠償
フィアラルらに両親を殺害された巨人スットゥングは、その賠償の品として蜂蜜酒を手に入れる

オーディンの策略
蜂蜜酒の存在を知ったオーディンは、スットゥングの弟バウギの奴隷を殺害し、人手不足に悩む彼の家に入り込む

グンロズ誘惑
バウギをけしかけて蜂蜜酒の隠し場所にたどり着いたオーディンは、その番人グンロズを篭絡し、酒を手に入れる

関連項目
- アース神族→No.016
- オーディン→No.017
- ヴァン神族→No.040
- ドヴェルグ（小人族）→No.063

No.077
フギンとムニン、ゲリとフレキ
Huginn&Muninn, Geri&Fureki

主神オーディンが使役する2羽の鴉と2匹の狼。彼らは単なる随獣ではなく、オーディンの神格そのものを表す象徴だった。

●フギンとムニン

　フギンとムニンは主神**オーディン**の肩にとまる2羽の鴉で、名はそれぞれ「思考」と「記憶」を意味する。『ヘイムスクリングラ』の序章「ユングリンガ・サガ」によれば、この2羽はオーディンにより人間の言葉を教え込まれていた。オーディンは早朝になると2羽を放ち、世界中の情報を探らせたのだという。『スノッリのエッダ』の「ギュルヴィの惑わし」では、この2羽は朝食の頃に彼の元へ戻り、集めた情報を伝えたとされている。

　しかし、この2羽はオーディンの一側面に過ぎない可能性も高い。「ユングリンガ・サガ」によれば、彼は自らの魂を肉体から切り離し、鳥や獣に変えて世界中を探らせることができた。また、『詩のエッダ』の「グリームニルのことば」にも、オーディンが2羽の鴉が戻らないのを心配する記述がある。自身の分身であるなら当然のことだろう。

●ゲリとフレキ

　ゲリとフレキは、共に「貪欲」の名を持つオーディンの随獣である。『スノッリのエッダ』の「ギュルヴィの惑わし」によれば、食物としてワインしか口にしないオーディンに代わり、ヴァルハラで振る舞われる牝豚セーフリームニルの肉を平らげているのだという。

　しかし、ケニング（言いかえ）では狼全般の代名詞として使われることが多く、また死体とも関係が深い。「ゲリのビール」と言えば「血」を、「フレキの小麦」と言えば「死体」を指す。こうした表現から鑑みるに、彼らは本来オーディンが引き起こす戦争と、それによる惨状を暗喩したものだったのだろう。前述の「グリームニルのことば」には単純に、オーディンが彼らを養うと書かれている。つまり、戦死者こそが彼らの食事だったのだ。

オーディンの随獣1

フギン、ムニン／Huginn,Muninn

オーディンの肩にとまる2羽の鴉。それぞれ「思考」と「記憶」を意味する。オーディンの命を受け、情報収集を行う

オーディンの手なずけた鴉?

夜明けに送り出され、朝食には戻り世界の情勢をオーディンに伝える

人の言葉を理解できるように調教された鴉を飼っている

オーディンの魂?

オーディンは魔術によって魂を分離し、鳥の姿などで各地に飛ばす

オーディンは2羽の鴉の安否を極度に心配している

オーディンの随獣2

ゲリ、フレキ／Geri,Fureki

ヴァルハラでの酒宴においてオーディンの足元にはべるとされる2頭の狼。名の意味はそれぞれ「貪欲」を意味している

オーディンのペット?

ワインしか口にしないオーディンに代わり、彼の食卓に並べられた肉を与えられる

オーディンの属性を示す?

「狼の餌」は死体のケニング（言いかえ）。「狼に餌を与える」となると、戦争で多くの敵を滅ぼすことを指す

関連項目
● オーディン→No.017

No.078
フリズスキャールヴ

Hliðskjálf

主神オーディンとその妻フリッグだけが座ることを許された高座。それは世界を見通す魔力を秘めたものだった。

●世界を見渡すことのできる魔法の高座

　フリズスキャールヴは、主神**オーディン**の所持する高座である。オーディンの住むヴァラスキャールヴ、もしくはヴァルハラに置かれたこの高座には、その上に腰掛けると世界中で起きている物事をつぶさに知ることができるという魔力が秘められていた。その名前には「多くの扉を持つ広間」の意味があり、高座自体を指す名ではなく、高座の置かれた広間を指すと解釈する研究者もいる。

　『スノッリのエッダ』によれば、この高座に座ることが許されていたのは主神であるオーディンとその妻**フリッグ**だけであった。かつて1度だけ豊穣神**フレイ**がこの高座に座ったことがあったものの、それは不遜な行為であり、フレイはその報いを受けたと、神々はギュルヴィ王に語っている。実際、古代ゲルマン社会において高座は非常に重要な存在であった。戴冠式を迎えた王は、丘の上にしつらえられた高座に座ることでその地位を認められたのである。その後の王の生活も高座を中心に行われていたとされており、このような価値観の延長上にフリズスキャールヴに関する決まりごともあったのであろう。

　フリズスキャールヴはその魔力ゆえに事件の発端になることが多い。『詩のエッダ』の「グリームニルのことば」によれば、この高座により養子ゲイルロズ王の成功を知ったオーディンは、それを自慢したために妻フリッグにやり込められることとなった。また、『詩のエッダ』の「スキールニルの旅」などにおいて、フレイが巨人の娘**ゲルズ**への恋わずらいに陥ったのは、オーディンの留守中に慢心したフレイがこの高座に腰をかけたからであった。もっとも事件解決のために働くこともあり、オーディンは神々の元を出奔した悪神**ロキ**を捜しだす際フリズスキャールヴを使用している。

オーディンの玉座

フリズスキャールヴ

アース神族の神殿ヴァラスキャールヴ、もしくはヴァルハラにあるとされる主神オーディンの高座。「多くの扉を持つ広間」とも解釈される

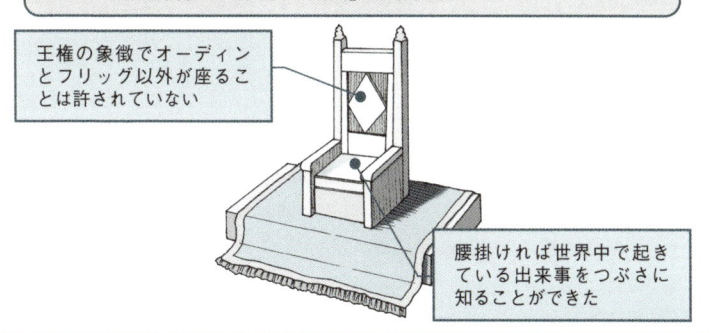

- 王権の象徴でオーディンとフリッグ以外が座ることは許されていない
- 腰掛ければ世界中で起きている出来事をつぶさに知ることができた

フリズスキャールヴを使用した神々

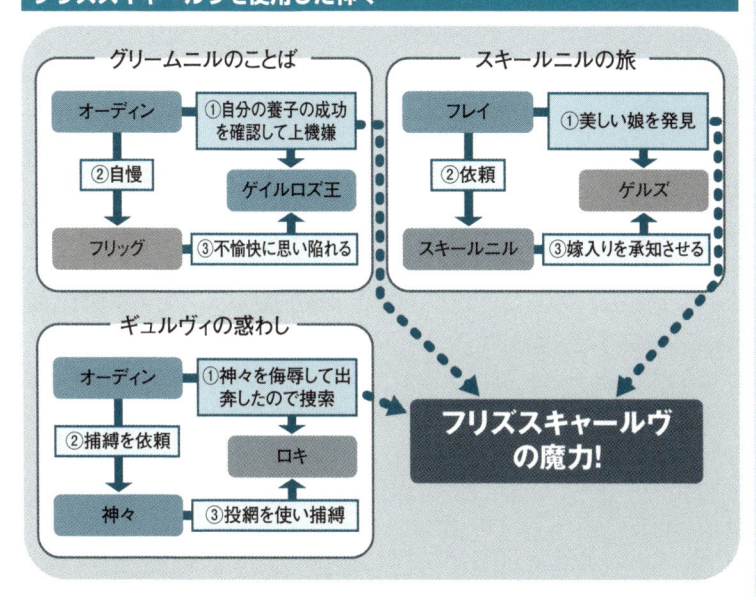

グリームニルのことば
- オーディン →②自慢→ フリッグ
- ①自分の養子の成功を確認して上機嫌 → ゲイルロズ王
- ③不愉快に思い陥れる

スキールニルの旅
- フレイ →②依頼→ スキールニル
- ①美しい娘を発見 → ゲルズ
- ③嫁入りを承知させる

ギュルヴィの惑わし
- オーディン →②捕縛を依頼→ 神々
- ①神々を侮辱して出奔したので捜索 → ロキ
- ③投網を使い捕縛

→ **フリズスキャールヴの魔力!**

関連項目
- オーディン→No.017
- フリッグ→No.033
- フレイ→No.042
- ゲルズ→No.049
- ロキ→No.057

No.079
スレイプニル
Sleipnir

8本の足に灰色の体を持つ主神オーディンの愛馬。その誕生は外見以上に奇妙なものだった。

●地上と死者の国を行き来する8本足の駿馬

「滑走するもの」の意を持つスレイプニルは、主神**オーディン**の乗馬として有名な駿馬である。「馬のうちで最高のもの」ともされるスレイプニルは、灰色の体と8本の足を持つという異様な外見をしていた。一説によれば、灰色の体はスレイプニルがこの世のものではないことを暗示しているという。そのためか、スレイプニルは地上と死者の国の間を行き来することができた。『詩のエッダ』の「バルドルの夢」や『スノッリのエッダ』には、スレイプニルが神々を背に乗せて、死者の国を訪れる様子が描かれている。また、『デンマーク人の事績』によれば、空を飛ぶこともできたようだ。

このように奇怪ながらも優秀な駿馬を産み出したのは、両性具有の悪神**ロキ**であった。『スノッリのエッダ』の「ギュルヴィの惑わし」には次のような話が伝えられている。神々が**アースガルズ**に住み始めた頃、鍛冶屋に化けた巨人がやってきて、アースガルズの周囲に城壁を造ることを申し出た。彼はその報酬として、**フレイヤ**と太陽と月をもらうという条件を提示する。神々が考えあぐねていると、ロキが「半年の間に、他のものの手を借りずに」という条件ならと勧めたので、契約が成立した。しかしこの際、巨人は自分の愛馬スヴァジルファリを使うことを神々に認めさせていたのである。この馬が曲者だった。馬は巨大な石を運ぶうえ、巨人の倍も働いたのだ。神々は次第に焦りを感じ始め、ロキに責任を取るように強要する。脅えた彼が考えた末に採ったのが、牝馬に化けてスヴァジルファリを誘惑するという手段だった。策は見事に成功する。巨人は逆上して神々に襲い掛かるが、雷神**トール**によって返り討ちにされた。その後しばらくして、ロキはスヴァジルファリとの間にできた子馬を生む。それこそが後にスレイプニルと呼ばれることになる子馬だったのである。

世界最高の駿馬

スレイプニル

主神オーディンの乗馬とされる8本足の怪馬。巨人の鍛冶屋の愛馬スヴァジルファリと悪神ロキとの間に生まれたとされる。一説にはその8本の足は棺桶を担ぐ4人の人間の足を表すという

冥界と地上を行き来することができる。全身灰色の体は、冥界との関係を表すという説もある

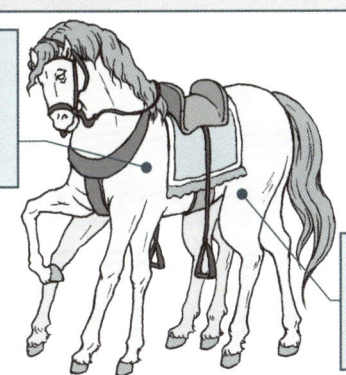

8本の足で空や海をすばらしい速さで駆けることができ、「馬の中では最高のもの」とされる

スレイプニルとその一族

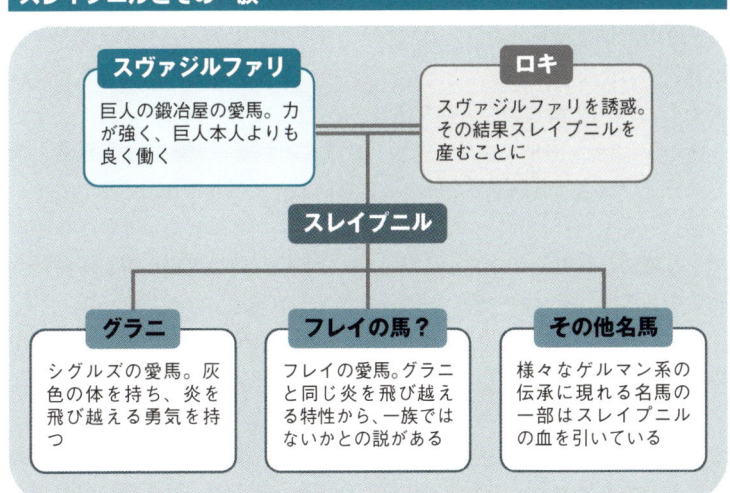

スヴァジルファリ
巨人の鍛冶屋の愛馬。力が強く、巨人本人よりも良く働く

ロキ
スヴァジルファリを誘惑。その結果スレイプニルを産むことに

スレイプニル

グラニ
シグルズの愛馬。灰色の体を持ち、炎を飛び越える勇気を持つ

フレイの馬？
フレイの愛馬。グラニと同じ炎を飛び越える特性から、一族ではないかとの説がある

その他名馬
様々なゲルマン系の伝承に現れる名馬の一部はスレイプニルの血を引いている

関連項目
- アースガルズ→No.010
- オーディン→No.017
- トール→No.023
- フレイヤ→No.044
- ロキ→No.057

第3章●不思議な道具と動物たち

No.080
イーヴァルディの息子たちの3つの宝物

神々の世界に混乱をもたらすことの多い悪神ロキの悪戯。しかし、それが神々に思わぬ恩恵をもたらすこともあった。

●シヴの髪の毛の賠償

　ここで便宜的に「イーヴァルディの息子たちの3つの宝物」と呼んでいる魔法の品々は、悪戯ものの神**ロキ**が雷神**トール**の妻シヴの美しい金髪を丸刈りにしてしまった際に、賠償の品として**ドヴェルグ（小人族）**の職人イーヴァルディの息子たちに作らせたものである。

　第1の宝である「黄金のかつら」は、細く、長く伸ばされた魔法の黄金で、頭の上に乗せればくっついて本物の髪のように伸びるという代物だった。このかつらのおかげでシヴは以前より美しい髪を手に入れることとなり、その結果に神々は大いに満足だったようだ。本来、ロキが依頼したのは「黄金のかつら」だけだったが、イーヴァルディの息子たちは気を利かせて第2、第3の魔法の品も作り出している。

　第2の宝、「スキーズブラズニル」は魔法の船で、出航した後は必ず追い風を受け快適に航海できた。さらに布のように折りたたんで小さくできる優れもので、『詩のエッダ』の「グリームニルのことば」では「船の中で一番優れたもの」と評価されている。この船は後に豊穣神**フレイ**の持ち物となったが、主神**オーディン**の持ち物とする伝承も存在している。

　第3の宝は「グングニル」と呼ばれる穂先に**ルーン文字**の刻まれた魔法の槍で、そのバランスの良さから一度投げれば狙いをはずすことはないというものであった。この槍はオーディンの持ち物となり、彼が旅に出た際や、最終戦争ラグナロクなどで用いられている。また、彼が気に入った英雄たちの命を奪うためにも使われることが多かったが、巨人族に対してその力が振るわれることはほとんどなかった。

　なお、これらの魔法の品々の出来に気を良くしたロキは、さらに多くの品々を手に入れようとして新たな騒動を引き起こすこととなる。

3つの宝物の特徴

黄金のかつら

黄金の糸で作られたかつらで、頭の上に乗せるとそのまま張り付いて本物の髪の毛のようになる。悪神ロキによって丸刈りにされた女神シヴへの賠償の品として作製された

スキーズブラズニル／Skíðblaðnir

「船の中で一番優れたもの」で、帆を上げれば常に風を受け望む場所に進むことができ、折りたためばポケットに収まるほど小さくすることができた。基本的にフレイの持ち物とされるが、主神オーディンの持ち物とされることもある

グングニル／Gungnir

穂先にルーン文字が刻まれた槍で、狙いをはずすことはない。手に入れて以来、オーディンの象徴的な武器となるが、巨人族との戦いで使われたことはほとんどなく、もっぱら人間に対して使用された

3つの宝物が作られた経緯

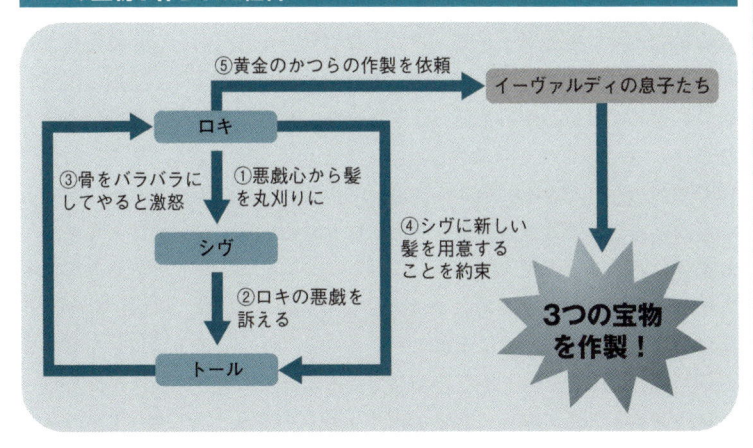

⑤黄金のかつらの作製を依頼 → イーヴァルディの息子たち

ロキ

③骨をバラバラにしてやると激怒
①悪戯心から髪を丸刈りに
④シヴに新しい髪を用意することを約束

シヴ
②ロキの悪戯を訴える
トール

3つの宝物を作製！

関連項目
● オーディン→No.017
● トール→No.023
● フレイ→No.042
● ロキ→No.057
● ドヴェルグ（小人族）→No.063
● ルーン文字→No.073

No.081
ブロッグとシンドリの3つの宝物

悪神ロキの頭と己のプライドを賭けてドヴェルグたちが鍛えた3つの宝物。それは神々に大きな恩恵をもたらした。

●神々をうならせたドヴェルグたちの腕前

　ここで扱うのは**ドヴェルグ（小人族）**の兄弟ブロッグとシンドリが、悪神**ロキ**の頭を賭けて作製した3つの宝物である。かつてロキは雷神**トール**の妻シヴの髪の代償として、別のドヴェルグたちに3つの宝物を作らせたことがあった。その出来に調子に乗ったロキは、「この宝物に勝るものを作ったら自分の頭を与える」という勝負を兄弟に申し込む。もっともロキはまともに勝負する気はなかった。勝負が始まると同時に蛇に変身し、フイゴを操るブロッグを刺して邪魔をしたのである。ブロッグは良く耐え3つの品を完成させたが、最後の品だけは不完全なものになってしまった。

　では、これらの品はどのようなものだったのだろうか。最初に作られた黄金の猪グリンブルスティは、夜でも昼でも、空も海もどのような馬より早く駆けることができた。さらに、その毛皮の輝きにより、暗黒の国でも灯りに困ることはなかったという。これは、後に豊穣神**フレイ**の持ち物となった。次に作られたのはドラウプニルという黄金の腕輪で、9夜ごとに同じ重さの8つの腕輪が滴り落ちるという品。これは主神**オーディン**のものとなったが、**バルドル**の葬儀の際に彼と共に火葬され、後にスキールニルの手に渡ったようだ。最後の品、ミョルニルの槌はトールの象徴ともなった魔法の槌である。どんなに強く叩いても壊れず、投げれば必ず当たり、手に戻らないほど遠くには飛ばず、小さくしてシャツの下に隠しておくことができた。もっとも、不完全な品であったため、握りが短く持ちづらいという欠点がある。神々は以前のドヴェルグの作品と合わせて6つの品のうち、このミョルニルの槌を最も高く評価した。賭けに負けたロキは、「首はお前のものではないから傷つけるな」と屁理屈をこねたため、ヴァルダリという革紐で口を縫い合わされてしまったという。

ブロッグとシンドリの宝物の特徴

グリンブルスティ／Gullinbursti

いかなる馬よりも早く空や海を駆け、毛皮からは光を発する黄金の猪。豊穣神フレイの騎乗獣とされた。フレイヤの持ち物として対になるというヒルディスヴィーニという牝猪も存在する

ドラウプニル／Draupnir

9夜ごとに8つの腕輪を生み出す黄金の腕輪。主神オーディンの持ち物であったが、バルドルの埋葬の品とされる。その後ヘルモーズによって持ち帰られ、スキールニルの手に渡る

ミョルニルの槌／Mjǫllnir

投げつければ外れることなく、けして壊れない魔法の槌。シャツの下に隠せるほど小さくなる。未完成品で、その柄は極端に短い。祝福の道具として使われることもあった

シンドリ、ブロッグ兄弟とロキの賭け

ロキとドヴェルグ

トールへの賠償の品の出来に気分を良くした悪神ロキは、ドヴェルグの兄弟に頭を賭けて勝負を持ちかける

宝物の作製

ブロッグとシンドリの2人は、度重なるロキの妨害を受けるものの、見事3つの品を作り上げることに成功する

兄弟たちの勝利

品物を審査した神々は、未完成ながら有用性の高いミョルニルの槌を選びブロッグたち兄弟の勝利を宣言した

賭けの精算

ロキは言い逃れの末、シンドリによって口を縫いとめられてしまう。神々の中に彼を助けるものはいなかった

関連項目
- オーディン→No.017
- トール→No.023
- バルドル→No.026
- フレイ→No.042
- ロキ→No.057
- ドヴェルグ(小人族)→No.063

No.082
アンドヴァリの黄金

神々の手によって不当に奪われたドヴェルグのアンドヴァリの黄金。
神々の腐敗を示す黄金は、持ち主に様々な災厄をもたらした。

●カワウソの賠償として支払われた呪われた黄金

　アンドヴァリの黄金は、アンドヴァラフォルスと呼ばれる滝に住む**ドヴェルグ(小人族)**、アンドヴァリの所持していた財宝である。しかし、神々によって理不尽に奪われたことから呪われることとなった。その経緯は『詩のエッダ』の「レギンのことば」や、『ヴォルスンガ・サガ』、『スノッリのエッダ』など様々な資料によって次のように語られている。

　主神**オーディン**、ヘーニル、悪神**ロキ**は旅の途中、カワウソが鮭を捕っているのを見かけた。そこでロキは悪戯心を起こし、カワウソに石を投げつけて殺してしまう。彼はカワウソの皮をはぎ、鮭を手にしたことから始終上機嫌だった。夜になり、神々はフレイズマルという農夫の家に厄介になる。そこでロキはカワウソの皮を自慢するが、それはフレイズマルの息子オッタルが父のために魚を捕るべく変身した姿だった。激怒したフレイズマルは息子たちを呼ぶと、神々を取り押さえてしまう。魔法の道具を取り上げられた神々はまったくの無力だった。弱りきったオーディンは、フレイズマルに賠償金を申し出る。彼は息子の皮を隙間なく覆うだけの黄金という条件でこれを受け、ロキが黄金を取ってくることとなった。ロキはしばし考えた末、海底を支配する女巨人ラーンから魔法の網を借り受け、アンドヴァラフォルスへと向かう。そしてカマスの姿をしたアンドヴァリを捕らえると、彼の持つ黄金を要求したのである。アンドヴァリはロキの言う通り黄金を差し出すが、黄金を増やす能力のある指輪アンドヴァラナウトだけは隠しておいた。しかし、それも目ざといロキによって取り上げられてしまう。そこでアンドヴァリは、取り上げられた財宝に「2人の兄妹の死となり、8人の王の不和の種になる」という呪いをかけるのである。呪いは効力を発揮し、後に様々な災いを引き起こすきっかけとなった。

アンドヴァリから黄金が奪われた経緯

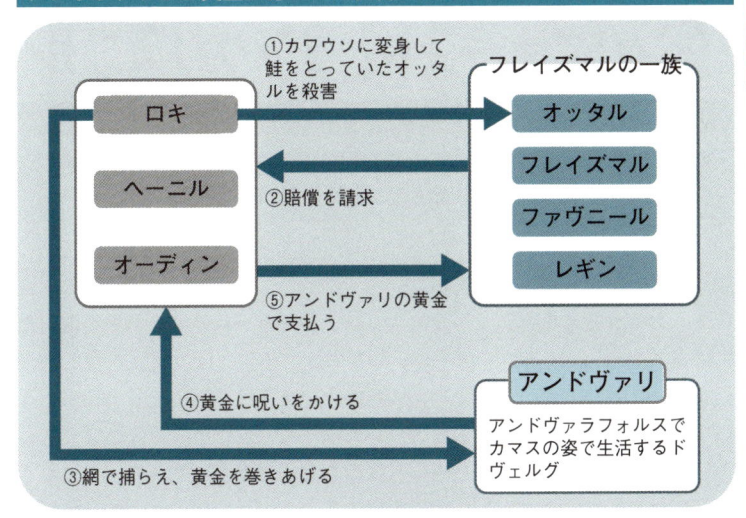

```
                ①カワウソに変身して
                鮭をとっていたオッタ     フレイズマルの一族
                ルを殺害
  ┌─────────┐  ───────────────→    ┌─────────┐
  │  ロキ    │                      │ オッタル │
  └─────────┘  ←───────────────     ├─────────┤
  ┌─────────┐   ②賠償を請求          │フレイズマル│
  │ ヘーニル │                      ├─────────┤
  └─────────┘                      │ファヴニール│
  ┌─────────┐                      ├─────────┤
  │ オーディン│ ───────────────→    │ レギン   │
  └─────────┘                      └─────────┘
                ⑤アンドヴァリの黄金
                で支払う
                                    ┌─────────┐
                                    │アンドヴァリ│
                                    └─────────┘
      ④黄金に呪いをかける          アンドヴァラフォルスで
                                  カマスの姿で生活するド
                                  ヴェルグ
      ③網で捕らえ、黄金を巻きあげる
```

呪われた財宝とその被害者たち

アンドヴァラナウト／Andvaranaut

黄金を増やす能力があるとされる、アンドヴァリのお気に入りの指輪。黄金と共にロキの手に渡る寸前に、アンドヴァリの手で「2人の兄弟の死となり、8人の王の不和の種になる」という呪いをかけられた

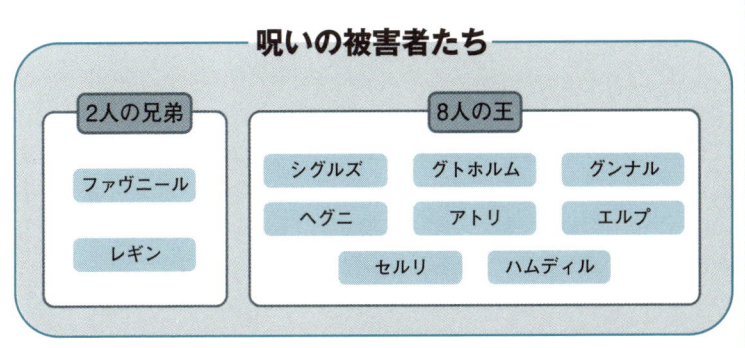

呪いの被害者たち

2人の兄弟
- ファヴニール
- レギン

8人の王
- シグルズ
- グトホルム
- グンナル
- ヘグニ
- アトリ
- エルプ
- セルリ
- ハムディル

関連項目
- オーディン→No.017
- ロキ→No.057
- ドヴェルグ (小人族) → No.063

No.083
タングニョーストとタングリスニル
Tanngjóstr & Tanngrísnir

雷神トールの車を引く牡山羊たち。その車の音は雷鳴を表し、食事として供される肉はトールの豊穣神としての側面を表していた。

●雷神トールを象徴する乗り物

　タングニョーストとタングリスニルは、雷神**トール**の車を引く牡山羊たちである。『詩のエッダ』の「スリュムの歌」によれば、彼らのつながれた車が走った後は、山々が砕け、大地は火焔を上げて燃えたという。こういった表現は雷の落ちる様子を表現したのかもしれない。一説には、彼らの引く車の立てるゴロゴロという音は雷を意味するともされる。このように、この2匹の牡山羊はトールの象徴の1つであったが、彼にまつわる多くの物語においてトールは徒歩で移動している。『スノッリのエッダ』の「ギュルヴィの惑わし」によれば、それには次のような訳があった。

　巨人の王**ウートガルザ・ロキ**が治める巨人の国へ向かう旅の途中、トールはある農民の家に厄介になった。そこで彼は、お礼として自分の車を引く山羊たちを殺してその肉をご馳走する。この山羊たちには特殊な能力があり、骨と皮さえ無事に残っていれば、トールの祝福によって復活することができたのだ。

　翌日、トールはいつものように山羊たちを祝福するが、1匹の山羊の様子がおかしい。良く調べてみると、後ろ足の骨が折れていてビッコを引いている。実は、腹をすかせていた農民の息子が、山羊の骨から髄を取り出して食べようと骨を折ってしまったのだ。トールは烈火のごとく怒るが後の祭り。自分の説明不足だったこともあり、トールはその農民の子供たちを従者として預かることを条件にその場を収める。しかし、山羊たちをこのまま旅に連れて行くことはできず、この東への遠征の間、彼は山羊たちを農民の家に預けて旅を続けることとなった。

　もっとも、これには異説も存在する。『詩のエッダ』の「ヒュミルの歌」によれば、トールの牡山羊たちを傷つけたのは悪神**ロキ**であったという。

復活する山羊

タングニョーストとタングリスニル

「車のトール」、「山羊の主」といった雷神トールの代名詞とも関係深い、トールの車を引く2頭の牡山羊。片方の山羊の後ろ足が不自由になり、トールは徒歩で移動することが多くなった

骨と皮さえ無事であれば夕食の材料にされても、トールの祝福により翌日には蘇生することができた

2頭の引く車は凄まじい轟音と火花を散らす。これは雷鳴と稲光の象徴と言われる

牡山羊たちの後ろ足を傷めたのは誰？

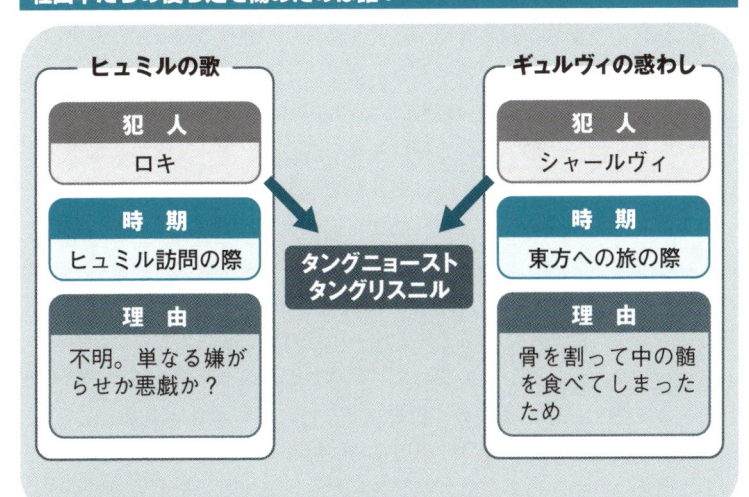

― ヒュミルの歌 ―

犯　人
ロキ

時　期
ヒュミル訪問の際

理　由
不明。単なる嫌がらせか悪戯か？

→ タングニョースト タングリスニル ←

― ギュルヴィの惑わし ―

犯　人
シャールヴィ

時　期
東方への旅の際

理　由
骨を割って中の髄を食べてしまったため

関連項目
- トール→No.023
- ウートガルザ・ロキ→No.054
- ロキ→No.057

No.083　第3章●不思議な道具と動物たち

No.084
フレイの魔剣と炎を飛び越える馬

恋をかなえるために、豊穣神からその従者へと与えられた宝物。しかし、それはあまりにも大きな代償であった。

●恋の代償に失われた豊穣神の秘宝

　フレイの魔剣は、持つものが賢ければひとりでに巨人と戦い、その命を奪うとされる魔法の剣である。そもそもは豊穣神**フレイ**の持ち物であったが、巨人の娘**ゲルズ**への恋を成就させるために彼の従者スキールニルに与えられ、それ以降は神話から姿を消す。一説には、**ムスペッル**の長スルトが最終戦争ラグナロクの際に用いた剣がそれであるとされるが、あくまでそれは推測に過ぎない。

　『詩のエッダ』の「スキールニルの旅」によれば、その外見は細身の剣で、表面には**ルーン文字**が刻まれていた。雷神トールの持つミョルニルの槌に並ぶ巨人を制するための武器であり、神々はフレイがこの剣を手放したことをラグナロクが訪れるそのときまで嘆き続けたという。『詩のエッダ』の「ロキの口論」において、悪神**ロキ**が指摘した通り、最強の武器を失ったフレイは、なす術なくスルトに倒されてしまうのである。

　一方、スキールニルに与えられたフレイの乗馬に関しては、その名前や来歴は語られていない。『スノッリのエッダ』の「詩語法」には、フレイの乗馬としてブローズグホーヴィ、もしくはブローズホーヴの名が挙げられているので、恐らくこれらの馬と同一のものであったのだろう。

　スキールニルは、フレイの想い人ゲルズの元へたどり着くには、暗く濡れた大地を越え、暗く揺らめく炎を越えなければならないと考えていた。そのため、フレイにそのような能力を持つ馬を要求したのである。もっとも、これはスキールニルの取り越し苦労だったようだ。ゲルズの館を守るのは暗く揺らめく炎ではなく、怒り狂う犬だったのである。

　なお、豊穣神であるフレイは、巨大な陽根を持つ馬と結び付けられることが多く、馬は彼の随獣の1つとして数えられている。

スキールニルに与えられたフレイの秘宝

フレイの魔剣

持つものが賢ければ、ひとりでに巨人を倒すとされる魔法の剣。フレイの恋心をかなえるための報酬として、彼の従者スキールニルに与えられる。刀身にルーン文字の刻まれた細身の剣で、フレイを傷つけることのできる唯一の武器だった。その後ムスペッルの長スルトの手に渡ったという研究者もいる

フレイの乗馬

暗く揺らめく炎を飛び越え、濡れた大地を駆け抜けることのできる名馬。フレイの魔剣同様、スキールニルに与えられた。フレイの乗馬ブローズグホーヴィと同一視される。スキールニルのヨトゥンヘイムへの旅に同行するが活躍の場は与えられなかった

フレイの宝物の行方

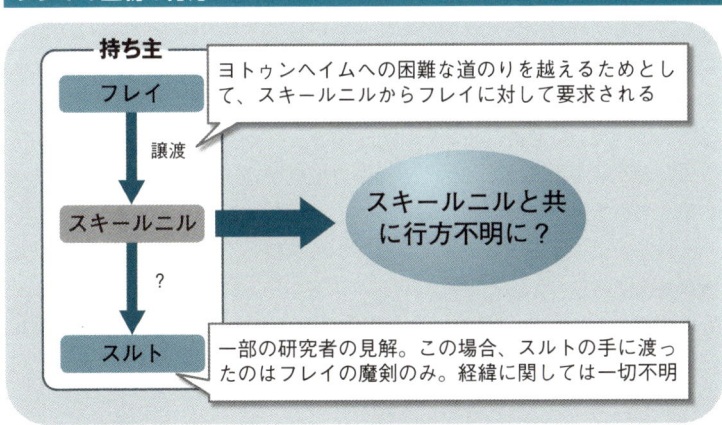

持ち主

フレイ
↓ 譲渡
スキールニル
↓ ？
スルト

- ヨトゥンヘイムへの困難な道のりを越えるためとして、スキールニルからフレイに対して要求される
- スキールニルと共に行方不明に？
- 一部の研究者の見解。この場合、スルトの手に渡ったのはフレイの魔剣のみ。経緯に関しては一切不明

関連項目
- フレイ→No.042
- ゲルズ→No.049
- ロキ→No.057
- ムスペッル→No.065
- ルーン文字→No.073

No.085 魔法の羽衣

神々や巨人の所有する魔法の羽衣。それは身にまとうものの姿を変え、その姿に見合った能力を与えてくれるものだった。

●事件の発端や、解決の糸口となる魔法の品

　魔法の羽衣は、身につけることで鳥に変身し、空を飛ぶ能力を得る魔法の品である。北欧神話においては比較的ポピュラーな存在らしく、その所有者も多い。

　この中でも特に有名なのが、オーディンの妻**フリッグ**や、女神**フレイヤ**が所有する鷹の羽衣であろう。もっとも、彼女たち自身が身にまとうことは少なく、もっぱら悪神**ロキ**によって使用されていた。彼が鷹の羽衣を使う姿は『詩のエッダ』の「スリュムの歌」や、『スノッリのエッダ』の「詩語法」などに描かれている。

　一方、**ヴァルキュリャ**たちが身につけていたことで有名なのが、白鳥の羽衣である。古詩『カーラの詩』によれば、彼女たちはこの羽衣を身にまとって白鳥に姿を変え、戦場を飛び回っていたという。そのため、この羽衣を盗まれてしまうと、ヴァルキュリャは戦場で働くことができなかった。『詩のエッダ』の「ヴェルンドの歌」では、白鳥の羽衣を脱ぎ、機織りをしていたヴァルキュリャたちがヴェルンド兄弟に羽衣を隠され、彼らの妻となっている。

　さらに、主神オーディンや女神イズンを誘拐した巨人**シャツィ**、**詩人の蜂蜜酒**の所有者であった巨人スットゥングなども鷲の羽衣を所有していた。彼らの使うこの羽衣は神々の使うものより優れていたらしく、「詩語法」には他の羽衣によって鳥に姿を変えて飛ぶ神々を、あわやというところまで追い詰める彼らの姿が描かれている。

　なお、空を飛ぶための道具としては、『詩のエッダ』の「ヴェルンドの歌」で伝説の名工ヴェルンドが自由を得るために作製した飛行翼というものも存在している。

北欧神話に登場する様々な羽衣

鷹の羽衣／Valsham

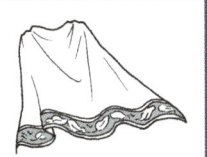

フリッグやフレイヤの持ち物とされる魔法の羽衣。身にまとうことで鷹に変身することができた。しかし、彼女たちが使用した例は少なく、悪神ロキによって使われることが多い。巨人シャツィや巨人フルングニルのエピソードにその名が見られる

白鳥の羽衣／Álftarhamir

ヴァルキュリャが身につけたとされる魔法の羽衣。身にまとうことで白鳥に変身することができた。世界各地に残る羽衣伝承同様に、この羽衣を奪った人間の妻となる話も存在する。『詩のエッダ』の「ヴェルンドの歌」、『ニャールのサガ』などにその名が見られる

鷲の羽衣／Arnarharminn

主神オーディンや巨人シャツィ、スットゥングなどが身につけたとされる魔法の羽衣。身にまとうことで鷲に変身することができた。鷹の羽衣よりも飛行速度に優れていた

その他の空を飛ぶためのアイテム

ヴェルンドの飛行翼

伝説の名工ヴェルンドが、ニーズズ王によって監禁されたセーヴァルスタズ島から脱出するために作製した飛行翼。原文では「水かき」とも表現される。『詩のエッダ』の「ヴェルンドの歌」に見られる

関連項目
- ヴァルキュリャ→No.022
- フリッグ→No.033
- フレイヤ→No.044
- シャツィ→No.047
- ロキ→No.057
- 詩人の蜂蜜酒→No.076

No.086
ブリージンガ・メン
Brísingamen

女神フレイヤの胸元を飾るブリージンガ・メン。ドヴェルグによって作られたその首飾りは、人間の世界に大きな災厄をもたらした。

●女神の首を飾る黄金の首飾り

　ブリージンガ・メンは、女神**フレイヤ**の持つ首飾りである。彼女の代名詞とも言うべきもので、『詩のエッダ』の「スリュムの歌」では、雷神**トール**がフレイヤに変装する際にも用いられた。また、『スノッリのエッダ』の「ギュルヴィの惑わし」には「フレイヤはブリージンガ・メンという首飾りを持っている」とも書かれている。この首飾りについての詳しい記述は『詩のエッダ』には語られていない。しかし、『スノッリのエッダ』の「詩語法」では神々の番人**ヘイムッダル**と悪神**ロキ**がこの首飾りを巡って争ったとされるところから、貴重な品であったことは間違いないだろう。この首飾りと同一視される首飾りは、次のような経緯でフレイヤのものとなったと『ソルリの話とヘジンとホグニのサガ』は伝えている。

　ある時、**オーディン**の愛人フレイヤは、4人の**ドヴェルグ（小人族）**たちの元を訪れた。彼らはちょうど黄金の首飾りを作り上げたところで、彼女は一目見てそれを気に入ってしまう。そこでフレイヤは首飾りを売って欲しいと頼むが、彼らが要求したのは彼女が1人ずつ一夜を共にすることだった。しばらく考えた末、彼女はその要求をのみ首飾りを手に入れる。

　首飾りの存在に気づいたロキは、オーディンにこの一件を報告してしまう。フレイヤのふしだらさに怒ったオーディンは、彼女が寝ている隙にロキに首飾りを盗み出させ、首飾りの返還を求めるフレイヤに「20人の王が仕える王2人を不仲にし、彼らに永遠に戦うように呪いをかけ、幸運な王に仕える勇敢なキリスト教徒が彼らを皆殺しにするまで開放させない」ようにできるならば首飾りを返そうと告げる。フレイヤは躊躇することなくこの条件をのみ、後に「ヒャズニングの戦い」として知られる戦乱が巻き起こされることとなったという。

フレイヤの首飾り

ブリージンガ・メン

フレイヤの代名詞ともされる首飾り。4人のドヴェルグ（小人族）によって作られた黄金の首飾りとされる

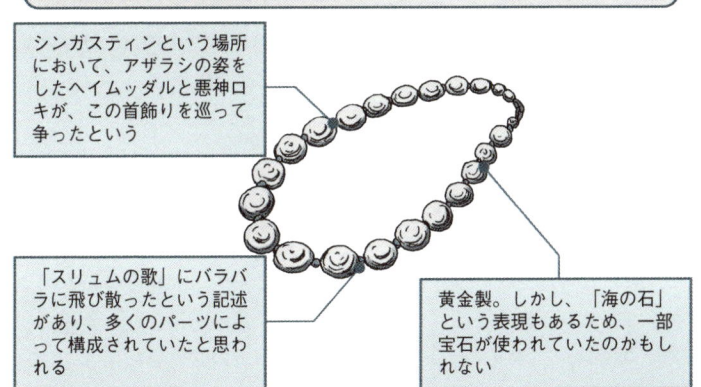

- シンガスティンという場所において、アザラシの姿をしたヘイムダルと悪神ロキが、この首飾りを巡って争ったという

- 「スリュムの歌」にバラバラに飛び散ったという記述があり、多くのパーツによって構成されていたと思われる

- 黄金製。しかし、「海の石」という表現もあるため、一部宝石が使われていたのかもしれない

ブリージンガ・メンを巡る神々の関係

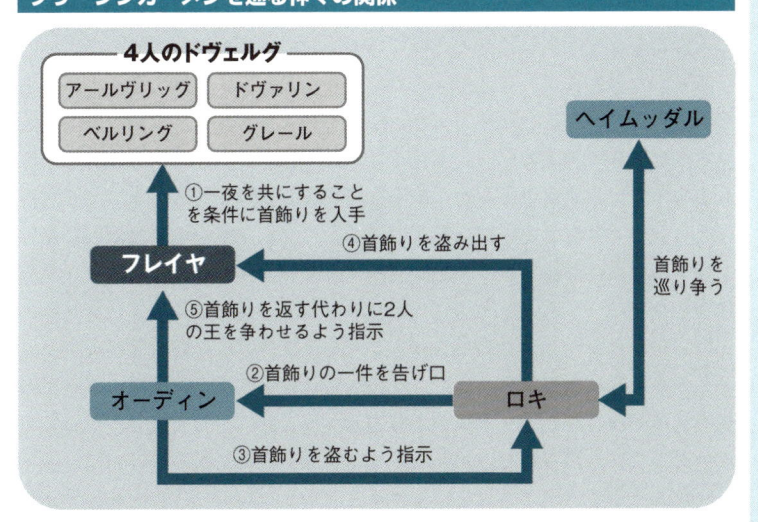

4人のドヴェルグ
- アールヴリッグ
- ドヴァリン
- ベルリング
- グレール

①一夜を共にすることを条件に首飾りを入手 → フレイヤ

ヘイムダル ← 首飾りを巡り争う → ロキ

④首飾りを盗み出す：ロキ → フレイヤ

⑤首飾りを返す代わりに2人の王を争わせるよう指示：フレイヤ → オーディン

②首飾りの一件を告げ口：ロキ → オーディン

③首飾りを盗むよう指示：オーディン → ロキ

関連項目
- オーディン→No.017
- トール→No.023
- ヘイムダル→No.029
- フレイヤ→No.044
- ロキ→No.057
- ドヴェルグ（小人族）→No.063

No.087
グレイプニル
Gleipnir

神々の敵フェンリルを縛るためにドヴェルグの手で作られた魔法の紐。
その材料は、今の世の中には存在しない品々だった。

●この世に存在しないもので作られた紐

　グレイプニルは、悪神**ロキ**の息子**フェンリル**を縛るために作られた魔法の紐である。**ドヴェルグ（小人族）**の職人たちによって作り出されたその紐は、絹で作られた紐のようになめらかで柔らかく、大変丈夫だという。

　グレイプニルを作る際、ドヴェルグたちは「猫の足音」、「女の髭」、「山の根」、「熊の腱」、「魚の息」、「鳥の唾」という6つの材料を使用して作った。そのため、これらの材料はとり尽くされてしまい、現在には残っていないとされる。もっとも、若干の取り残しがあったのか髭の生える女性もいれば、足音を立てて歩く猫もいるのではあるが。

　『スノッリのエッダ』の「ギュルヴィの惑わし」によれば、グレイプニルが作られた経緯は次の通りである。かつて神々は産まれたばかりのフェンリルをアースガルズで飼育していた。しかし、フェンリルが神々に災いをもたらすという予言を得ると、彼を束縛してしまおうと考える。そのため、神々はレージングという鎖を鍛え上げると、フェンリルには力試しと偽って彼を縛り上げた。しかし、鎖は簡単にちぎれ、フェンリルはあっさりと自由になる。

　次に神々はドローミという先の鎖よりも2倍強い鎖を鍛え上げるが、以前と変わらない結果に終わった。本格的に脅威を覚えた神々は、フレイの従者**スキールニル**をドヴェルグたちの元へ差し向け、力を借りることにする。そこで作り出されたのがグレイプニルであった。この紐の力によって、神々はようやくフェンリルを拘束する。しかし、信義を裏切り、戦神**テュール**の右手を犠牲にしたこの拘束も、結局は一時しのぎに過ぎない。最終戦争ラグナロクが訪れる頃にはグレイプニルの拘束は解け、フェンリルは再び自由を手に入れ予言を実行に移したのである。

世界にただ1つの紐

グレイプニル

2度にわたる失敗の末、神々がドヴェルグ（小人族）に依頼して作らせた魔法の紐。その材料は現在の世の中には存在しない物質であり、そうした品々が存在しない理由を説明するものとなっている

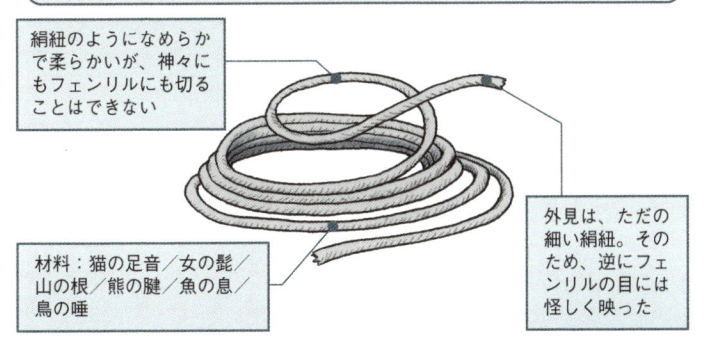

- 絹紐のようになめらかで柔らかいが、神々にもフェンリルにも切ることはできない
- 材料：猫の足音／女の髭／山の根／熊の腱／魚の息／鳥の唾
- 外見は、ただの細い絹紐。そのため、逆にフェンリルの目には怪しく映った

グレイプニルが作られるまでの経緯

フェンリルの成長と不吉な予言に、神々の不安が増大
→ 神々、レージングを作製。フェンリル拘束を試みる
→ **拘束失敗**
→ 神々、ドローミを作製。フェンリル拘束を試みる
→ **拘束失敗**
→ 神々、ドヴェルグたちの元へスキールニルを派遣
→ グレイプニル完成！フェンリル拘束へ

関連項目
- テュール→No.025
- スキールニル→No.043
- ロキ→No.057
- フェンリル→No.058
- ドヴェルグ（小人族）→No.063

No.088
レーヴァティン
Laevetein

世界樹ユグドラシルの頂上で輝く黄金の雄鶏。悪神ロキの鍛えた剣は、唯一のその雄鶏を屠れる剣だった。

●輝く雄鶏を殺す魔剣

　レーヴァティンは古詩『グロアの呪文』と『フィヨルスヴィドの歌』にその名が見られる魔剣である。「傷つける魔の杖」とも呼ばれるレーヴァティンは、悪神**ロキ**によって**ニヴルヘイム**の門の前で**ルーン文字**を用いて鍛えられたものだった。それがどのような経緯か**ムスペッルスヘイム**に住むスルトの妻シンモラの手に渡り、彼女によってレーギャルンという大箱に9つの鍵をかけて保管されたのである。この剣は世界樹**ユグドラシル**の頂上で雷光のように輝く黄金の雄鶏、ヴィゾフニルを屠ることのできる唯一の剣だった。レーヴァティンは、次のような経緯で登場する。

　物語の主人公スヴィプダーグは、ある時、意地悪な継母にメングラッドという女性を捜し出し、その愛を得るように命じられる。スヴィプダーグは亡き母グロアの協力を得て探索を開始し、長い旅の末に**ヨトゥンヘイム**にあるメングラッドの館にたどり着く。しかし、館は炎で囲われた上、獰猛な番犬に守られており、入ることができなかった。悩んだスヴィプダーグは、館の入り口を守っていた巨人に話しかける。彼に同情したのか、巨人はスヴィプダーグに、犬の好物がヴィゾフニルの2枚の羽の肉であることを教えた。スヴィプダーグは続けて、どうすればその肉を得られるのか巨人に尋ねる。ここでヴィゾフニルを倒す剣として名を挙げられたのがレーヴァティンであった。レーヴァティンの所在を知らないスヴィプダーグは、しつこくその入手方法を尋ねる。すると巨人はシンモラにヴィゾフニルの尾羽を渡すように告げた。話が堂々巡りを始めたその時、唐突に物語は終わりを告げてしまう。話をするうちにスヴィプダーグがメングラッドの想い人であることが判明し、2人が結ばれるからである。

傷つける魔の杖

レーヴァティン

ムスペッルの長スルトの妻であるシンモラがレーギャルンという大箱に9つの鍵をかけて保管する魔法の剣。近年ではスルトの持つ炎の剣と同一視されるが、本来は別のものと思われる

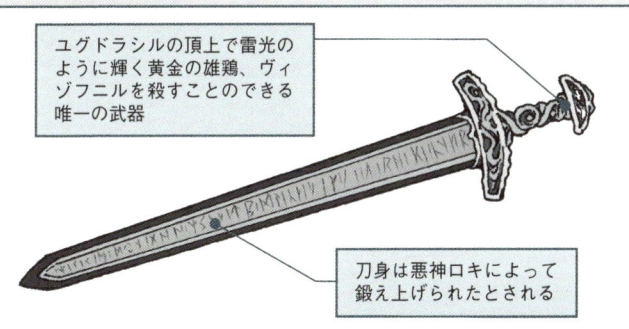

ユグドラシルの頂上で雷光のように輝く黄金の雄鶏、ヴィゾフニルを殺すことのできる唯一の武器

刀身は悪神ロキによって鍛え上げられたとされる

スヴィプダーグを悩ませる問題

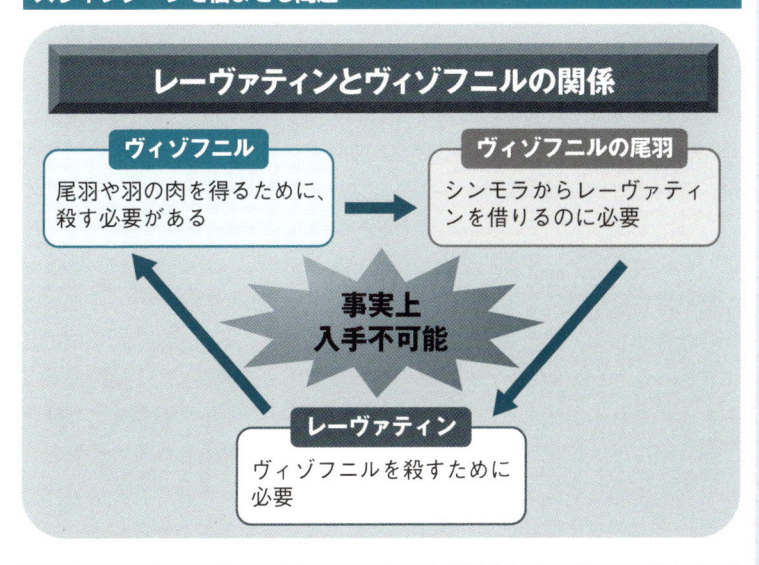

レーヴァティンとヴィゾフニルの関係

ヴィゾフニル
尾羽や羽の肉を得るために、殺す必要がある

ヴィゾフニルの尾羽
シンモラからレーヴァティンを借りるのに必要

レーヴァティン
ヴィゾフニルを殺すために必要

事実上入手不可能

関連項目
- ヨトゥンヘイム→No.011
- ニヴルヘイムとニヴルヘル→No.012
- ムスペッルスヘイム→No.013
- ユグドラシル→No.015
- ロキ→No.057
- ルーン文字→No.073

No.088 第3章●不思議な道具と動物たち

No.089
魔法の投網

北欧神話に登場する2つの投網。それは悪神ロキの手によって使われ、また彼自身を捕らえる手立てともなった。

●悪神ロキと2つの投網

　ラーンの投網は海神**エーギル**の妻ラーンの持ち物で、海で溺れたものをすべて掬い取ることのできる魔法の投網である。彼女はこれを使って海難者たちを掬い取って我が物とし、彼らの所持する財宝を手に入れていた。『スノッリのエッダ』の「詩語法」によれば、アースガルズの神々はエーギルによって催された宴会の際、初めてこの投網を目にしたという。しかし、それ以前からこの投網の存在を知っているものもいた。悪神**ロキ**である。『詩のエッダ』の「レギンのことば」によれば、フレイズマルの息子オッタル殺害の賠償金を求められた際、ロキは**ドヴェルグ（小人族）**のアンドヴァリから黄金をせしめることを思いついた。アンドヴァリがカマスに化けて滝つぼで暮らしていることを知ったロキは、ラーンから投網を借り受け、まんまと彼を捕まえるのである。

　しかし、皮肉にも彼が神々に幽閉されるきっかけとなったのも投網であった。ロキはエーギルの宴会で神々を罵倒した末に姿をくらまし、秘密の隠れ家に身を潜めてしまう。怒り心頭の神々の追跡が迫る中、ロキは神々が自分を捕らえるとしたらどんな方法を使うか考えていた。そんな中、試みに作ったのが投網だったのである。折り悪く、投網の完成と同時に神々はロキの隠れ家を発見した。慌てたロキはできたばかりの投網を火に投げ込み、自身は鮭に変身して川に逃げ込む。しかし、神々に同行した賢者クヴァシルが燃えカスから再現した投網を手に追いすがる神々からは逃げきれなかった。ロキは網を飛び越そうとしたところを雷神**トール**によって捕らえられてしまうのである。

　なお、ロキはその投網との関係の深さから蜘蛛の化身なのではないかとする説も存在している。

2つの投網

ラーンの投網

海神エーギルの妻、ラーンが所持する魔法の投網。海で溺死した人々や、彼らが所持していた金品財宝をかき集めるために使われる。ドヴェルグのアンドヴァリから宝を巻き上げるために悪神ロキが借り出した

ロキの投網

神々の元を去り、四方に窓を持つ隠れ家に身を隠したロキが作り出した投網。神々が自分を捕らえるとすれば、どのような方法を採るかと考えて作成された。リンネルで編まれ、人間の使う投網と構造は良く似ているという。神々の襲撃に際し、ロキ自身はこの網を炎に投げ込んで処分するが、神々に同行した賢者クヴァシルによって再生され、その技術は神々の手に渡ってしまう

ロキと投網を巡る関係

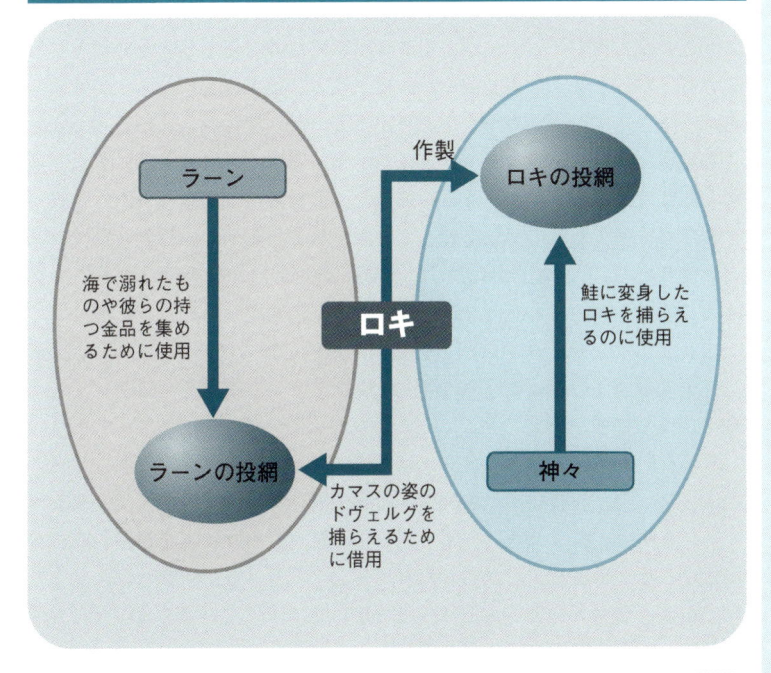

- ラーン → ラーンの投網：海で溺れたものや彼らの持つ金品を集めるために使用
- ロキ → ロキの投網：作製
- ロキ → ラーンの投網：カマスの姿のドヴェルグを捕らえるために借用
- 神々 → ロキの投網：鮭に変身したロキを捕らえるのに使用

関連項目

- ●トール→No.023
- ●エーギル→No.056
- ●ロキ→No.057
- ●ドヴェルグ（小人族）→No.063

No.090 グロッティの石臼

Grótta

ひくものに望むものを与えるグロッティの石臼。しかし、際限なくかなえられる欲望は、やがて持ち主を滅ぼすことになる。

●人の欲望を掻き立てる魔法の石臼

　グロッティの石臼は、『詩のエッダ』の「グロッティの歌」などに登場する魔法の石臼である。この石臼は、それをひくものが命じたものを生み出すことができた。しかし、非常に重かったため人間ではひくことができなかったという。『スノッリのエッダ』の「詩語法」によれば、ヘギンキョフトという人物がデンマークの王フロージにこの石臼を与えたのだとされている。もっとも、この魔法の石臼は、絶大な効果ゆえに持ち主の欲望を大いに掻き立てた。そのため、この石臼は海の底に沈むことになるのである。

　ある時、フロージはフェニァとメニァという巨人の姉妹を手に入れ、彼女たちにこの石臼をひかせることにした。彼女たちは最初のうち、フロージのために黄金と国の平和を願って石臼をひく。しかし、欲張ったフロージは彼女たちに、「郭公（かっこう）が沈黙する間か、詩を朗読する時間よりも長い間は寝てはならない」と石臼をひき続けるように強要した。これに腹を立てた彼女たちは、今度はフロージを滅ぼす軍勢を願って石臼をひいたため、フロージの国はその夜のうちにミュージングという海賊王の軍勢によって滅ぼされてしまう。

　この石臼を手に入れたミュージングは、フェニァとメニァと共に自らの国に帰還した。その途中の船上で、ミュージングは彼女たちに塩を出して欲しいと頼む。彼女たちはミュージングの要求どおりに塩を出し、これで十分だろうと尋ねた。しかし、ミュージングはもっと出すようにと命じたので船はバランスを失い、彼は石臼や塩と共に海に沈んでしまったのである。これ以降、世界の海は塩辛くなったのだという。

　このような説話は世界各地に見られ、日本にも同じような昔話「塩吹き臼」が存在している。

欲望を掻きたてる石臼

グロッティの石臼

デンマーク王フロージがヘギンキョフトという人物から与えられた魔法の石臼。ひくものの望むものを出すことができる。しかし、その効果の絶大さから人々の欲望を掻きたて、最終的には海に沈むこととなった

> 石臼は怪力の持ち主である巨人の娘2人でなければ回せないほど重い

グロッティの石臼の持ち主の変遷

ヘギンキョフト
フロージにグロッティの石臼を与えた人物。どのような人物だったのか、どのような目的で彼に石臼を与えたのかについては物語には書かれていない

フロージ
デンマーク王。スウェーデンで手に入れた巨人の姉妹フェニァ、メニァに石臼をひかせ、平和な国を築き上げる。しかし、労働条件の悪さに腹を立てた彼女たちの呼び出した軍勢に国を滅ぼされ、自らも殺害された

ミュージング
巨人の姉妹フェニァ、メニァが呼び出した海賊王。石臼を手に入れた帰りの船上でその力を試すが、欲に取り付かれ船の積載量を越える塩を引き出してしまい船や石臼もろとも海の藻屑となる

No.091
シグルズの宝物

竜殺しの英雄として名高いシグルズ。彼の冒険を支えたのは、名剣グラムや愛馬グラニなどの様々な宝物だった。

●シグルズを支えた宝物

　竜殺しの英雄**シグルズ**の活躍は、『詩のエッダ』やサガなど様々な文献に残されている。しかし、彼の偉業は彼の実力のみで行われたのではない。彼を支える様々な宝物があったのである。

　シグルズの剣として名高いグラムは、もともとは彼の父**シグムンド**が使っていたものだった。シグムンドの妹シグニューの婚礼に現れた主神**オーディン**が、屋敷の中央に位置する大樹に突き刺していったものだが、その場にいた男たちの中でこのオーディンの剣を抜けたのはシグムンドだけだったという。その後、シグムンドはこの剣に助けられながら様々な偉業を果たした。しかし、彼の2番目の妻ヒョルディーズを巡る争いのさなか、突然現れたオーディン自身の手でこの剣は折られ、シグムンドは命を落とす。彼は死に際にこの剣の残骸を妻に託すと、後に生まれる息子のためにこの剣を鍛えなおすように告げた。その後、成長したシグルズのために、彼の養父レギンが鍛えなおして作り上げたのがグラムである。その切れ味は凄まじく、川の中につきたてて毛糸の房を川上から流せば水のように両断し、金床に振るえば真っ二つにすることができた。

　一方、シグルズの愛馬グラニは、オーディンの愛馬**スレイプニル**の血を引く灰色の馬である。その血統ゆえ恐れを知らない優秀な馬で、炎を飛び越えることすらできた。シグルズは彼の母が身を寄せていたヒャールプレク王の飼育場で、オーディンの助言によりこの名馬を手に入れている。

　この他にもシグルズは、悪竜**ファヴニール**から手に入れた人々に恐怖を与える魔力を持つエギルの兜、フロッティという剣、養父レギンの鍛えた剣リジル、そして食べれば動物の言葉がわかるようになるファヴニールの心臓などを所持していたという。

『詩のエッダ』やサガに語られるシグルズの主な持ち物

グラム／Gram

シグルズがレギンに鍛えさせた名剣。もともとは主神オーディンがヴォルスングの屋敷の木に突き刺した剣で、シグルズの父シグムンドの所持品である。しかし、シグムンドの最後の戦においてオーディン自身の手で折られ、その後はシグルズの母の手で保管されていた。金床を真っ二つにするほどの切れ味を持ち、その刀身にはルーン文字が刻まれているという

グラニ／Grani

シグルズの愛馬。炎を恐れず飛び越える勇気と、スレイプニルの子であることを示す灰色の体を持つ。馬を所持していないことをレギンに指摘されたシグルズが、当時世話になっていたヒャールプレク王の飼育場で選んだのだという。なお、その際にはオーディンが化けた飼育係の助言があったとも伝えられている

エギルの兜／Œgishjálm

ファヴニールがかぶっていた兜。人々に恐怖を与える魔力があるため、「恐怖の兜」と呼ばれることもある。ファヴニールを退治したシグルズの手で戦利品の1つとして持ち帰られるが、その後の物語にはほとんど登場しない。ファヴニールが竜の姿になったのも、この兜の魔力と考えられる

フロッティ／Hrotti

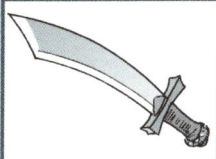

エギルの兜と同じく、ファヴニールの持ち物の1つ。こちらもシグルズの戦利品となった。レギンの鍛えた剣リジルと対をなす扱いが多いことから、鍛冶屋であったファヴニール、レギン兄弟が鍛えた剣だったのだろう

関連項目
- オーディン→No.017
- シグムンド→No.067
- シグルズ→No.069
- ファヴニール→No.070
- スレイプニル→No.079

No.092
ダーインスレイブ
Dainsleif

鞘から離れれば必ず人を殺めるという魔剣ダーインスレイブ。殺戮は人が望むから起きるのか、剣が望むから起きるのか。

●血に飢えた魔剣

　ダーインスレイブは、『スノッリのエッダ』の「詩語法」にその名が見られる、デンマーク王ホグニの魔剣である。**ドヴェルグ（小人族）**によって鍛えられた剣で、「鞘を離れるたびに人を殺め、斬ればはずすことなく、少しでも傷を負わせれば、その傷は治ることがない」という、呪われたものだった。こういった剣は、たいてい多くの持ち主の手を渡り歩く。しかしダーインスレイブは、世界の終末までホグニの手元で戦い続けたという。

　事の起こりは女神**フレイヤ**が**ブリージンガ・メン**を手に入れたことであった。事の経緯に怒りを感じた主神**オーディン**は、その償いとしてフレイヤに2人の王を争わせる約束をさせる。その標的となったのがホグニと、その友人でセルクランドの王ヘジンであった。ある時、悪心にとらわれたヘジンはホグニの領土を襲うと彼の妻を殺し、彼の娘で**ヴァルキュリャ**のヒルドと財宝を奪い去る。ホグニは復讐を誓い、ヘジンの追跡を開始した。

　ヘジンを心憎からず思っていたヒルドは両者の和解を望み、父を説得するが上手くいかない。さらにヘジン自身も賠償を申し出たが、ホグニは引き抜いた剣を鞘に収めることはなかった。こうして両者の軍勢はハー島で激しくぶつかり合ったが、決着がつくことはなかったという。実は、戦場で死んだ戦士たちをヒルドが魔法で蘇らせ続けたため、両者の戦力は拮抗したまま戦いが続いてしまったのだ。「ヒャズニングの戦い」と呼ばれるこの闘争は、最終戦争ラグナロクが訪れるまで続くこととなった。なお、『ソルリの話とヘジンとホグニのサガ』によれば、ヘジンをそそのかしたのはゴンドゥルというフレイヤの化身である。また、「ヒャズニングの戦い」は、140年後にノルウェー王オーラヴ・トリュッグヴァソンの従者イーヴァルが、彼らを皆殺しにすることで終結するという。

ホグニの魔剣

ダーインスレイブ

「ダーインの遺産」とも訳される、デンマーク王ホグニの剣。ダーインというドヴェルグが存在するところから、彼が鍛えたのではないかとする説もある。『スノッリのエッダ』の「詩語法」にその名がみられる

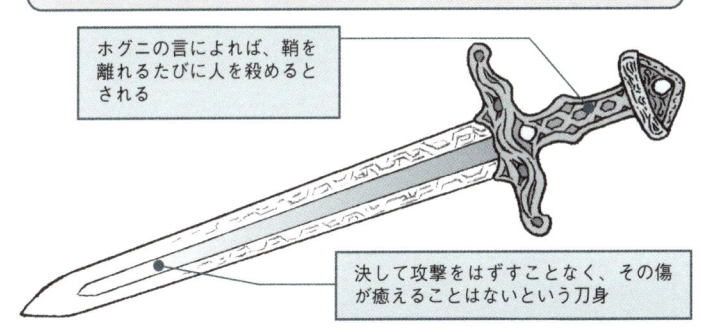

- ホグニの言によれば、鞘を離れるたびに人を殺めるとされる
- 決して攻撃をはずすことなく、その傷が癒えることはないという刀身

ヒャズニングの戦い

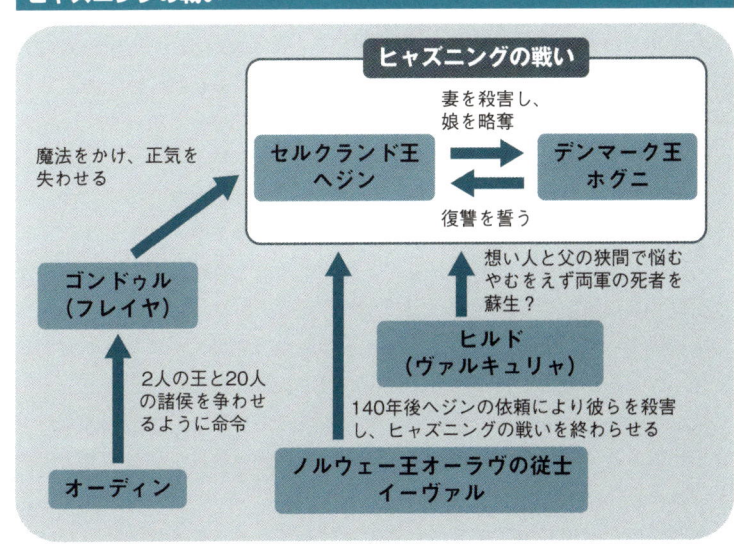

ヒャズニングの戦い

セルクランド王ヘジン ⇄ デンマーク王ホグニ
- 妻を殺害し、娘を略奪
- 復讐を誓う

ゴンドゥル（フレイヤ）— 魔法をかけ、正気を失わせる

オーディン → 2人の王と20人の諸侯を争わせるように命令 → ゴンドゥル（フレイヤ）

ヒルド（ヴァルキュリャ）— 想い人と父の狭間で悩むやむをえず両軍の死者を蘇生？

ノルウェー王オーラヴの従士イーヴァル — 140年後ヘジンの依頼により彼らを殺害し、ヒャズニングの戦いを終わらせる

関連項目
- オーディン→No.017
- ヴァルキュリャ→No.022
- フレイヤ→No.044
- ドヴェルグ（小人族）→No.063
- ブリージンガ・メン→No.086

No.092 第3章 ● 不思議な道具と動物たち

No.093
テュルフィング
Tyrfingr

王が気まぐれにドヴェルグに作らせた剣。それは人々に栄光をもたらすと同時に破滅をもたらす魔剣であった。

●勝利と破滅をもたらすもの

　テュルフィングは、スヴァフルラーメ王が、**ドヴェルグ（小人族）** のドヴァリンとドゥリンに鍛えさせた魔剣である。彼らは王の策略で地上から岩山に戻れなくなり、仕方なく王の注文どおりの剣を鍛える羽目になった。王は、「柄は金ででき、鉄でも衣服と同じくやすやすと切れ、決して錆びつかぬこと、そして持ち主が誰であろうと、そのものにきっと勝利を与える」という無茶な注文をドヴェルグたちに突きつける。ドヴェルグたちは王の注文どおりの剣を鍛えるが、腹いせに「剣は抜かれるたびに1人の人間に死をもたらす。それで3度まで悪い望みをかなえるが、持ち主もそれによって死を受ける」という呪いを付け加え岩山に帰っていった。

　ドヴェルグたちの呪いは絶大だった。王はテュルフィングにより数々の勝利を得たが、ついには半巨人のヴァイキング、アリングリムの手にかかって死んだ。さらに剣はアリングリムの息子で**ベルセルク**のアンガンチュルの手に渡るが、彼も暴虐の限りを尽くした挙句、ヒャルマールという戦士と相打ちとなって命を落とす。これにより、剣は一時アンガンチュルを葬った塚に収まっていたが、アンガンチュルの娘で男装のヴァイキングであったヘルヴォールの手で再び世の中に呼び戻されることとなった。

　彼女の命は奪わなかったものの、テュルフィングはその息子ヘイズレクの手に渡ると同時に再び猛威を振るい始める。剣は彼に栄光をもたらすのと引き換えに、彼の親しい人間の命を次々奪い、ついには彼自身の命さえも奪ったのだ。その刃は留まるところを知らず、オーディンさえも傷つけたという。最終的にテュルフィングを手に入れたヘイズレクの息子アンガンチュルは次のように言っている。「我らの上には不幸があるのだ」これこそが、テュルフィングの本質だったのかもしれない。

呪われた魔剣

テュルフィング

スヴァフルラーメ王が、ドヴェルグの鍛冶屋ドヴァリンとドゥリンに無理やり鍛えさせた魔法の剣。ドヴェルグの呪いにより、持ち主の望みを3度かなえた後、死をもたらす

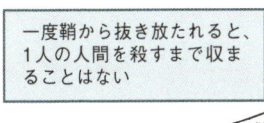

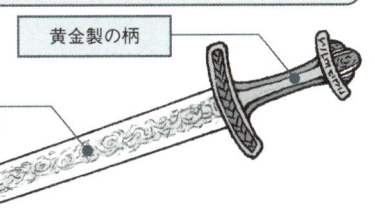

- 黄金製の柄
- 一度鞘から抜き放たれると、1人の人間を殺すまで収まることはない
- 決して錆びず、鉄でも衣服のように切り裂くことのできる刀身。毒が塗られているともされる

テュルフィングの主な持ち主たち

スヴァフルラーメ	テュルフィングにより数々の勝利を収めるものの、海賊アリングリムに剣を奪われ死亡する
アンガンチュル	父アリングリムから剣を授かり11人の兄弟と共にヴァイキング行に出るも、とある貴族の姫君を巡る戦いで戦死する
ヘルヴォール	復讐のため父アンガンチュルの塚を暴き、その霊よりテュルフィングを授けられる男装の女海賊。活躍した後無事に引退
ヘイズレク	ヘルヴォールの息子。つまらぬ悪戯から人を殺し、家を追放される。その際、母からテュルフィングを授けられるが、兄を殺害したのを皮切りに、権力と引き換えに身近なものを次々と殺害することになる。彼の知恵を試しにきたオーディンを傷つけたことから呪われ、戦場で命を落とした
アンガンチュル	ヘイズレクの息子。遺産相続問題により弟フレズの国と交戦、彼を殺害する

関連項目

● ベルセルク→No.021　　　● ドヴェルグ（小人族）→No.063

テュールの剣

　戦神として知られるテュールであるが、『詩のエッダ』や『スノッリのエッダ』などの主要資料にその持ち物などに関する記述はほとんどない。しかし、近年刊行されている多くの資料には、テュールの持つ剣が紹介されている。ここではそうした資料の出展の1つと思われる、昭和8年刊行の松村武雄氏の『北欧神話と傳説』に掲載されたテュールの剣に関する記述を紹介しておこう。

　この資料によれば、テュールの剣はイーヴァルディの息子たちの手によって鍛えられたものだった。魔剣テュルフィングと同じく持てば人心を得て天下を治めることができるものの、やがてはその刃に斃れるという剣だったという。

　かつてテュールは1人の女司祭の下を訪れ、「この剣を手に入れたものはあらゆる敵に打ち勝つことができるので、大切に保管して欲しい」と自らの剣を彼女に託した。女司祭は剣を神殿の中央に吊るし、朝日を受けて輝くようにして祀っていたが、ある夜、剣は忽然と姿を消してしまう。テュールのたたりがあるのではないかと恐れおののく人々に、女司祭は「ノルンの言うところによれば、あの剣を手にしたものは天下を治めるものの、最後にはあの剣によって身を滅ぼすといいます。テュールはその運命を担うものを探しているのでしょう」と伝えた。これを聞いた人々は、こぞって彼女からテュールの剣のありかを聞き出そうとするが、彼女はその問いに答えることはなかったという。

　それからしばらくして、コロニュという町を治めていた地方長官ヴィテリウスの元を1人の男が訪れる。彼はヴィテリウスにテュールの剣を与えると、ローマの皇帝になるようにとそそのかした。すっかりその気になったヴィテリウスは軍を率いてローマを目指すが、旅の途中、ドイツ人の部下によって剣をすりかえられてしまう。

　当時、ローマには彼と同じように皇帝になることを望むヴェスパシアンの軍勢が迫っていた。ヴィテリウスはテュールの剣の加護により勝利は間違いないとたかをくくっていたが、途中で剣がすりかえられたことに気づくと自軍の指揮を放り出して逃亡する。しかし、裏切り者のドイツ人によってすぐに発見され、テュールの剣によって首をはねられた。

　その後、ドイツ人は剣の加護によりヴェスパシアンの軍を取り込み、非常に広い領土を治めるようになる。しかし、剣の力に気がついた彼は、森に隠遁すると剣を地中深くに埋めた。その後彼は天寿をまっとうするが、彼の死後、剣は様々な持ち主の手を渡っていく。そしてキリスト教の到来と共にその中に取り込まれ、大天使ミカエルの持ち物と考えられるようになっていったという。

　なお、この話は古い民話とも、20世紀初頭に書かれた海外の小説ともいわれている。真相のほどはわからないが、最終的に持ち主を裏切る剣は、誠実な戦神であるテュールには相応しくないように筆者は思う。

第4章
北欧雑学

No.094
北欧の神々を信仰した人々

北欧神話の神々を信仰していたのは、いったいどのような人々で、どのようなメンタリティの持ち主だったのだろうか。

●異教の神々を信じるヴァイキングたち

　北欧神話の神々を信仰していたのは、北欧の中でもゲルマン系に属する4国、つまりデンマーク、スウェーデン、ノルウェー、アイスランドの人々である。アジア系に属するフィンランドなどは、若干の影響こそ見られるものの、まったく別と言ってもいい神々を信仰していた。

　もっとも、これら北欧神話に登場する神が熱心に信仰されていたのは紀元後1000年頃までであり、最も長くその信仰の形を残していたスウェーデンでも1100年頃を境にキリスト教化している。そして、それ以前の時代は現在の信仰とは違う時代、異教時代として扱われるようになった。

　我々が異教時代の北欧の人々をイメージするうえで、最もわかりやすいのがヴァイキングであろう。紀元後800年頃からヨーロッパの歴史に登場し、以後1100年頃まで猛威を振るった彼らの活躍は、我々現代人の目には暴力一辺倒で野蛮なものに映りやすい。しかし、略奪者としての側面こそ持つものの、現実のヴァイキングは抜け目ない交易商人であり、高度な航海技術を持つ移住者でもあった。また、故郷においては農業や牧畜、漁業に精を出す生産者であり、優秀な細工物師でもあったという。さらに王侯、自由民、奴隷の3つの階級に分かれた社会は高度に法律化されていた。彼らは決して北方の野蛮人というわけではなかったのである。

　ヴァイキングにとって神々への信仰は生活と密接にかかわったものだった。職業的司祭の類はおらず、日々の祭祀は地域の代表者や家長によって執り行われる。人々は家ごとに頼りとする神を決め、願いがあれば供犠祭を行った。冬至にはユールの大祭が執り行われ、人々が集まり物事を決める民会は神への祈りから始まったという。それらの様子は多くのサガに残され、当時の信仰を知るうえでの大きな手がかりとなっている。

北欧神話の神々の主な信仰地域

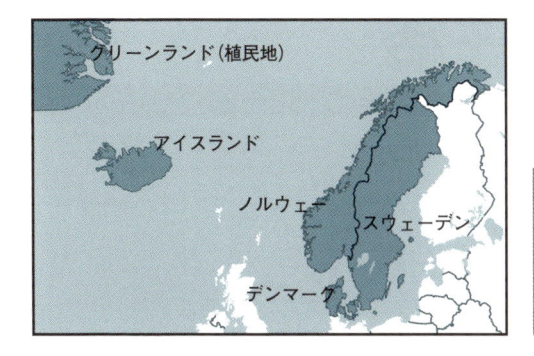

- グリーンランド（植民地）
- アイスランド
- ノルウェー
- スウェーデン
- デンマーク

> 同じ北欧地域であっても、フィンランドは別の文化圏であるため、信仰する神々を異としていたようである

異教を信仰していた時代の北欧の人々

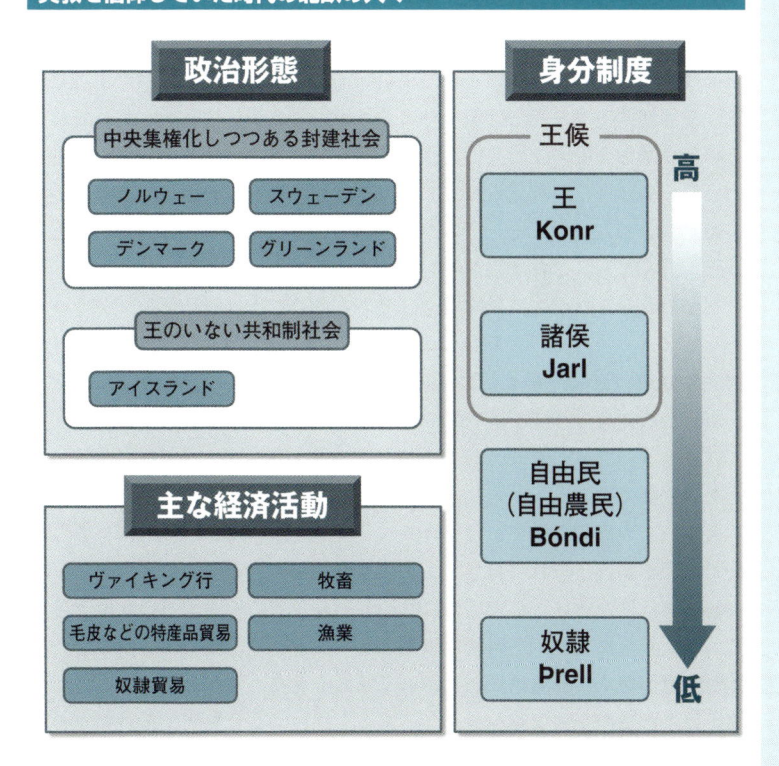

政治形態

中央集権化しつつある封建社会
- ノルウェー
- スウェーデン
- デンマーク
- グリーンランド

王のいない共和制社会
- アイスランド

主な経済活動

- ヴァイキング行
- 牧畜
- 毛皮などの特産品貿易
- 漁業
- 奴隷貿易

身分制度

王侯
- 王 **Konr**
- 諸侯 **Jarl**

自由民（自由農民） **Bóndi**

奴隷 **Þrell**

高 → 低

No.095
北欧の住居

夏であっても寒さの厳しい北欧の土地柄。そこに住む人々はいったいどのような住居で暮らしていたのだろうか。

●芝土の屋根を持つ家

　異教時代の北欧には、全域にわたって共通する住居形式はなかった。北欧という土地は、資源の産出に地域差が大きい。そのため、森林資源の豊富な地域では木造住宅が、それほどでもない所では石や土壁を用いるなど、住む地域によってかなりばらつきがあったのである。そうした北欧の住宅の中で、最も多く造られたのがロングハウスという形式の住居であった。

　一般的なロングハウスは、石の土台の上に芝土で屋根を葺いた住居である。最も初期の形としては船をひっくり返して屋根にしたと言われており、その名残からか屋根は船底のように湾曲していることが多い。窓や煙突といったものはほとんど見られず、あったとしても家畜の膀胱などを張った小窓ぐらいのものだった。そのため室内は煙っぽく、非常に薄暗かったという。もっとも、これは寒さをしのぐための工夫であった。

　初期のロングハウスには部屋はほとんどなく、実質的にはスカーリ（もしくはストゥーヴァ）と呼ばれる広間が生活空間のすべてだったようだ。家族や奴隷の他に、家畜なども同じ空間で生活していたが、次第に居間、玄関、台所、家畜小屋、鍛冶場、そして蒸気を用いた浴場など部屋が区分されるようになり、やがて母屋と別棟に分かれるようになる。とは言え、人々の生活の中心はスカーリだった。

　スカーリの両側の壁際には2列のベンチが設けられている。ベンチの中央には高座が設けられており、ここには家長や客人が座った。また、高座の両側には柱があり、この柱には雷神**トール**などの神の像が彫り付けられている。さらにスカーリの壁は細長いタペストリーで飾られていることが多い。窓がなく、殺風景になりがちな屋内を華やかにするための工夫だった。人々はこの空間で寝起きをし、客人を招いて宴会を楽しんだのである。

異教時代の北欧の一般的な住居 No.095

ロングハウス（外観）

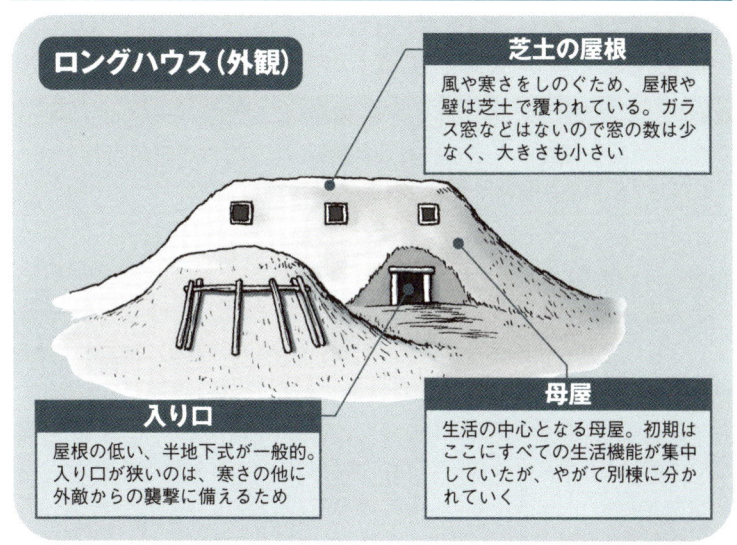

芝土の屋根
風や寒さをしのぐため、屋根や壁は芝土で覆われている。ガラス窓などはないので窓の数は少なく、大きさも小さい

入り口
屋根の低い、半地下式が一般的。入り口が狭いのは、寒さの他に外敵からの襲撃に備えるため

母屋
生活の中心となる母屋。初期はここにすべての生活機能が集中していたが、やがて別棟に分かれていく

ロングハウス（内観）

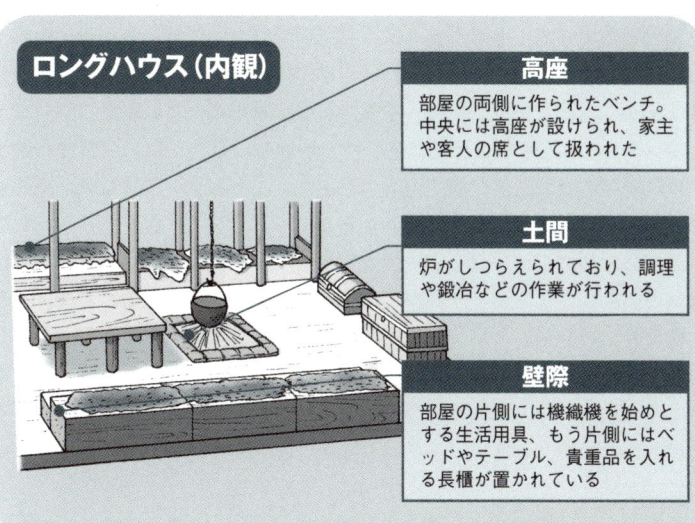

高座
部屋の両側に作られたベンチ。中央には高座が設けられ、家主や客人の席として扱われた

土間
炉がしつらえられており、調理や鍛冶などの作業が行われる

壁際
部屋の片側には機織機を始めとする生活用具、もう片側にはベッドやテーブル、貴重品を入れる長櫃が置かれている

関連項目

● トール→ No.023

No.096
北欧の服装

ヴァイキングのイメージから蛮人と考えられがちな異教時代の人々。
しかし、彼らは服装に気を遣うおしゃれぞろいだった。

●おしゃれに気を遣っていた人々

　当時の男性の一般的な上着は、脛の中ほどまで届く長いチュニックである。これは腰の部分で革のベルトを使って留められており、ベルトには神話をモチーフにしたバックルがつけられていた。ズボンには何種類かあり、体にぴったりと合った細長いものや、裾を膝の下辺りでゲートルで巻く幅広のズボンなどが記録に残っている。帽子は、なめし革などで作られた尖頭型のものや、フェルト製のつば広のものなど様々であった。靴は、1枚のなめし革を袋状にたたんで余った部分を切ったもので、くるぶしの部分を紐で留めている。さらに彼らは、右肩の飾りピンで留める、裾の両端が尖った長いマントを羽織っていた。右側が開いているため、自由に剣を抜くことができたという。一方、女性の服装は袖のない長い服で、肩紐でつながった2枚の布を前後でたらし、それを胸につけた一対の青銅製の亀型ブローチの内側で結んで留めたものだった。このブローチには細い鎖がついており、鋏や針箱、ナイフや鍵などが吊られている。また、彼女たちはこの上に、胸の上のブローチで固定するケープを羽織っていることも多い。何気ない動作によって、ケープの下から覗く二の腕は、当時の男性にとっては非常に魅力的なものであったという。髪型はポニーテールや、編んだ髪、まげを結うなど様々であったが、首筋で結ぶスカーフで覆われていることが多い。もっとも、女性の服装は決まりきったものでもなかったようで、若い女性のミニスカートにブーツというラフな姿も記録に残されている。

　当時の人々は男女共に装飾品にも気を使っていた。男性は貴金属製の腕輪や、フラズと呼ばれるヘッドバンドで身を飾っている。女性はより豪華で、財産や身分に応じた数多くの首飾りを身につけていた。

異教時代の男性の服装

帽子
男性の帽子は、つばのない革の帽子などが多い。また、装飾品としてリボンを額に巻くこともある

マント
裾の長いマントは、抜刀をしやすくするため、右肩の上の飾りピンで固定している。戦場では飾りピンはつけない

上着
男性の上着はほとんどの場合チュニックで、腹部のベルトで縛っていた

ズボン
ズボンは裾の細い長ズボンや、幅広のズボンにゲートルを巻いたものが好まれた

異教時代の女性の服装

頭部
身分の高い女性は、頭飾りをつけることが多い。また、男女共に長髪が好まれた

首飾り
女性の首飾り、腕輪は配偶者の経済状況のバロメーターとなった

上着
特徴的な袖なしの衣装。胸の前の一対のブローチで固定する。ブローチにはナイフや鍵などが吊り下げられていた。なお、古い時代には、下の服も袖なしだったとされる。さらに、これらの上からケープを羽織ることも多い

エプロン
女性の多くはエプロンをつけている。これらのエプロンは胸まで覆うものではなく、腰の前で固定された

No.097
北欧の食卓

神話資料やサガには、食事の風景が描かれていることが多い。ここではそうした異教時代の北欧の食卓の様子を見てみよう。

●異教時代の北欧の食卓を飾る様々な食材たち

　当時の人々の食事は1日に2回、朝9時頃の「昼の食事」と夜9時頃の「夜の食事」に分かれていた。夜よりも昼の食事に重点が置かれており、夜はどちらかと言えば夜食的なものだったようである。

　食事の内容はパンとオートミールが中心で、それに肉類や海産物、乳製品、それに少量の野菜と飲み物がついた。パンと一言で言っても階級によって食べるパンは異なっており、王族や諸侯ともなれば柔らかい白パン、自由民や奴隷階級になるにしたがって小麦の皮の混ざったぼそぼそしたパンとなっていく。一風変わっているのはヴァイキング遠征などのために作られた保存用のパンで、非常に硬く長持ちするうえ、松の樹皮などが混ぜられて壊血病対策がなされていたという。

　肉料理は宴会などで振る舞われるご馳走だった。主に食べられていたのは羊や山羊、牛や豚などの家畜や家禽の肉である。変わったところでは馬なども食べられたが、キリスト教の広がりと共に食べられなくなる。肉の調理法はいたって単純で、調理穴での蒸し焼き、直火でのあぶり焼き、鍋での煮込みが主だった。海産物もまた、多く食卓にのぼっている。鰊や鮭が一般的で、保存が利くように干物にされていた。また、海岸に漂着する鯨の肉やアザラシなどの肉も食べられていたと多くのサガに描かれている。

　しかし、寒い北欧では野菜や果物はあまり多くなかった。記録に残っているのは、玉葱や海藻類、苔の類ぐらいである。リンゴや胡桃、ハシバミの実があったが、庶民の口に入るものではなかった。

　飲み物としては、麦酒や乳漿、蜂蜜酒、ワインが挙げられるが、蜂蜜酒やワインも裕福な人間の飲み物だったようである。

異教時代の北欧の食卓を飾った主な食材

主食
- 各種パン類
- 粥（主に麦）

肉類
- 羊、山羊
- 馬（供犠祭などの際）
- 豚、猪
- 家禽

魚類
- 鰊
- 鮭
- 鯨、アザラシ

野菜
- 玉葱
- 海藻
- 苔

飲み物
- ワイン
- 蜂蜜酒
- 麦酒
- 乳漿

その他
- 乳製品
- 胡桃などの果実類

神話に登場する食品

鰊（にしん）と粥	「ハールバルズの歌」におけるトールの食事。トールはこれを「ご馳走」と言っている
茹でた豚	エインヘリアルたちをもてなすセーフリームニルという牝豚の煮物。『スノッリのエッダ』に記述が見られる
茹でた山羊	トールの車を引く2頭の山羊を煮たもの。貧しい農家ではめったに見られないご馳走。『スノッリのエッダ』に記述が見られる
鮭、牛	「スリュムの歌」で、花嫁姿のトールが貪り食ったご馳走。牛に関しては「ヒュミルの歌」など、その他の神話でも多く見られる
その他	「リーグの歌」には、各階級の家庭ごとの食事の内容が記されている。当然、階級の高い家庭ほど食事の内容は良い

No.098
北欧の娯楽

当時の北欧の人々が熱中した様々な娯楽。中には神々の世界でも楽しまれていたものがあったようだ。

●人々が熱中した競い合い

異教時代の北欧の人々は、実に多くの娯楽を楽しんでいた。

屋外の娯楽として男たちが熱中していたのが、球技と闘馬である。球技はルールこそわかっていないものの、当時としては一般的な娯楽の1つだった。かなり荒っぽいものだったらしく、競技中の怪我で死んでしまうものさえいたという。

闘馬はお互いが持ち寄った馬を棒で操りながら戦わせるもので、優秀な馬を持つことは男たちの一種のステータスシンボルであった。この他にも相撲や水泳、柴土の投げあいなど様々な娯楽があったが、基本的にお互いの実力を競うものが多い。そのため、勝敗に納得がいかないもの同士の殺し合いに発展することも少なくなかった。

一方、室内の娯楽の第一は、客人を招いての宴会である。当時の家屋敷はお互いに遠く離れており、冬ともなればほとんど人の行き来もないことから人々は情報に飢えていた。宴会は、そうした人々に良い情報交換の場を与えたのである。この宴会が興に乗ってくると始まるのが、詩の朗読だった。巧みに詩を作ることは立派な男の条件であり、神話に基づいたケニング（言いかえ）を用いた様々な詩が作られたという。また、食べ残しの骨や杯を、人に投げつけるという遊びもあったようだ。これらは雷神**トール**が巨人ヒュミルを訪ねる話や、**バルドル**の神話にも描かれている。

これらとは別に、将棋のようなボードゲームの類も楽しまれていた。やはり勝敗を競うものであることから様々な事件のもととなることが多かったが、こちらは外の娯楽とは違い女性もたしなむことが多かったようだ。なお、神々もこれらに熱中していたらしく、『詩のエッダ』の「巫女の予言」には彼らの使った黄金の将棋板についての記述が残されている。

異教時代の北欧の主な娯楽

屋外

闘馬
異教時代の北欧で盛んに行われていた娯楽の1つ。馬を棒で制御しながら争わせた

スキー、スケート
男性女性を問わず人気があった屋外の娯楽。雪深い北欧では生活と切っても切れない技術でもある

球技
ボールと棒を使って行われる荒っぽい競技で、多くの死人や怪我人を出した。ルールは不明

相撲
男たちの力比べ。民会などでも盛んに行われた。格闘技のように確立した技術体系があったかどうかは不明

競技 / **非競技**

ボードゲーム
身分の高い人々に好まれた娯楽。その他のボードゲームも、男女問わず楽しまれていた

宴会
仲の良いもの同士が、期間を決めてお互いを招待しあうことが多い。貴重な情報交換の場でもある

詩の朗読
当時の男性の必須技術の1つ。昔ながらの神話、英雄伝説や、新作詩の発表などが行われた

ものの投げつけ
給仕係や、向かい合った人間などに杯や食べ残しの骨などを投げつける。当然、喧嘩に発展することも多い

屋内

関連項目

● トール→ No.023　　● バルドル→ No.026

No.099
北欧の船

海に囲まれた北欧では、船は生活から切り離すことのできない大切なものであった。

●北欧の海を渡る波の馬

　当時の北欧で使われていた船は、非常に特徴的な外見をしていた。一本の木材で作られた竜骨によって支えられた船体は前後対称で、船首と船尾が同じ高さに持ち上げられている。船体の中央には1本のマストがあり、このマストは折りたたむことができた。マストに張られた帆は羊毛などで粗く織られた布製で、長方形をしている。板を重ね合わせながら張る鎧張り工法で作られた船側にはオールを通すための穴があけられており、必要に応じて帆とオールの両方を使い分けて航行することができた。また、前後が対称な形状のおかげで、どちらの方向にも進むことができる。さらに、船首には恐ろしい顔をした船首像がつけられることが多い。これは威嚇の目的と同時に、船を悪霊や土地の守護霊などから守る目的があった。そのため、友好的な港に立ち寄る際には船首から取り外されていた。これらの船には乗組員たちのための座席は用意されていなかった。そのため、彼らは自分たちの持ち物入れを兼ねた箱に腰掛けて船旅を行ったという。

　もっとも、こういった船の特徴はあくまで類型的なものに過ぎず、実際には多くの種類の船が使用されていた。例えば、戦闘用に使われた船は幅が狭く、喫水が低い。そのため船足は速く、小回りが利くものの積載量は少なく長い航海には向いていなかった。一方、貿易用の船は幅広く、喫水が高い。さらに船体中央はオール穴を廃して積載スペースとしており、多くの荷物を運搬することができた。他にもより古い時代の革の船や、丸太舟なども使われ続けていたようである。

　しかし、ヴァイキング行や交易に必須なものとは言え、船の建造には非常に費用がかかった。そのため、船は個人所有ではなく、費用を出し合って購入することが多かったという。

異教時代の北欧の船の特徴

竜骨
前後対称の船体は1本の竜骨によって支えられている。竜骨の採用により、船速はそれ以前より格段に良くなったという

マスト
オールで航行する際は、横倒しにすることができた

帆
羊毛などで粗く織られた布製。長方形をしている

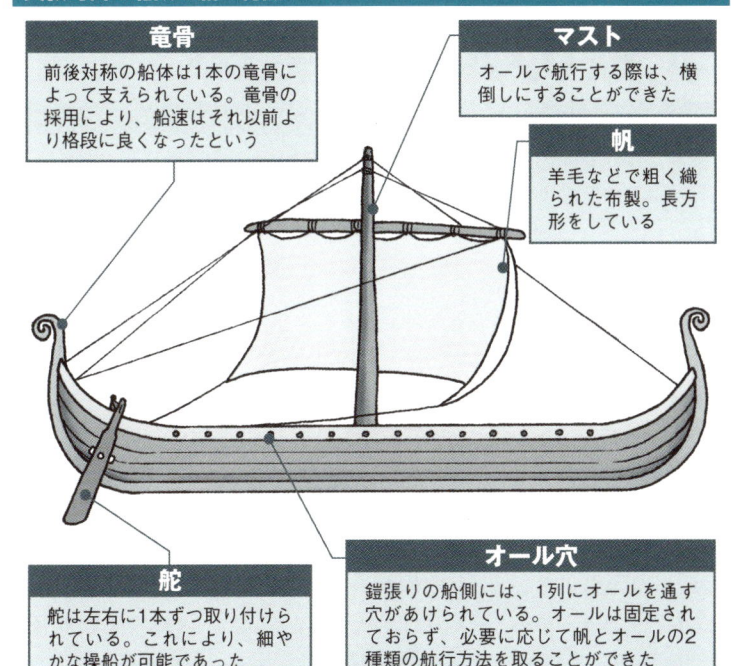

舵
舵は左右に1本ずつ取り付けられている。これにより、細やかな操船が可能であった

オール穴
鎧張りの船側には、1列にオールを通す穴があけられている。オールは固定されておらず、必要に応じて帆とオールの2種類の航行方法を取ることができた

当時の北欧の一般的な船

戦闘船／Longship
当時の北欧で使われていた戦闘用の船。船体が短く船幅が狭いため、船足が速く小回りが利く。オール穴が船側全体にあけられており、オールでの航行も得意としていた。多くの場合、船側には盾が並べてつけられている

商業船／Kaupship
当時の北欧で使われていた商業用の船。戦闘船に比べ船体は長く船幅は広い。船側中央は積載スペースにするためオール穴があけられていなかった。積載量の高さから、移住の際などにも用いられていたようだ

No.100
北欧の人々と戦い

様々な場面で命のやり取りをした異教時代の北欧の人々。彼らにとって戦いとはどのようなものだったのだろうか。

●武器を旅の共に

　侮辱を看過できず、またヴァイキング行を経済活動の一環としていた異教時代の北欧の人々にとって、戦いは身近な行為の1つだった。そのことは、主神**オーディン**の格言とされる『詩のエッダ』の「高きもののことば」に、武器に関する記述が多いことからもわかるだろう。

　彼らの武器として主に挙げられるのが、剣、斧、槍、弓である。特に剣と斧は一種のステータスともなりえるもので、彫刻や象嵌によって美しく飾られていた。彼らの身を守ったのは、大きな木製の盾である。形は円形で、中央は金具によって補強されていた。鎧は鎖帷子や革の鎧があるが、裕福なもの以外は革の鎧が主流だったようだ。頭にかぶる兜は涙滴形で鼻当てのついたもので、革製と金属製の2種類が存在する。角の生えた兜も存在したが、これは儀礼用のものだった。

　戦いにおいて男たちに求められたのは、何よりも豪胆さと勇敢さである。そのため、戦いの中で退いたり、動揺を見せたりすることは侮辱の対象となった。また、殺人自体は賠償や復讐の対象とはなるものの、重大な罪としては認識されていなかった。しかし、殺人を行ったことを公表しなかったり、夜に殺人を行ったりすることは許されざる卑劣な行為とされていた。

　陸上でも海上でも、集団戦における要は指揮者であった。彼らが殺害された時点で戦闘は終結してしまうのである。そのため、盾で「盾の城」が造られ、指揮者が守られた。戦いの火蓋は弓矢や投石、投げ槍によって切って落とされる。特に投げ槍は戦いの勝利を祈る呪術的な意味合いがあり、指揮者が敵の軍勢に槍を投げてから戦いが始められることも多かった。このような風習は神話にも反映されており、『詩のエッダ』の「巫女の予言」には、オーディンが戦争に先立って槍を投じる姿が描かれている。

異教時代の主な武装

兜
涙滴型の兜。金属製のものと革製のものがある。角のついた兜もあったが、儀礼目的でしか使用されていない

防具
防具は革の胴衣が多い。鎖帷子は王侯や有力者しか身につけられなかった

剣
当時の主な武器の1つ。刀身はドイツ（フランドル）産のものが好まれた

斧
当時、北欧以外では廃れていた武器。女性の名をつけられることが多い

槍
主に投げつけて使用する。敵の盾に突き刺し、動きを封じる意味もあった

弓
遠距離での主要武器で、威力も高い。弓弦には女性の髪が使われたともされる

盾
盾は重要な防具の1つ。鎧よりもむしろ重要視されていた

異教時代の戦闘の手順と主な慣習

当時の戦闘の手段

敵軍への槍の投擲
↓ 集団戦
弓、投石による遠距離での戦闘
↓
槍による中距離での戦闘
↓ 個人戦
剣、斧による近距離での戦闘

戦闘時の主な慣習

殺人を犯した場合、その旨をすぐに発表しないと暗殺と扱われる

夜に人を殺すことは忌み嫌われる

集団戦闘は、指揮者が殺された時点で終了する

決闘は邪魔の入らない小島などで行い、お互い交互に攻撃を行う

関連項目
● オーディン→No.017

No.101
民会と法律
Ping & Laws

異教時代の北欧の人々は、民会を非常に重要視していた。では、民会とはいったいどのようなものだったのだろうか。

●民会

　異教時代の北欧で、最も重視されたものの1つに民会シングがある。武装した自由民の成人男子によって構成される集会のことで、法の制定や裁判、様々な生活のうえでの取り決めがなされていた。民会の中心となったのは、各地方の有力者であった首長たちである。そのため民会は王ですら無視できない力を持っていたようだ。また、アイスランドでは、最高権力者である「法の宣言者」が首長たちの中から選出されていたという。こうした集会は神話世界にも反映されており、『詩のエッダ』の「巫女の予言」には集会を行い、様々なことを決定する神々の様子が描かれている。

　民会には大小様々な段階があり、地区レベルでは月に2～3回、地方レベルでは年に数回行われていたようだ。開催期間は2週間程度で、祭祀場のそばにある神聖な広場が会場となる。人々は会場に集まると血族ごとの仮小屋（ブース）を建て、民会の開催中はそこで過ごした。めったに会えない人々との貴重なコミュニケーションの場でもあり、その重要性については、『詩のエッダ』の「高きもののことば」でも語られている。

●法律

　当時の北欧の法律は、民会によって制定されたものと、一種の慣習法によって構成されていた。これらの法律は明文化されていなかったため、頭韻を踏んだ定型句の形でまとめられ、古老たちなどによって記憶されていたという。内容は日常生活の微細なところにまで及び、人々の生活は法律を中心に回っていた。

　また、これらの法律は信仰と深く結び付いていたようだ。法は神々の後ろ盾によって執行されると考えられていたのである。

民会の機能と構成要素

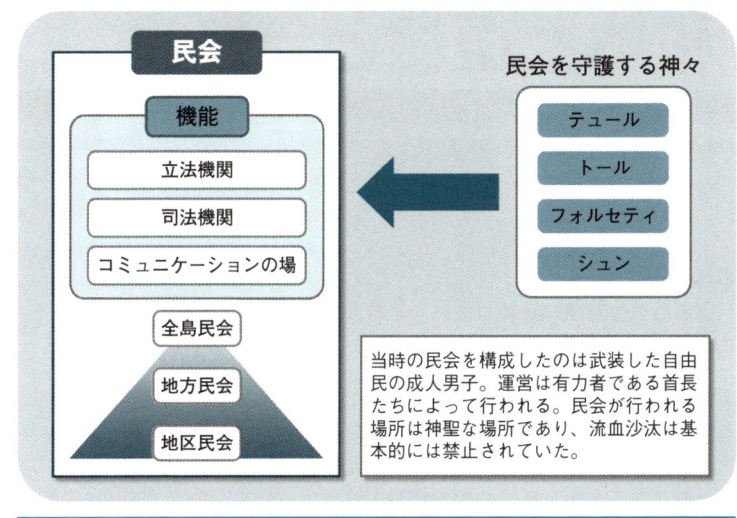

民会

機能
- 立法機関
- 司法機関
- コミュニケーションの場

- 全島民会
- 地方民会
- 地区民会

民会を守護する神々
- テュール
- トール
- フォルセティ
- シュン

当時の民会を構成したのは武装した自由民の成人男子。運営は有力者である首長たちによって行われる。民会が行われる場所は神聖な場所であり、流血沙汰は基本的には禁止されていた。

異教時代の北欧の法律の特徴と立法

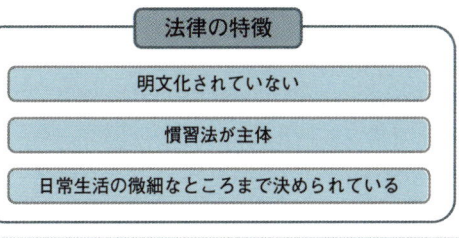

法律の特徴
- 明文化されていない
- 慣習法が主体
- 日常生活の微細なところまで決められている

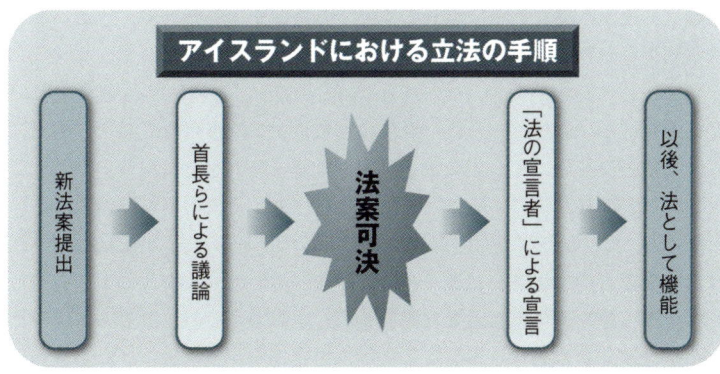

アイスランドにおける立法の手順

新法案提出 → 首長らによる議論 → 法案可決 → 「法の宣言者」による宣言 → 以後、法として機能

No.102
和解と復讐と告訴

一族と名誉を重視する異教時代の北欧では、折に触れ様々な紛争が持ち上がった。当時の人々は、それらをどうやって解決したのだろうか。

●様々な紛争解決法

　異教時代の北欧には紛争を解決するための様々な方法が存在した。

　その中でも、和解は最も穏便な手段である。たいていは良心的な第三者を挟んで行われ、お互いが納得する形での賠償が行われて手打ちとなった。

　しかし、当時の人々にとって最も好まれ、名誉ある解決方法と考えられたのは相手を殺害する血の復讐である。特に一族に対する殺害や侮辱が行われた場合、それ以外の方法を望むのは男らしくないと考えられた。もっとも、この方法は復讐が復讐を生む悪循環に陥ることも多く、一族郎党がこれにより全滅するということも少なくない。そのため、一般的には次に挙げる民会での告訴が、争いの解決方法として用いられていたようである。

　民会での告訴に必要だったのは、人脈と話術だった。民会の出席者を納得させ支持を得たものが、より自分に有利な判決を得ることができたのである。そのため、人々は裁判が始まる前に念入りに根回しを行い、自らの主張にこそ正当性があるということを雄弁に語った。これで決着がつかなければ、ホルムガングと呼ばれる孤島での決闘や、判決を神にゆだねる神明裁判が行われる。

　判決が決まった後に行われるのが処罰である。処罰は賠償金の支払いか、追放刑が一般的だった。賠償金は、慣習法で定められており、相手に与えた損害や侮辱によって金額が決定される。莫大な金額が請求されることもあり、一族が破産することもあった。一方、追放刑は年限の定められたものと、永久追放の2種類に分かれている。どちらにせよ財産は没収され、社会的なあらゆる保護を剥奪された。追放者を保護することは誰にも許されず、逆に誰であれ追放者を攻撃することが許されていたのである。こうした人々は「森の人」、「狼」と蔑まれ、生き残ることは稀だったという。

異教時代の北欧の紛争解決方法

紛争発生!

血の復讐
良い点
名誉ある解決方法。手っ取り早い

悪い点
両者に計り知れない損害をもたらす

和解
良い点
名誉を汚さず、血も流れない

悪い点
相手が納得しなければ成立しない

告訴
良い点
ルールにのっとった解決が望める

悪い点
勝利するには人脈と話術が必要

神話における紛争とその解決の一例

フレイズマル一家によるオーディン捕縛

理由	被害者側の要求	解決方法
フレイズマルの息子オッタルの殺害	血の復讐	神々からの賠償により和解成立

スカジのアースガルズ訪問

理由	被害者側の要求	解決方法
スカジの父シャツィの殺害	血の復讐もしくは賠償	神々からの賠償により和解成立

バルドル殺害とその復讐

理由	被害者側の要求	解決方法
オーディンの息子バルドル殺害	血の復讐	ヴァーリによるホズへの血の復讐

No.103
血誓兄弟の儀式

Fóstbrœðra-lag

血と契約によって結ばれる血誓兄弟は、血族関係に劣らない強い力を持っていた。

●男たちを結ぶ義兄弟の絆

　当時の北欧の男性たちにとって、人との結び付きは非常に重要なことだった。『詩のエッダ』の「高きもののことば」でも、友人のいない人生の虚しさが強く語られている。そうした結び付きの中でも特に高められたものが、血誓兄弟の儀式フォーストブレーズララグであった。この契りを結んだ人々は一種の血族関係とみなされ、家族同様にお互いを助け合う。当然、血誓兄弟の誰かが殺されれば、復讐を果たすのが常だったのである。例えば、北欧神話における主神**オーディン**と悪神**ロキ**は血誓兄弟の関係にあった。そのため、『詩のエッダ』の「ロキの口論」では招かれざる客の悪神ロキに、オーディンが不承不承席を勧める様子が描かれている。

　それほどまでに強い拘束力を有する血誓兄弟の儀式は、実際にはどのような形で行われたのだろうか。『ギースリのサガ』は、この血誓兄弟の儀式の様子を次のように伝えている。

　儀式を行おうとするものたちはまず、芝土を半円形に切り取ったもの2つをアーチ状にせり上げ、両端を地面に固定した。そして穂先に波模様のある槍をその中央に据える。続いて儀式に参加する者たちがそのアーチの下に入り、各々の体を傷つけて流れ出た血を地面の上で混ぜ合わせた。その後、神々に対して宣誓を行い、この血誓兄弟の契りに納得がいけば固めの握手がなされ、晴れて血誓兄弟となる。なお、この儀式の場は、一種の母胎とみなされていたようだ。つまり、せり上げたアーチは女性器、その中に置かれた槍は男性器を象徴していたのである。

　もっとも、この方法は時代が下ってからの、かなり凝った儀式であった。それ以前には単に地面の上で血を混ぜ合わせるものや、互いの手を動物の血に浸すもの、互いの血を啜るなどごく単純なものもあった。

血誓兄弟の儀式の流れ

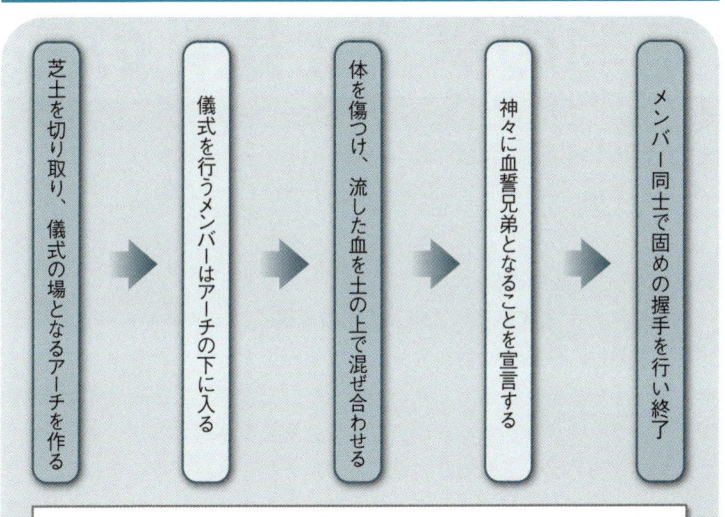

芝土を切り取り、儀式の場となるアーチを作る
→ 儀式を行うメンバーはアーチの下に入る
→ 体を傷つけ、流した血を土の上で混ぜ合わせる
→ 神々に血誓兄弟となることを宣言する
→ メンバー同士で固めの握手を行い終了

儀式が終了すると、彼らは実際の家族、もしくはそれ以上に強い絆で結ばれることになる。そのため、メンバー間での援助はもちろん、相手が侮辱された際は家族同様に血の復讐を要求されることもあった

血誓兄弟の儀式の舞台

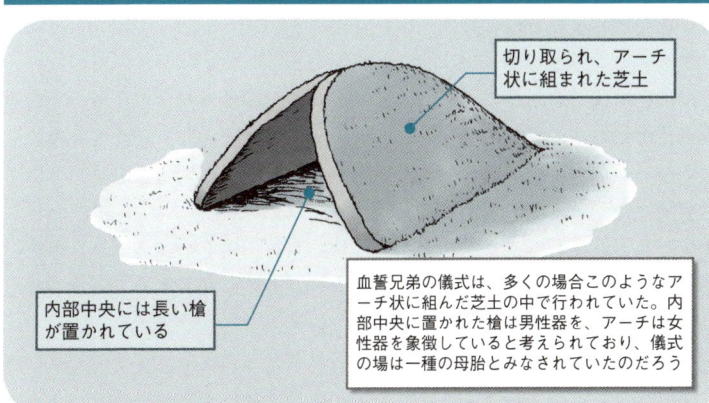

切り取られ、アーチ状に組まれた芝土

内部中央には長い槍が置かれている

血誓兄弟の儀式は、多くの場合このようなアーチ状に組んだ芝土の中で行われていた。内部中央に置かれた槍は男性器を、アーチは女性器を象徴していると考えられており、儀式の場は一種の母胎とみなされていたのだろう

関連項目
- オーディン→No.017
- ロキ→No.057

No.104
婚約の儀式と婚礼の宴
Festarmál, Brúðveizla

北欧社会の結婚は、極度に政治的なものであった。それゆえに、そこに至るまでには様々な儀式や制度が設けられていたという。

●花嫁を迎えるために

　結婚に際してまず行われるのが、婚約の儀式フェスタルマールである。当時の結婚は、政治的な側面も強く、恋愛感情だけで行われるものではなかった。そのため、ここでお互いの地位や財力、そして出身身分がこと細かく検討されたのである。特に出身身分は重要視されており、身分を越えた結婚をするには、それなりの財力と名声を得なければならなかった。また、ここでは結婚生活中2人の共有財産となるお金、ヘイマンフルギャも提示され、結婚を申し込む男性はそれに見合った贈与金を花嫁に支払わなければならない。さらに、彼女が寡婦になった時のために、ムンドと呼ばれる生活を保証するための財産も花嫁に与えられた。なお、これらの交渉は、すべて証人を前に行われている。当時の社会では、何事にも証人と法的な根拠が必要だったのだ。

　婚礼の宴ブルーズヴェイスラは、1年から3年までの待機期間の後に花婿の家の居間で行われる。花嫁は美しい衣装や首飾りなどの宝飾品で身を飾り、主婦の証である鍵束を身につけ、ベールでその顔を隠して花婿の家に向かう。居間には双方の招待した客が座るベンチが用意されており、そこで盛大な酒宴が行われた。『詩のエッダ』の「スリュムの歌」によれば、式に際して花嫁は**トール**の槌によって清められ、男女の間で行われる誓いの女神ヴァールに対して婚礼の祈りが行われたという。また、女神**フリッグ**や豊穣神**フレイ**といった神々にも祈りがささげられた。

　無事婚礼の宴が終わると、花嫁は晴れて主婦フースフレイアとなる。彼女たちには法的な権限こそなかったものの、家庭における地位は絶大なものだった。年を取り、力が衰えるにつれその地位を失っていく男性と違い、主婦は死が訪れるまで尊敬され、家庭で力を振るい続けたのである。

婚約の儀式までの流れ

異教時代の北欧においての結婚の意味

- 政治的な力を増すため
- 財力を増すため
- 血族間の絆を強めるため
- 血族間の争いの調停のため

その結果 → お互いの家の身分や財力が非常に重要！
つりあわない場合は、個人の名声や財力でカバーしなければならない!!

男性側 ⇔ **女性側**

男性側：花嫁への贈与金と女性が寡婦になった場合の生活保障金（ムンド）の提示

女性側：女性側が持参し、結婚生活中は共有財産として扱われる持参金の提示

お互いの条件、その他に合意 → **婚約成立**

証人 → 法的に保証 → 婚約成立

婚礼の儀式の主な流れ

花嫁、美しい装束などで身を飾り花婿の家へ
↓
トールの槌で花嫁が清められる
↓
ヴァール、フリッグ、フレイなどに祈りがささげられる
↓
両血族の招待客を招いての宴会（3日ほど続く）
↓
初夜へ

関連項目
- トール→No.023
- フリッグ→No.033
- フレイ→No.042

No.105
死者の埋葬

異教時代の北欧の埋葬方法は様々なものがあった。こうした習俗は当時の世界観を反映した神話世界にも様々な影響を与えたようだ。

●様々な埋葬方法

　異教時代の埋葬方法は実に多岐にわたっており、それらの様子は神話にも多く反映されている。一般的に、彼らは死者を恐れており、その取り扱いには細心の注意が払われた。正しく埋葬されなかった死者や、恨みをのんで死んだものは怪物となり、多くの人々に災厄をもたらしたのである。

　それでは、当時実際に行われていた埋葬方法について見てみよう。当時の埋葬方法としては、主に3種類の方法が存在した。火葬、土葬、船葬の3つである。

　火葬は焼かれた死者が天に召されるという信仰に基づいたもので、主にスウェーデンやノルウェーで行われた。その際、副葬品は多ければ多いほど良かったという。『ヘイムスクリングラ』における主神**オーディン**や**ニョルズ**、竜殺しの**シグルズ**などはこの方法で埋葬されている。火葬後の灰は海に撒かれるか、壺に収めて墓に埋めるのが一般的だったようだ。

　一方、土葬はデンマークやアイスランドで主流だった埋葬方法で、死者は副葬品を納めた塚に埋葬された。塚の中の死者は生き続けていると信じられており、『ヘイムスクリングラ』における**フレイ**などのように信仰の対象とされることも多い。時代が下り、その塚の持ち主がわからなくなると彼らは妖精として扱われるようになる。

　最後の船葬には、スウェーデンやノルウェーに多い埋葬方法で、船ごと海上で焼く火葬、船ごと地中にうめる土葬の2種類があった。どちらも初期のうちは本物の船が使われていたが、時代と共に船をかたどった石組みに変化していく。『詩のエッダ』における**バルドル**の葬儀方法である。

　なお、犯罪者や隠しておきたい仇敵の死体に対しては、まともな埋葬はなされなかった。彼らは石積みの下に隠され、放置されたのである。

埋葬までの手順

```
後ろから近づき、布などで           藁の上に安置した後、盛大
視線を封じる              ───→   に通夜を行う
     │                              │
     ↓                              ↓
首、手を洗い、髪をとかし、         通常の出入り口以外から
爪を切る                            死体を運び出す
     │
     ↓
靴を履かせ、金貨などを持
たせる
```

- 死者の視線は有害なものと考えられていた
- ラグナロクの際にムスペッルの乗る船の完成を遅らせるため、死者の爪は切られる
- 死者が戻ってこられないように、遺体は通常とは違う出口から運び出された

主な埋葬方法

火葬

スウェーデン、ノルウェーに多い埋葬方法。焼かれた死者が天に召されるという信仰による。『ヘイムスクリングラ』におけるオーディンやニョルズなどの埋葬方法

土葬

デンマーク、アイスランドで一般的な埋葬方法。死者は塚の中で生きていると考えられた。盗掘者と死者の格闘を伝えるサガも多い。『ヘイムスクリングラ』におけるフレイの埋葬方法

船葬

船ごと地中にうめる土葬と船ごと海上で焼く火葬の2種類が存在。初期のうちは本物の船が用いられていたが、後に船形の石組みへと変化していく。『詩のエッダ』におけるバルドルの埋葬方法

犯罪者など、係わり合いになりたくない相手の遺体は、石積みの下などに隠され放置されることが多い

関連項目

- オーディン→No.017
- バルドル→No.026
- ニョルズ→No.041
- フレイ→No.042
- シグルズ→No.069

No.106
スカルド詩とケニング
Skáld & Knning

北欧神話を調べるうえで、目にすることの多いスカルド詩とケニングという言葉。これらはいったいどのようなものだったのだろうか。

●複雑な詩人たちの技法

　北欧神話を理解するために欠くことのできない要素の1つに、スカルド詩が挙げられる。北欧神話の重要な文献の1つ『スノッリのエッダ』が、もともとは若きスカルド詩人の教科書として書かれたと言えばその関係の深さがわかるだろう。

　スカルド詩は8世紀の北欧に初めて姿を現す。『詩のエッダ』などに含まれるそれまでの北欧の詩は、古来の伝統にのっとった頭韻詩（行の先頭で韻をふむ詩）で、比較的単純な詩形をしていた。題材も神話や英雄譚、格言などが多い。一方、スカルド詩は特別な訓練を有するほどの複雑な形式で作製されていた。内容も神話や物語ではなく現実、特に王侯たちを賛美するドラーパというジャンルが多いという。初期のスカルド詩人はノルウェー人が主であったが、やがてそのほとんどをアイスランド詩人が占めるようになり、当時の北欧文学はアイスランド詩人によって牽引されていくことになる。彼らは王侯に保護され、キリスト教伝播以降も廃れることはなかった。

　このように書くと、スカルド詩は神話とはまったく無関係のように見える。しかし、スカルド詩で用いられるケニングやヘイティといった技法は、神話とは切っても切り離せないものだった。ケニングは比喩的な表現によって、ヘイティは別名によって言いかえる技法を指す。そもそもこの技法は、スカルド詩人がアングロサクソンの詩人から取り入れたものだが、北欧に入ってからは北欧神話に登場するエピソードを用いた独自のものに進化していった。そのため、正しくこれらの技法を使いこなすには、北欧神話に関する莫大な知識が要求されたのである。なお、ケニングとヘイティは、スカルド詩人の影響を受けた旧来の詩人にも取り込まれていった。

スカルド詩の特徴と詩形

スカルド詩	北欧で8世紀頃から表れた詩の形式。従来の詩よりも複雑な技法が用いられている

1行における音節は基本的に6つ。しかし、詩人によっては3〜4音節にすることや、8音節にすることもある

スカルド詩は8行を1連という単位で区切る。長文の場合、連には4行ごとに中間休止があり、そこで意味的にも区切られる

● Þél høggr stórt fyr stáli
stafnkvígs á veg jafnan
út með éla meitli
andœrr jǫtunn vandar,

● **中間休止**

en svalbúinn selju
sverfr eirar vanr þeiri
Gestils ǫlpt með gustum
gandr of stáli ok brandi.

連

主なケニングの例

ケニング	スカルド詩で用いられた言いかえの技法。1つの単語を比喩的な表現で言いかえる

オーディン	勝利のテュール、吊るされたテュール、万物の父、鴉神、フリッグの片目の夫、ミーミルの友、旅に強きもの
トール	オーディンとヨルズの子、シヴの夫、ウッルの舅、アースガルズとミズガルズの守護者、巨人の敵、ミズガルズの大蛇の敵
フレイ	ニョルズの子、フレイヤの兄、ヴァン神、豊穣の神、財産分与者
黄金	エーギルの火、シヴの髪、フレイヤの涙、カワウソの賠償
男性(戦士)	男神の名、戦いの樹、剣の樹
女性	女神の名、菩提樹、柳
武器	オーディンの火(剣)、グリーズの兜(斧)、黒龍(槍)
防具	フルングニルの足(盾)、オーディンの帽子(兜)、肌着(鎧)

No.107 北欧神話を伝える主な資料1

北欧神話の根幹をなすと言っても過言ではない2つのエッダ。それでは、これらの書物はいったいどのようなものだったのだろうか。

●スノッリのエッダ

『スノッリのエッダ』は、13世紀初頭にアイスランドの詩人スノッリ・ストルルソンによって書かれた詩学入門書である。元々はただ『エッダ』と呼ばれていたが、『王の写本』の発見以降は区別のために『スノッリのエッダ』や『新エッダ』、『散文エッダ』などと呼ばれるようになった。

この本は若い詩人たちの教本として書かれたもので、第1部「ギュルヴィの惑わし」は神話の概要、第2部「詩語法」はケニングやヘイティなどの詩作法の実例、そして第3部「韻律一覧」では自作の詩2編を挙げて具体的な詩作方法を解説するという具合に、3つの部分から構成されている。元来は第3部の内容のみで構成されていたのだが、神話的部分の理解を深めるために第1部と第2部が補足されたのだという。これに加えて「序文」も存在しているが、スノッリの手によるものかどうか意見が分かれている。

●詩のエッダ

一方、『詩のエッダ』や『古エッダ』、『韻文エッダ』などと呼ばれているのが、9～13世紀の古詩を集めた詩集である。

1643年、アイスランドの司教ブリニヨールヴ・スヴェンソンは、『スノッリのエッダ』の引用元と考えられる写本を発見した。当時の人々は、アイスランドの学者セームンド・シグフーソンの作と誤解し、これを『セームンドのエッダ』と名づける。その後、この写本はコペンハーゲンの王立図書館に所蔵され、『王の写本』と呼ばれるようになった。これに類似する古詩を追加し、編纂したのが現在でいう『詩のエッダ』である。

その内容は神話、英雄詩、格言詩の3つからなるが、それぞれの作者や成立年代に関しては、はっきりとしたことはわかっていない。

神話の根幹をなす2つのエッダ

スノッリのエッダ（新エッダ）／Snorri's Edda（Yunger Edda）

ジャンル	詩学入門書
著者	スノッリ・ストルルソン
成立年代	1220年頃
言語	古代アイスランド語

解説
中世アイスランドを代表する詩人スノッリ・ストルルソンが、詩人志望者のためのテキストとしてまとめ上げたもの。複雑なケニングの用法や、その起源となった神話、その実用例などを3部構成で解説している

―― 主な内容 ――

第1部　ギュルヴィの惑わし／Gylfaginning
スウェーデン王ギュルヴィが、旅の男ガングレリに身をやつして神々の元を訪れる話。彼の質問に神々が答える過程で、ケニングの根底をなす神話が語られている

第2部　詩語法／Skáldskarmál
自らの館で催した酒宴の返礼としてアースガルズに招かれた海神エーギルが、ブラギに様々な質問をぶつける過程で、ケニングの実例と用法が語られている

第3部　韻律一覧／Háttatal
スノッリ自作の詩に解説をつけたもの

詩のエッダ（古エッダ）／Poetic Edda（Elder Edda）

ジャンル	北欧古詩集
著者	不明
成立年代	800～1100年
言語	古代アイスランド語

解説
17世紀にアイスランドで発見された古詩集。発見者であるアイスランドの司教ブリニョールヴが、スノッリの『エッダ』の引用元と考えたため、現在の名で呼ばれる。今日『詩のエッダ』とされている本の内容は、この際に発見された『王の写本』の29編に、「バルドルの夢」、「ヒュンドラの歌」、「リーグの歌」など別の写本から近い内容の古詩を付け加えたもの

―― 主な内容 ――

巫女の予言／Völuspá
高きもののことば／Hávamál
ヴァフスルーズニルのことば／Vafþrúðnismál
グリームニルのことば／Grímnismál
スキールニルの旅／Fǫr Skírnis
ハールバルズの歌／Hárbarðsljóð
ヒュミルの歌／Hymiskviða
ロキの口論／Lokasenna
スリュムの歌／Þrymskviða
ヴェルンドの歌／Völundarkviða
アルヴィースのことば／Alvíssmál
ファヴニールのことば／Fáfnismál
シグルドリーヴァのことば／Sigrdrífumál
他

No.108 北欧神話を伝える主な資料2

異教時代の人々の生活や、信仰を知るうえでははずすことのできない資料「サガ」。これらはいったいどのような文学だったのだろうか。

●北欧の誇る独自の文学「サガ」

　サガは、12世紀後半から14世紀にかけて発展した散文形式の長編文学である。衰退するスカルド詩を受け継ぐ形でノルウェーとアイスランドに出現し、アイスランドで独自の文学としての目覚しい発展を遂げた。一説にはアイスランドが多くの詩人を輩出し、またノルウェーなどと違い母国語を重視したことがその土壌となったのだという。しかし、15世紀以降はイギリスやフランス、ドイツの騎士道物語を取り入れるなど独自性は薄れ、やがて衰退していく。サガには「物語」という意味があり、これより短い短編は「一部分」の意味を持つサットルと呼ばれていた。

　サガの起源については諸説あるが、世代ごとに受け継がれてきた散文物語が、後になりキリスト教聖職者などの手によって書き留められたものとする説と、後の時代の作家による歴史的事実を踏まえた創作であるという説の2つが一般的である。

　サガには大きく分けて、「宗教的、学問的サガ」、「王のサガ」、「アイスランド人のサガ」、「伝説的サガ」の4つのジャンルが存在する。これらの多くには神話的な記述はなく、主な題材となっているのは歴史的な出来事や英雄伝説、人々の日常などであった。しかし、異教時代の人々の信仰や生活様式を知るうえでは決して欠かすことができない重要な資料となっている。また、「王のサガ」に含まれる『ファグルスキンナ』や、別項で取り扱う『ヘイムスクリングラ』のように、『詩のエッダ』や『スノッリのエッダ』に欠けている記述を補ってくれるものも少なくない。さらに、竜殺しの英雄**シグルズ**の一族を扱った「伝説的サガ」の『ヴォルスンガ・サガ』など、『詩のエッダ』と内容を同じくするものもあるのである。

主なサガとその分類

宗教的、学問的サガ

解説

宗教的、学問的記録を目的としたサガ。アイスランドへの移民や、キリスト教改宗の歴史的資料として扱われることも多い

主な作品

『キリスト教のサガ』	Kristni saga
『殖民の書』	Landnámabók
『アイスランド人の書』	Íslendingabók

他

王のサガ

解説

主に9〜13世紀までのノルウェー、デンマークの王族を中心に描いたサガ。別項の『ヘイムスクリングラ』も、王のサガの1つ

主な作品

『ヨームバイキングのサガ』	Jómsvikinga saga
『赤毛のエイリークのサガ』	Eiríks saga rauða
『グリーンランド人のサガ』	Grœnlendinga saga

他

アイスランド人のサガ

解説

歴史的事実や虚構を交え、アイスランド人の生活を描き出したサガ。洗練された内容を持つため、文学的価値も高い

主な作品

『エギルのサガ』	Egils saga Skallagrímssonar
『グレティルのサガ』	Grettis saga Ásmundarsonar
『ニャールのサガ』	Brennu-Njáls saga

他

伝説的サガ

解説

異教時代の英雄たちの姿を描くサガ。成立年代は比較的新しく、歴史的に正確な記述も少ない。「嘘のサガ」の異名を持つ

主な作品

『ヴォルスンガ・サガ』	Völsunga Saga
『フロールヴ・クラキのサガ』	Hrólfr Kraki's saga
『ラグナル・ロズブロークのサガ』	Ragnars saga loðbrókar

他

関連項目

● シグルズ → No.069

No.109
北欧神話を伝える主な資料 3

神話の世界と歴史をつなぐ手法エウヘメリズム。この手法で書かれた2つの作品は、貴重な情報を我々にもたらしてくれる。

●ヘイムスクリングラ

『ヘイムスクリングラ』は、アイスランドの詩人スノッリ・ストルルソンによって書かれたノルウェー王朝史で、16編のサガによって構成されている。本来は「王のサガ」に分類されるべきものであるが、その序章である「ユングリンガ・サガ」の存在によって他のサガ資料とは一線を画する存在となっている。「ユングリンガ・サガ」は、神話を歴史に取り込んだエウヘメリズムという手法で書かれたもので、『詩のエッダ』と『スノッリのエッダ』の二つのエッダに欠けている部分を補う記述が多い。現代に伝わる**アース神族**と**ヴァン神族**との戦争と講和、主神**オーディン**の使う魔術などに関するイメージは、この資料によるところが大きい。また、「ハーコン善王のサガ」や、「聖オーラヴ王のサガ」など、当時の信仰を知るうえでの資料も少なくないのである。

●デンマーク人の事績

一方、『デンマーク人の事績』は、デンマーク人の歴史家サクソ・グラマティクスによってラテン語で書かれたデンマーク王朝史である。『ヘイムスクリングラ』と同様にエウヘメリズムの手法で書かれており、デンマーク側から見た神々の姿を知るうえでの重要な資料と言える。その中には、2つのエッダとは異なる**バルドル**像や、2つのエッダには欠けている狩猟の神**ウッル**に関する記述、さらに2つのエッダに語られる神話の後日譚的な内容も見られる。さらに、異教時代の風習に関する記述も多い。全体は16の書からなり、神話的記述は第1〜第9の書までに集中している。

なお、『デンマーク人の事績』には『ハムレット』の原型であるアムレートの伝説なども取り扱われており、文学的にも貴重な資料となっている。

神話と歴史をつなぐ資料

ヘイムスクリングラ／Heimsclingla

ジャンル	歴史書
著者	スノッリ・ストルルソン
成立年代	1230年頃
言語	古代アイスランド語

解説
アイスランドの詩人スノッリ・ストルルソンによって書かれたノルウェー王朝史。神話時代を扱う「ユングリンガ・サガ」から、1177年の「マグヌス・エルリングソンのサガ」までを扱う。ハラルド美髪王以降は歴史上実在の人物であるが、それ以前の王に関しては不明。『詩のエッダ』などにはない記述が多く含まれている

―― **主な内容** ――

ユングリンガ・サガ／Ynglinga saga
ハールヴダン黒王のサガ／Hálfdanar saga svarta
ハラルド美髪王のサガ／Haraldar saga hárfagra
ハーコン善王のサガ／Hákonar saga Aðalsteinsfóstra
ハラルド灰色外套王のサガ／Haralds saga gráfeldar
オーラヴ・トリュッグヴァソンのサガ／Ólafs saga Tryggvasonar
聖オーラヴ王のサガ／Ólafs saga helga
他

デンマーク人の事績／Gesta Danorum

ジャンル	歴史書
著者	サクソ・グラマティクス
成立年代	13世紀頃
言語	ラテン語

解説
デンマークの歴史家サクソ・グラマティクスによって書かれたデンマーク王朝史。『ヘイムスクリングラ』同様、2つのエッダにはない記述にあふれている。語調はくどく、非常に難解

―― **主な内容** ――

第1の書～第9の書
ダン王からゴルモ王までの異教時代を描く。オーディンやバルドルなど、神話の登場人物も多く登場するが、神ではなくあくまで魔術を使う人間として扱われている

第10の書～第13の書
ハラルド青歯王からニルス王までの、著者であるサクソから見て過去の時代を描く

第14の書～第16の書
主に著者であるサクソの時代を描く

関連項目
- アース神族→No.016
- オーディン→No.017
- バルドル→No.026
- ウッル→No.030
- ヴァン神族→No.040

No.110 スノッリ・ストルルソン

Snorri Sturluson

エッダを残した偉大なる詩人スノッリ。彼の人生は彼の残した作品に劣らず激しいものであった。

●野心に満ちた大詩人

『スノッリのエッダ』や『ヘイムスクリングラ』の作者として知られるスノッリ・ストルルソン（1178～1241）は、アイスランドの誇る大詩人にして大政治家である。3歳の時父の政敵の1人であった首長ヨーン・ロフトソンに引き取られ、アイスランドのオッディで育てられた。ヨーンは大学者であるセームンドの孫に当たり、彼の治めるオッディは当時のアイスランド文化の中心であったという。スノッリの詩人としての大成は、ここでの生活によるところが大きいと言われる。

1202年、スノッリは最初の妻の生家に移り住むが、財産問題から別居。その後、首都レイキャホルトで教会の支配人として頭角を現し、アイスランドの最高権力者「法の宣言者」に登り詰めた。

1218年、ノルウェーに渡航したスノッリは、ノルウェー王ホーコン4世からアイスランドを支配下に置くための手伝いを約束させられる。もっとも、彼にはその約束を守るつもりはなく、その関心はもっぱら自分の領土拡大とアイスランドの独立を維持することだけに向けられていたという。

スノッリはアイスランドの最高権力者である「法の宣言者」の地位に2度も選ばれるほど優れた人物であった。しかし、財産に対する執着心が強く、自らの一族の中に多くの敵を作ることとなる。

1237年、財産問題から敵対関係にあった甥との争いに敗れたスノッリは、ノルウェーに送られる。しかし、約束を守らなかった彼は王からの信頼を失っていた。それでも王はスノッリを手元に置こうとするが、甥の戦死の報を受けた彼は失地回復を願いノルウェーを出国。王の怒りを買い、1241年に王の差し向けた豪族ギツールの手にかかってレイキャホルトの自宅で死ぬ。彼の人生は、彼の著作に劣ることのない、波乱万丈なものであった。

スノッリ・ストルルソンの生涯

スノッリ・ストルルソン (1178－1241)

アイスランドの誇る大詩人にして大政治家。
『エッダ』、『ヘイムスクリングラ』などの著者として知られる。
野心家で政治手腕に優れていたものの、強欲さから信頼を欠き、最終的には一族のものに裏切られる形で命を落とすこととなった

1178年	アイスランド西区きっての有力者ストルラ・トルドソンの末子として生まれる
1181年	父の政敵の1人でオッディの首長、ヨーン・ロフトソンに引き取られる
1199年	兄トルドらの仲立ちでボルグの資産家ベルシの娘ヘルディスと結婚
1202年	妻ヘルディスがベルシの遺産を引き継いだのを機にボルグへ移住
1206年	財産を狙ったことから妻の一族と険悪になり別居。レイキャホルトへ居を移す。
1215年	アイスランドの最高権力者「法の宣言者」に選出される
1218年	「法の宣言者」の任期を終え、ノルウェーを訪問。ホーコン4世やその後見人スクーレ伯に歓待される
1220年	ホーコン4世、アイスランドへの船団の派遣を決定。スノッリ、王に協力すると偽りアイスランドに帰島
1222年	2度目の「法の宣言者」に選出される。この頃から『エッダ』の著述を始めたと考えられている
1237年	ホーコン4世の新たな協力者に選ばれた甥ストゥルラと交戦。捕らえられ、ノルウェーに送られる
1238年	兄シグヴァトと甥ストゥルラ戦死。スノッリ、失地回復のチャンスを求めアイスランドに帰島
1240年	ホーコン4世、豪族ギツールらにスノッリを呼び戻すように命令するが失敗
1241年	妻の遺産相続に絡んだギツールが再度スノッリを襲撃、殺害される

索引

あ

アースガルズ 26
アース神族 40
アールヴ 136
アールヴァク 86
アールヴヘイム 34
アウズフムラ 14
青い嘴を持つ鷲 130
『赤毛のエイリークのサガ』 229
『アルヴィースのことば』 227
アルヴィス 86
アングルボザ .... 124、126、128
アンドヴァリ .... 148、174、188
アンドヴァラナウト 175
アンドヴァリの黄金 174
イアールンヴィズの森 28
イーヴァルディの息子たちの3つの宝物 170
イザヴェル 26
イズン 78
「韻律一覧」 227
ヴァーリ 72
ヴァール 84
ヴァナヘイム 34
ヴァニル 88
ヴァフスルーズニル 114
「ヴァフスルーズニルのことば」 227
ヴァラスキャールヴ 27
ヴァルキュリャ 52
ヴァルハラ 26
ヴァン神族 88
ヴィーザル 64
ヴィーンゴールヴ 26
ヴィーグリーズ .... 22、138
ヴィゾフニル .... 138、186
ヴィリ 72
ウートガルザ・ロキ 116
ウートガルズ 28
ヴェー 72
ヴェルザンディ 82
ヴェルンド 152
「ヴェルンドの歌」 227
ヴォル 84
『ヴォルスンガ・サガ』 229
ヴォルスングの一族 140
ウッル 68
ウルズ 82
ウルズの泉 26
エイシル 40
エイクシュルニル 49
エイル 84
エインヘリアル 48
エーギル 120
エーリヴァーガル 28
『エギルのサガ』 229
エギルの兜 192
エッグセール 132
『エッダ』 .... 8、226
エリューズニル 30
黄金のかつら 170
『王の写本』 226
オーディン 42
オード 96

か

ガルム 130
ギアラル 30
「ギュルヴィの惑わし」 226
巨人族 98
ギャラルホルン 66
ギョル川 30
ギンヌンガガプ 14
クヴァシル 162
グズルーン 146
グナー 76

グニタヘイズ	148
グニパヘッリル	30
グラズヘイム	26
グラニ	192
グラム	192
「グリームニルのことば」	227
グリトニル	72
グリュートトゥーナガルザル	28
グリンブルスティ	172
グルファクシ	108
グレイプニル	184
グロッティの石臼	190
グングニル	170
グンナル	150
グンロズ	162
ゲイルロズ	112
ゲヴュン	80
血誓兄弟の儀式	218
ケニング	224
ゲリ	164
ゲルズ	106
『ゲルマーニア』	10
『古エッダ』	→『詩のエッダ』
小人族	→ドヴェルグ
婚約の儀式と婚礼の宴	220

さ

サガ	228
サーガ	84
『散文エッダ』	→『スノッリのエッダ』
シヴ	56
シギュン	122
シグニュー	140
シグムンド	142
シグルーン	144
シグルズ	146
シグルズの宝物	192
シグルドリーヴァ	52
「シグルドリーヴァのことば」	227
シゲイル	140、142

「詩語法」	227
死者の埋葬	222
詩人の蜂蜜酒	162
『詩のエッダ』	226
シャールヴィ	56
シャツィ	102
呪歌ガルドル	158
シュン	84
ショヴン	84
シンモラ	138
スヴァジルファリ	168
スヴァルトアールヴヘイム	34
スカジ	104
スカルド詩	224
スキーズブラズニル	170
スキールニル	94
「スキールニルの旅」	227
スキンファクシ	86
スクリューミル	116
スクルド	82
スコル	130
スノッリ・ストルルソン	232
『スノッリのエッダ』	226
スノトラ	84
スリュム	110
「スリュムの歌」	227
スリュムヘイム	104
スルーズ	56
スルス	98
スルト	138
スレイプニル	168
「聖オーラヴ王のサガ」	231
セイズ呪術	158
セーフリームニル	48
『セームンドのエッダ』	226
セックヴァベック	84
ソール	86

た

ダーインスレイブ	194

235

「高きもののことば」	227
鷹の羽衣	180
ダグ	86
タングニョースト	176
タングリスニル	176
ディース	84
デックアールヴ	136
デッリング	86
テュール	58
テュルフィング	196
『デンマーク人の事績』	230
ドヴェルグ	134
トール	54
ドラウプニル	172
トロル	98

な

ナグルファク	138
ナンナ	60
ニーズホッグ	130
ニヴルヘイムとニヴルヘル	30
ニョルズ	90
2羽の白鳥	37
ネルトゥス	10
ノーット	86
ノルニル	82
ノルン	82

は

「ハールバルズの歌」	227
白鳥の羽衣	180
ハティ	130
バルドル	60
『ハンブルグ大司教区の事績』	12
ビフレスト	24
ヒミンビョルグ	27
ヒャズニングの戦い	194
ビュグヴィル	94
ヒュミル	118
「ヒュミルの歌」	227
ヒュロッキン	132
ヒュンドラ	132
ヒョルディーズ	142
ビルスキールニル	27
ヒルド	194
ファヴニール	148
「ファヴニールのことば」	227
ブーリ	14
フェスタルマール ・・・・・・→婚約の儀式と婚礼の宴
フェルゲルミル	30
フェニァ	190
フェンサリル	74
フェンリル	124
フェンリル狼	124
フォーストブレーズララグ ・・・・・・→血誓兄弟の儀式
フォールクヴァング	27
フォルセティ	72
フギン	164
フッラ	76
フュルギャ	84
ブラギ	70
ブリージンガ・メン	182
フリームファクシ	86
フーリン	76
フリズスキャールヴ	166
フリッグ	74
フリュム	133
ブリュンヒルド	150
ブルーズヴェイスラ ・・・・・・→婚約の儀式と婚礼の宴
フルングニル	108
フレイ	92
ブレイザブリク	60
フレイの乗馬	178
フレイの魔剣	178
フレイヤ	96
フレキ	164
フレスヴェルグ	132

ブローズグホーヴィ	178
ブローズホーヴ	178
フローズルスヴィトニル	124
フロッティ	192
フンディング殺しのヘルギ	144
ヘイズルーン	48
ヘイティ	224
『ヘイムスクリングラ』	230
ヘイムッダル	66
ベイラ	94
ヘーニル	72
ベリ	132
ヘル	128
ヘルギ	144
ベルセルク	50
ヘルモーズ	62
北欧の神々を信仰した人々	200
北欧の娯楽	208
北欧の住居	202
北欧の食卓	206
北欧の人々と戦い	212
北欧の服装	204
北欧の船	210
ホズ	72
ボル	100

ま

マーニ	86
マグニ	56
魔法の投網	188
魔法の羽衣	180
ミーミルの首	160
ミーミルの泉	28
「巫女の予言」	227
ミズガルズ	34
ミズガルズ蛇	126
ミョルニルの槌	172
民会と法律	214
ムスペッル	138
ムスペッルスヘイム	32
ムニン	164
メニア	190
モージ	56
モーズグズ	30
モックルカールヴィ	108

や

ユグドラシル	36
ユミル	100
「ユングリンガ・サガ」	231
妖精族	→アールヴ
ヨトゥン	98
ヨトゥンヘイム	28
ヨルムンガンド	126
4匹の牡鹿	37

ら

ラーン	120
ラーンの投網	188
ラグナロク	22
ラタトクス	37
リシ	98
リョースアールヴ	136
ルーン文字	156
レーヴァティン	186
レーラズ	48
ロヴン	84
ロキ	122
「ロキの口論」	227
ロキの投網	188
ロスクヴァ	56
ロドゥル	72
ロングハウス	202

わ

和解と復讐と告訴	216
鷲の羽衣	180

参考文献・資料一覧

HEIMSKRINGLA or The Lives of the Norse Kings　Snorre Sturlason　DOVER PUBLICATIONS
THE POETIC EDDA　OXFORD WORLD'S CLASSICS
The Haustlong of Thjodolf of Hvin　Richard North　Hisarlik Press

エッダ　古代北欧歌謡集　谷口幸男 著　新潮社
世界文学大系66　中世文学集　筑摩書房
巫女の予言　エッダ詩校訂本　シーグルズル・ノルダル著／菅原邦城 訳　東海大学出版会
デンマーク人の事績　サクソ・グラマティクス著／谷口幸男 訳　東海大学出版会
アイスランドサガ　谷口幸男 訳　新潮社
スールの子ギースリの物語　アイスランドサガ　大塚光子 訳　三省堂
赤毛のエリク記　古代北欧サガ集　山室静 著　冬樹社
サガ選集　日本アイスランド学会 編訳　東海大学出版会
ゲルマーニア　タキトゥス著　泉井久之助 訳注　岩波書店
Truth In Fantasy 6　虚空の神々　健部伸明と怪兵隊 著　新紀元社
エッダとサガ　北欧古典への案内　谷口幸男 著　新潮社
ジークフリート伝説　ワーグナー『指輪』の源流　石川栄作 著　講談社
スカンジナビヤ伝承文学の研究　松下正雄 著　創文社
ユリイカ　詩と評論　1980年3月号　特集：北欧神話　青土社
神話学入門　ステブリン＝カーメンスキイ著　菅原邦城／坂内徳明 訳　東海大学出版会
世界の神話101　吉田敦彦 編　新潮社
古代北欧の宗教と神話　フォルケ・ストレム著　菅原邦城 訳　人文書院
総解説　世界の宗教と経典　自由国民社
総解説　世界の神話伝説　自由国民社
増補改訂版　世界の神々と神話の謎　学習研究社
北欧神話　H・R・エリス・デイヴィッドソン著　米原まり子／一井知子訳　青土社
北欧神話　菅原邦城 著　東京書籍
北欧神話と伝説　ヴィルヘルム著　山室静 訳　新潮社
北欧神話と傳説　松村武雄 著　大洋出版社
北欧の神々と妖精たち　山室静 著　岩崎美術社
北欧神話口承　植田敏郎 著　鷺の宮書房
北欧神話物語　キーヴィン・クロスリイ＝ホランド著　山室静／米原まり子 訳　青土社
歴史読本ワールド　1993年11月号　特集：世界の神話伝説　新人物往来社
ヴァイキング　海の王とその神話　イヴ・コア著　久保実 訳　創元社
ヴァイキング　世界史を変えた海の戦士　荒正人 著　中央公論社
ヴァイキング・サガ　ルードルフ・ブェルトナー著　木村寿夫 訳　法政大学出版局
ヴァイキング　ヨハネス・ブレンステッズ著　荒川明久／牧野正憲 訳　人文書院
ヴァイキングの世界　谷口幸男 著　新潮社
ヴァイキングの暮らしと文化　レジス・ボワイエ著　熊野聰 監修　持田智子 訳　白水社
サガの社会史　中世アイスランドの自由国家
　J・L・バイヨック著　柴田忠作／井上智之 訳　東海大学出版会
岩波講座世界歴史12　遭遇と発見─異文化への視野　樺山紘一ほか 編　岩波書店
図説世界文化地理大百科　ヴァイキングの世界
　コーリン・ベイティほか著　熊野聰 監修　朝倉書店
図説ヴァイキングの歴史　B・アルムグレン編　蔵持不三也 訳　原書房
厨川文夫著作集　上巻「中世英文学史」　厨川文夫 著　安東伸介ほか編　金星堂
世界の博物館14　スウェーデン・デンマーク野外歴史博物館　講談社
船の歴史事典　アティリオ・クカーリ／エンツォ・アンジェルッチ著　堀元美 訳　原書房
大英博物館双書　失われた文字を読む7　ルーン文字
　レイ・ページ著　矢島文夫 監修　菅原邦城 訳　學藝書林
北欧初期社会の研究　熊野聰 著　未来社
北欧文学の世界　山室静 著　東海大学出版会

北欧文学史　フレデリック・デュラン著　毛利三彌／尾崎和郎 訳　白水社
世界の民話3　北欧　櫛田照夫訳／小沢俊夫編　ぎょうせい

大阪外国語大学学報29号　「スノッリの『エッダ』序文にみられる異教神話観」　菅原邦城著
大阪外国語大学学報41号「ソルリの話　ヘジンとホグニのサガ」　菅原邦城訳
大阪外国語大学学報73号「〈フレイ神ゴジ〉フラヴンケルのサガ（改訳・その1）」　菅原邦城訳
大阪外国語大学学報74号「〈フレイ神ゴジ〉フラヴンケルのサガ（改訳・その2）」　菅原邦城訳
世界口承文芸研究8号「ノルナ＝ゲストのサガ」　菅原邦城訳
広島大学文学部紀要32号　ゲルマン人の葬制と死の観念　谷口幸男著
広島大学文学部紀要30号特輯号1　ルーネ文学研究序説　谷口幸男著
広島大学文学部紀要43号特輯号3　スノリ『エッダ』「詩語法」訳注　谷口幸男著
日本アイスランド学会学報14号　中世ノルウェーの「王のサガ」とフェーデ　『ヘイムスクリングラ』をめぐるナショナリズムの問題」　阪西紀子著

Poetic Edda　アイスランド語表記
http://www.cybersamurai.net/Mythology/nordic_gods/LegendsSagas/Edda/PoeticEdda/

Snorra Edda　アイスランド語表記
http://www.islandese.net/Edda_Snorra/Edda_Snorra_01.pdf
http://www.islandese.net/Edda_Snorra/Edda_Snorra_02.pdf
http://www.islandese.net/Edda_Snorra/Edda_Snorra_03.pdf

F-Files No.010

図解　北欧神話

2007年7月3日 初版発行
2023年7月29日 10刷発行

著者　　　　　　池上良太（いけがみ　りょうた）

編集　　　　　　株式会社新紀元社編集部
デザイン　　　　スペースワイ
デザイン・DTP　株式会社明昌堂
イラスト　　　　福地貴子

発行者　　　　　福本皇祐
発行所　　　　　株式会社新紀元社
　　　　　　　　〒101-0054　東京都千代田区神田錦町1-7
　　　　　　　　錦町一丁目ビル2F
　　　　　　　　TEL：03-3219-0921
　　　　　　　　FAX：03-3219-0922
　　　　　　　　http://www.shinkigensha.co.jp/
　　　　　　　　郵便振替　00110-4-27618

印刷・製本　　中央精版印刷株式会社

ISBN978-4-7753-0543-0
定価はカバーに表示してあります。
Printed in Japan